杜氏家祠落成蔣主席頒贈之匾及頌詞。

章太炎（炳麟）所親撰親書之「高橋杜氏祠堂記」。

杜月笙在上海中匯銀行董事長辦公室所攝。

北伐前後之杜月笙（上）、陳群（右）與楊虎（左）。

杜月笙傳

第三冊

杜月笙傳 第三冊

目錄

01

插足金融煞費苦心

當年，上海銀行之多，密若繁星，國家銀行有中央、中國、交通、農民。外國銀行有英國的滙豐、渣打，美國的花旗，法國的滙理，日本的正金、臺灣。又有所謂「小四行」：國貨、通商、四明、中國實業。「南三行」：浙江實業、上海商業、浙江興業。「北四行」：金城、大陸、鹽業、中南。再加上各省的省銀行、地方銀行，以及最盛時期多達五百餘家的民營小銀行，林林總總，遍地皆是，真所謂猗歟盛哉。

杜月笙有廣泛的人事關係，有強固的政治背景，有兜得轉的手段，也有向工商業進軍的壯志雄心，可是，他當時只有一個事業：中滙銀行。這個銀行氣派一點不大，規模實在太小，當年五十萬的資本額，實際只收足了廿五萬，不但此也，十八九年之交，還被經理田鴻年大炒其金，賠了好幾十萬，險險乎鬧到關門。

所以，在民國十九年的時候，杜月笙的「智囊團」，便向杜月笙建議，在著手建立工商事業之前，一定要設法再開一爿像模像樣的銀行，然後再利用這爿銀行為立足點，打進在全國金融界具有極重要地位的上海市銀行公會，使此一舉足輕重的人民團體，也納入杜月笙的掌握。

在當時，乍聽這樣一個野心勃勃，目空一切的大計劃，不是令人為之咋舌，便是惹人罵聲「阿要發瘋」？然而，杜月笙一向是魄力奇大，而且極有耐心的，他立刻首肯了這個「瘋狂」計劃，同時，和他的智囊團頻頻密議，商訂了極機密的進行方針和步驟。

他打出去兩張王牌，同為杜氏「智囊團」要角的楊志雄和楊管北，請他們好整以暇，優哉游哉，每天到銀行公會附設的餐廳，去吃一頓中飯。

銀行公會附設餐廳，是銀行巨子，金融業者碰頭連絡，商量事情，交換情報，和——結交朋友的場所。杜月笙請二楊去做什麼呢？通常是結交朋友，搜集情報，倘若發現那一家「同業」發生了困難，他們應該迅速尋求困難的癥結，解決的途徑，趕快通知杜月笙，讓他「獲此榮幸」，加以援手。

楊志雄和楊管北花了很大的功夫，他們二位經常到銀行公會吃午飯，前後足有兩年多，在這兩年多的漫長餐會之中，以他們特殊的身份，超然的地位，動人的詞令和卓越的交際手腕，差不多所有的銀行巨子和金融領袖，都成了跟他們無話不談的朋友。

以無比的熱誠，和渴切的盼望，杜月笙無時無刻不在爭取「結交」和「服務」的機會。

國人自設銀行，應以中國通商銀行為嚆矢，中國通商銀行係盛宣懷創辦，光緒二十三年農曆十月初八開業（公元一八九七年十一月二日），因此，從前中國通商銀行登廣告，必定加上一句「我國首創第一家銀行」，那到是一點都不吹牛。

但是中國通商銀行請外國經理，在結構上又是「官商合辦」，所謂「商」，也是顯赫如盛宮保（宣懷）者流的「亦官亦商」，即晚近之謂「官僚資本」。滿清末年，老百姓怕洋人狠，更怕做官的靠不住，白花花的銀兩不敢往這種半官半商，洋人當家的銀行裡存，所以這爿「中國第一家銀行」，開張之後生意並不好。

早期「中國通商」最大的功勞，是促使工商人士瞭解銀行的重要，於是由旅滬寧波鉅商「阿德哥」虞洽卿（和德）發起，邀同「阿拉寧波同鄉」袁鎏、朱佩珍、吳傳基、李厚垣、方舜年、嚴義彬、葉章、周晋鑣、陳薰、連他自己一共是十個人，募集資本白銀一百五十萬兩，在光緒三十四年（公元一九〇八），開了一爿純粹商營的四明銀行，就在同一年裡，又由寧波、紹興兩地的旅滬工商鉅子，集資另設一爿「浙江興業銀行」，因此，四明和浙江興業可以說是中國最早的兩家商業銀行。

由於四明和浙江興業開風氣之先，而且經營得法，獲利倍蓰，引起民元以後的一股銀行熱，有銅鈿人紛紛投資於開銀行，當年開銀行便有權利發鈔票，發鈔票規定應有六成現金準備和四成保證準備。四成保證準備可以貸放生息，六成現金準備也不過在檢查的時候擺好來看看而已，於是五六十年前開銀行，利潤要比現在好得多，宜乎銀行之設多如雨後春筍，盛況歷久不衰。

寧波、紹興都在浙江省，中間只隔一爿四明山，兩邑人士開銀行也是開風氣之先，一般人乃將寧波、紹興同鄉所開的銀行稱之為寧紹幫；而將後起之秀如陳光甫、唐壽民、胡筆江等所開設的一系列銀行稱為鎮江幫。自民國開元到大陸淪陷，寧紹幫和鎮江幫分庭抗禮，炙手可熱，向執中國金融界牛耳，對於我國財政經濟之影響，無比重大。

民國二十四年，官辦銀行為了順利實施中央頒定的法幣政策，對於擁有發行權的銀行，亟欲加以控制，他們採行的方法是施予嚴格考驗，由中央、中國、交通三行斥資，秘密收集若干銀行發行的鈔票，收集到相當的數額，驟然之間前往兌取現金，多一半的銀行措手不及，兌不出來，於是財政部因為他們準備不符規定，立即檢查，檢查出了毛病，照說應該勒令停業清理，不過官方為維持金融起見，臨時加入官股，指派董事或董事長，將這一爿銀行納入正軌。

當時有發行權的銀行一共是十二家，中央、中國、農民是國家資本，中國和交通官股都在百分之五十以上（中國百分之五十，交通百分之六十），農商銀行是由實業部主持復業的，農工則由黨國元老李石曾任董事長，發行鈔票有限，除去了這六家以後，有問題的便只剩了四明、浙江興業、中國實業、中國通商、中國墾業、中南六家而已。

02 銀行界聖人徐新六

經過這次嚴格的考驗，大家拭目以觀最後結果，由商而官的是中國通商（迄廿三年底發行額三、四三〇萬元），中國實業（同期，三、三六五萬元）、中國墾業（同期，七〇八萬元）、四明（一、八三一萬元），屹立不動，安如磐石的則為中南（同期，四、〇二五萬元），和浙江興業（九二五萬元。

消息傳出，令金融界人士大出意外，中南銀行因為集合了金城、鹽業、大陸、中南「北四行」的全部實力，組設四行準備庫為後盾，其「泰山石敢當」之勢是理所必然，浙江興業憑什麼駕乎四明之上，竟能經得起這一次大風浪？

如所週知，寧波同鄉是很團結的，在上海工商界的勢力也最大，從民元到民八，由於國內政局動盪不安的影響，四明銀行也會幾次發生擠兌的風潮。可是，只要四明銀行一旦擠兌了，「阿拉同鄉人」便羣策羣力，全面出動，所有寧波開的商店，在頃刻之間全成了四明銀行的辦事處，他們義務代兌，掏出自己的銀元，換取四明銀行的鈔票。寧波籍的店員或工人，看到有人在四明銀行門口排隊，他們會盡出自己的積蓄，跑去找不相職的擠兌者說：

「要兌四明銀行的鈔票？喏，阿拉跟你掉銀洋！」

但是民國二十四年四明銀行畢竟加入了官股，而把中國第一家商營銀行的金字招牌，拱手送給浙江興業。

許多人爭著打聽浙江興業究竟有什麼苗頭？打聽的結果是，他們有一位頂能幹的總經理——徐新六，在他主持之下的浙江興業銀行，基礎穩固，發行審慎，財務和賬務，全部無懈可擊。從此，徐新六在中國金融界聲名大噪，成為銀行界首屈一指的「新派人物」。

徐新六出身世家，風度翩翩而學驗俱豐，他曾留學英美，得過博士學位，廣泛研究財政金融和經濟，論識見和學問，上海銀行家中又數他為第一，以是無分老派或新派，對他不是尊敬，便是崇拜。

不但如此，徐新六更素以私生活嚴肅著名於時，吃喝嫖賭，討姨太太，彷彿永遠和他無緣，在紙醉金迷，花天酒地的大上海，一個家財百萬，酬酢繁劇的銀行家，能夠長時期的保持「清白」，實在是很不容易，故所以，銀行界給他上一個尊號，——叫他「聖人」。

以徐新六的出身、教育、職業跟性情，他和杜月笙之流，應該是涇渭分明，扞格不入，說什麼也難以攀得上交情。然而不然，徐新六居然和杜月笙建立了極親密的友誼，甚至可以這麼說：杜月笙是徐新六的生平唯一知己。

時間大概是在民十九、二十年之交，藉由一次偶然的邂逅，杜月笙和徐新六碰了頭，一度接談，杜月笙竟使徐新六為之心折，此後他又聽說了不少有關杜月笙的事蹟，於是，他開始為之揄揚：

「英雄不論出身低，誠然誠然！譬如杜先生，就是一個例子。我簡直不能想像，白相人地界裡竟然也會出杜先生這樣的人物？這實在是太難得了，太難得了！」

徐新六的揄揚推重，在銀行界裡自有相當的份量。——當然，同時也還有不少的銀行界知名之士，在對杜月笙頗有好評。

徐新六對於杜月笙的揄揚，並非溢美，他是發自腑肺。民國二十二年夏季，杜月笙照例上浙江杭州西北的莫干山避暑，正好徐新六也在山中，山風習習，長日漫漫，杜徐二人正好趁此機會，盡興長談。一日，徐新六這位公認的聖人，忽然對杜月笙說：

「我有一件心腹之事，捨杜先生而外，無人可託。」

杜月笙答以：「我在洗耳恭聽。」

於是徐新六向杜月笙承認，人世間事，以男女之情最難捉摸，即如聖人，也難免太上忘情，他說他除了正室妻子之外，在外頭還有一位簉室，如今早已綠葉成蔭子滿枝了，徐新六的二太太，為他生了兩兒一女。

這話如果不是出諸徐新六之口，杜月笙絕難相信，因為，——接下來徐新六便坦然的說：他的保密工夫做得天衣無縫，妻子兒女，家人戚友，除開他自己，簡直就沒有第二個人知道。

要託杜月笙做什麼呢？徐新六說：

「天有不測風雲，人有旦夕禍福，一個人總要備個萬一。倘若我有日死了，這個小妾和三個兒女，未來的生活和教育，我必須為她們預作準備。」

深感於徐新六的願共最大秘密，這份友情，著實可貴，杜月笙正準備要說：萬一真有這麼一天，他決計代為負責到底。但是徐新六卻又在說：

「我這一生，總算還薄有財產，那邊的一妾二子一女，對於我將來的遺產，當然也有他們應享的權利。」

「不過，」杜月笙躭心的說：「這麼樣的話，就怕到時候有人要說口出無憑啊。」

「那當然，」徐新六頓時就說：「我老早準備好了。」他從衣袋裡掏出一封早已寫好的委託信，親筆簽名，蓋過圖章，鄭重其事的交給了杜月笙。

五年後，民國二十七年八月二十四日徐新六和中南銀行總經理胡筆江，自香港乘桂林號飛機到漢口，中途遇日機襲擊，機毀人亡。徐氏家屬在分配遺產的時候，杜月笙親自到場，說明這一件事，使得徐氏全部親友，為之震駭錯愕，不知所措，沒有人相信聖人也有外室，居然早有子女，更沒有人認為杜先生會無中生有，代人索求。此一反應是杜月笙先已料到的，於是他提出徐新六的正式函件，大家方始無話可說。從此，聖人死後的此一驚人消息，在徐氏親友之間，像天方夜談一樣的傳播久久。

類此事件，經杜月笙之手解決的，不計其數，多少金融巨子，銀行財閥，或則有了感情糾紛，或則落入桃色陷阱，禍起床第，吃人套牢，但凡問題發生，他們就只有找杜月笙。——杜月笙尚友道，重俠義，肯賠錢，能受氣，更重要的還有兩點，一則他有能耐終究要把事體擺平，二來他能絕對保密，守口如瓶。

金融界的朋友漸漸多起來了，而且都是真朋友，好朋友，能夠彼此心照，會心微笑，可以披心瀝肝，無話不談的得力朋友。一旦有事，他們肯於放心跟著杜月笙走。因為杜月笙是他們的大保鑣，大恩人，相互結過不解之緣。杜月笙不但打進了金融界；用不了多久，他還能以熱誠坦白，公而忘私的服務態度，利用廣泛的人緣和交情，登堂入室，影響、甚至領導起金融界來了。

03
中南銀行一筆交情

中南銀行之設立，由黃姓華僑巨子投資，起先想請申報老闆，後來當到上海地方市民維持會會長的史量才負責主持，史量才志不在此，推舉胡筆江以自代，於是胡筆江當了中南銀行董事長，而以常務董事一席，畀予史量才。

史量才辦了不少事業，其中有一爿民生紗廠，規模相當的大，成立之初，曾經請杜月笙和張嘯林投資，杜張二人因為情面難卻，每人入股五萬大洋。

民國二十三年十一月十三日，史量才被狙殺於京杭國道。人在人情在，民生紗廠欠中南銀行兩百萬元，史量才在世，胡筆江不好意思討這筆債，史量才一死，再不討債他的財產要處分，胡筆江乃以正式通知辦交涉，民生紗廠還不起錢，中南銀行的人說：

「那麼，就由中南銀行接收民生紗廠。」

民生紗廠的人不答應，事情鬧得不可開交，彷彿中南接廠已成定局，該廠經手創辦人徐采丞精明強幹，一向在做棉紗生意，他當時想起杜張兩大亨，在民生紗廠各有五萬元的股本，他便從這上面動起腦筋來，想來保全這一爿廠。

徐采丞一噱張嘯林：

「中南不過有債務，大帥跟杜先生才是真正的股東，你們兩位說一聲，讓民生紗廠維持下去，胡筆江敢說不肯？」

張嘯林一聽，媽特個X這話對呀，有這麼大一爿廠，為什麼不拿過來頑頑？

大帥動了心，徐采丞跑得更加起勁，要維持民生紗廠先得墊筆資本，他軋準劉志陸劉軍長有兩百萬塊現大洋，長期存在中匯銀行。同時，他也深知這件事必須要用杜張兩門的力量，他自己出面還嫌不夠，於是他又嚎動張大帥去找劉志陸說：

「把你中匯存的兩百萬拿出來，媽特個X，大家弄爿紗廠做做不好？你投資，我們推你當總經理。」

劉志陸跟杜月笙、張嘯林、陳群都是換帖兄弟，張大帥把他逼牢了，無可奈何，他只好去找楊管北：

「小開，大帥喊我投資辦民生紗廠，當總經理，這一套我不會，但是又不便推託。辦紗廠你內行，你來幫我當副總經理，代拆代行，好吧？」

楊管北先問：

「軍長預備投資多少呢？」

「還不就是我在中匯的那兩百萬。」

「全部？」

「他們說是一定要這麼多。」

楊管北想了想說：

「這件事軍長先莫忙，讓我去問問杜先生看。」

楊管北到了杜公館，把劉志陸所說的事情講清楚了，再問：

「杜先生，阿有這一段帳？」

杜月笙向張嘯林那邊一指：

「隔壁的。」

「杜先生，」楊管北趁此機會進言道：「我們自己也開得有銀行，假使人家欠了我們的帳不還，我們要提抵押品，偏有旁人跑來一把搶去了，那又怎麼說呢？」

杜月笙同意的說：

「是嘛，我也覺得這樣子犯不著。」

楊管北又說：

「我反對，就是因為我們不能做這種事情。」

「你是對的，」杜月笙點點頭，望一眼張嘯林那邊再問：「但是怎麼了法呢？」

「讓我明天去跟胡四爺商量商量看。」

第二天，一大早見到了胡筆江，一問這事，胡筆江呆了，然後，如夢方覺的說：

「我還不曉得有這一回事呢？」

楊管北笑笑說：

「先談怎樣把事體擺平吧？」

「我實在不曉得杜先生、張先生各有五萬的本，」胡筆江趕緊聲明：「這件事無論如何要請杜先生幫我的忙。」

「怎麼個幫法呢？」

「他們二位的股本，不管民生紗廠賠了多少，由我立刻奉還。」

跑回去向杜月笙一說，杜月笙道：

「這樣就已經滿好了。你到隔壁頭去講講看。」

到張公館，張大帥正在吸鴉片，楊管北說：

「胡四爺託我來講，他確實不曉得張先生、杜先生在民生紗廠有股子，要我先來打個招呼。兩筆五萬元的股本，不論民生賠多賠少，他馬上墊出來奉還。」

「還多少？」

「還五萬。」

「他媽媽的！」放下煙槍，張大帥現躍而起：「蝕了的還能拿回來，好得很！你叫他們馬上給錢，那個什麼的廠，老子不要頑了。」

下午六點鐘才到中南銀行，胡筆江聽楊管北說杜張二位只要收回股本就罷，高興得直搓手，當時便把經理喊來，打好兩張五萬大洋的本票，雙手遞給楊管北，嘴裡連聲的說：

「偏勞，偏勞！」

楊管北收好本票卻待要走，胡筆江臨時想了起來：

「那十萬塊的股票，可是要還給我的啊！」

楊管北頭也不回的答道：

「等下再說吧。」

當晚，杜張二人收下本票，命人將股票尋出交給楊管北，他在第二天早晨，便把股票還給了胡筆江。同時，他讓胡筆江曉得，這場意外風波的順利解決，完全是杜月笙的主張。

04 見義勇為幫陳光甫

——當然，這是指的私人間交往，談到銀行本身的業務，杜月笙於挽救一家規模龐大，存款額逾四千餘萬的銀行瀕臨倒閉，他也能在一夜之間，拿得出具體有效的辦法。

民國二十年七月，長江大水災，聲譽卓著，夙為「南三行」之一的上海商業儲蓄銀行，做的一票食鹽生意，浪沉船損，漂了，實際損失一兩百萬元。但是黃浦灘上，謠傳紛紜，渲染誇大，說是上海商業銀行這一票損失了好幾千萬，於是，銀行也像鹽船一樣的風雨飄搖。

第二天一早，上海商業銀行的門前，便排起了長龍，存戶爭先恐後擠兌，銀行本身，實力雄厚，有恃無恐，起先還不以為意，一綑綑的鈔票從庫裡搬出去，可是到了第二天、第三天，謠言揚揚沸沸，猶在方興未艾，前後三天下來，提存高達二千餘萬，超過總存款額的一半，這在任何結構堅實，業務正常的銀行，都會感到受不了，上海商業銀行自然無法例外。上海商業銀行的老闆陳光甫，和全行高級職員，急得雙腳直跳。

當時，張嘉璈是中國銀行總經理，唐壽民則為交通銀行總經理，兩爿國家銀行，出面加以支持，一車車的銀元鈔票拖了來，還是應付不了人如潮湧的擠兌者，迫於無奈，上海商業銀行只好唱一齣空城計，大白天裡，在擠兌長龍的眾目睽睽之下，向銀行同業臨時緊急借貸，一卡車一卡車的洋錢國幣往上海商業銀行送，乘著靜寂無人的深夜，再原箱送回去。上海商業銀行想用障眼法堅定存戶的信心，但是存戶當日仍不撤退，第二天早晨，又復排隊擠兌如故。

山窮水盡，無路可走，第四天下午陳光甫派兩個人，去找到他的同鄉老弟楊管北。把上海商業銀行所面臨的危機說了個明白，陳光甫下個結論：

「現在到了這個地步，我看就只有杜先生才可以幫得上忙了。」

楊管北很爽快的回答：

「可以嘛。這麼樣，陳先生你今天晚上請杜先生吃飯，我代你去邀，到時候我自己也來。」

十萬火急的去找杜月笙，偏巧杜月笙通宵麻將打到天亮，天亮又接到午間，楊管北再急也是莫奈何，坐在杜月笙的旁邊，等他打完不知第幾個四圈牌，杜月笙要香筒鴉片煙提神了，楊管北在杜月笙對面一靠，有條有理，把上海商業銀行的危機，和陳光甫所面臨的難關，一一剖析清楚。

然後他說：

「陳先生今天晚上請你吃飯。」

放下煙槍，杜月笙目光閃閃的望著楊管北問：

「小開，儂講，我要不要去吃這頓飯？」

「去嘛。」

「好，」杜月笙一躍而起：「你陪我一道去。」

酒席上，縱有千言萬語，杜月笙最後的答覆，唯有胸脯一挺，斷然的說：

「言話一句。」

席終人散，杜月笙精神抖擻，回到家裡，跟楊管北在大客廳裡一坐，然後高聲的喊：

「墨林，儂來！」

萬墨林往杜月笙的面前一站，問聲：

「爺叔，啥事體？」

「儂打電話，」杜月笙簡潔的交代：「煙賭兩行體面點的朋友，統統給我請來。」

萬墨林一隻隻電話打出去，飛符召將，片刻便至，當三山五岳，腦滿腸肥的朋友來齊，杜月笙略一寒暄，開口便問：

「明朝銀行開門以前，各位可以湊得齊多少現款？」

於是人人都在肚皮裡撥算盤，算好了，再湊攏來加一筆總賬，不旋踵間便報出了一筆整數：

「兩百萬。」

這是叫他們立時立刻湊出來的現款，指定要在銀行開門之前付現，倘若請這些煙賭大亨把他們分存各行的存款提出，其總額也許不止兩千萬。

「好的，」杜月笙點點頭說：「這兩百萬現款，請各位限時限刻集中，明早銀行一開門，就統統送到上海商業銀行。」

交代過了，各人告辭散去，杜月笙再叫萬墨林打電話到他自己的中匯銀行，只問一句話，明早銀行開門之前，可否搬出一百萬銀元。

答案是：毫無問題。

接下來的指示：

「明天一早就搬到上海商業銀行，用我杜月笙的戶名存進去！」

萬墨林以為事情已了，杜月笙叫他莫忙走，還要分別打電話，通知所有與杜月笙有關的工商業者，明天早上八點半鐘，到華格臬路杜公館開會。

屆時，杜月笙特地起了個早床，楊管北也趕了來，在客廳裡，到處都坐滿了人。杜月笙一到場，人人起立致敬，他往當中一坐，滿廳的人重新坐下，偌大的客廳裡，鴉鵲無聲。

「上海商業銀行居然有人擠兌，」杜月笙一清嗓子，開門見山的說：「簡直是瞎攪！起因就是有人亂造謠言，人家祇不過打翻鹽船損失了一兩百萬，謠言說是損失幾千萬塊。這種謠言本身就是不通，那裡會有人做幾千萬塊錢的鹽生意？所以我說，謠言決不可信！」

聽眾之間，有人恍然大悟，也有人在交頭接耳。

「上海商業銀行的做法，一向規規矩矩，陳先生平時很幫工商界的忙，今天陳先生有了困難，我們就該捧捧他的場。」杜月笙斬釘截鐵的說：「捧場的辦法有兩樁，從現在起，各位之中是上海商業銀行的存戶，不但不要再提現，最好再多存點銅鈿進去。第二樁呢，倘使沒有上海商業銀行的戶頭，那麼，我請你們立刻跟他們打往來。把所有的現款全部存入。今朝，這一個會一散，我也是馬上就要到上海商業銀行去的。」

那一天，早晨九點鐘以前，上海商業銀行的鐵門之前，如舊排好了長龍陣，存戶們都在爭先恐後，心憂如焚，唯恐稍遲一步便提不出他們的老本，正在人心惶惶，秩序紊亂的時候，三部黑牌驕車首尾相啣的駛到，車門開處，第一部豪華轎車上首先步下一位身材瘦長，舉止文雅的中年人，他穿一襲綢衫，衣袂飄飄，快步向前，在他身後有從三部車子下來的十餘條大漢緊緊相隨，多一半手裡拎著沉甸甸的麻袋和手提箱。

排隊的擠兌者，有人驚喜的叫嚷：

「杜先生來哉！」

「杜先生來存銅鈿了。」

櫃臺後閑了四天的存款部職員，與此同時高聲的一叫：「杜先生存進一百萬元，快辦手續！」

杜月笙的一百萬現洋，剛剛存進上海商業銀行，煙賭兩幫也派了專差，臨時開戶頭，存入大洋兩百萬元正。四天以來上海商業銀行只出不進，這日忽然來了巨額存款，而且存戶不但有財力雄厚的煙幫賭幫，還有路路皆通的杜月笙，——看起來上海商業銀行已經獲得有力的支持，提存的客戶心理開始動搖，長龍似的隊伍漸漸散開，上海商業銀行穩得很，何必多此一舉，把存款提出來呢？

祇不過籌了三百萬的現款，放進上海商業銀行打一轉，杜月笙起個早床，在擠兌的客戶面前亮了亮相，上海商業銀行面臨倒閉的危機，就此安然渡過。當天，不再有人擠兌，翌日，已經提光了存款的客戶，又再度紛紛的存入。短期間內，上海商業銀行的存款，即已恢復舊觀。

05
唐壽民錢新之受惠

第二件較突出的顯著事例，發生在民國二十二年，交通銀行總經理唐壽民，私人斥資辦了一家國華銀行，唐壽民和另一銀行鉅子，交通銀行常務董事，兼四行儲蓄會經理錢新之（永銘）很有關係。當年十一月，曾於一二八淞滬之役奮勇抗日揚威滬上的十九路軍，勾結赤黨暨第三黨份子，在福州發動叛亂，是為「閩變」。消息傳到上海，群情激憤，各界人士發起舉行民眾大會，對從事叛亂的「閩變份子」有所聲討，並且加以制裁。預定在大會中提出的十大議案，其中便有這麼一條：——國華銀行擁有大批十九路軍的股份，應該予以沒收，同時請政府勒令該行停業。

國華銀行怎麼會有十九路軍的股份呢？這一個說法，並非空穴來風，因為，當一二八淞滬之役戰作，十九路軍奮起抗戰，穿草鞋打綁腿的十九路軍，和兵精械足，擁有大砲坦克的日軍性命相搏，固守陣線屹立不退，使上海人掀起了勞軍支援前線的熱烈高潮，大概是十九路軍收到的慰勞金太多，有點結餘，便由十九路軍的總司令蔣光鼐、軍長蔡廷鍇等，將這些結餘暫時存放於國華銀行。

民眾大會要提出議案，沒收國華銀行「股本」，請政府勒令國華銀行停業，消息傳到唐壽民的耳中，他吃了這個大冤枉，當然大起恐慌。由於民眾大會舉行在即，來不及聲辯理由，消弭眾議，唐壽民無可奈何，他去找交通銀行常務董事錢永銘設法，錢永銘是上海老資格的金融家，民國十一年，南通狀元張謇出任交通銀行經理，他便以協理的名義，負責全盤業務，民國十二年間，他除擔任交行常董外，又是中南、金城、鹽業、大陸四行儲蓄會的經理，兼四行準備庫主任，身為南北金融勢力的溝通者，他曾在國民政府任過財政部次長，浙江財政廳長，又曾奉派為駐法大使，後來因故沒有履新。

錢永銘想了想，他說：

「眼前只有一個人可找，也許他能從緊急之中替你想個轉圜的辦法。」

「誰？」

「杜月笙。」

「可是，」唐壽民很為難的說：「我跟他素不相識，而且毫無來往呀。」

「那麼。」錢永銘慨然的說：「我代你去託託他看。」

華格臬路杜公館裡，杜月笙正和吳醒亞、楊管北在聊天，吳醒亞是新任的上海市社會局長，跟杜月笙私交彌篤，合作無間。三人正談著，聽差送上「錢永銘」的名片，杜月笙一看，怔了怔說：

「錢先生我們不大來往的呀，他突然之間來找我，會有什麼事呢？」

想了想，楊管北講：

「可能是為國華銀行的事。」

一回頭，吩咐聽差：

「請到古董間。」然後再向吳醒亞和楊管北說：「你們坐坐，我去去就來。」

過不了多久，杜月笙回來了，手一招，把楊管北喊出去說：

「管北，你猜對了，果然是為了國華銀行的事。依你看，這樁事體應該怎麼辦？」楊管北一開口便說：

「我們現在自己在辦金融事業，唐先生和錢先生，都是銀行界的大亨，尤其他們是宋子文先生手下的大將。他們兩位有事相託，我看恐怕不便推托。」

「不錯。」杜月笙點點頭說：「幸好吳醒亞在這裡，我們不妨去跟他商量商量。不過，我們怎麼跟他說呢？」

「我想有三點理由。」楊管北建議：「第一、唐錢兩位身上，有宋先生的關係。第二、他們自家也是跟中央關係密切的人物。第三、國華銀行是唐壽民辦的，跟十九路軍何干？充其量，政府不過沒收蔡廷鍇他們這幫人的存款而已。」

「對的，現在我們一道進去談。」

兩人回到客廳，把錢永銘專誠拜訪的用意，和杜月笙的三點意見，向吳醒亞說明白了。吳醒亞聽完，一看手錶，眉頭皺了起來說：

「哎呀，只怕時間來不及了。羣眾大會，此刻正在公共體育場舉行，說不定十大議案都已經通過了啊。」

楊管北慫恿他說：

「打個電話去問問看。」

打電話到西門公共體育場，羣眾大會舉行的地點，找到涖場指導的社會局官員。一問，吳醒亞滿臉苦笑，放下電話，告訴杜月笙說：

「果不其然，十大議案方才已經全部通過。」

沉吟俄頃，杜月笙抬起來臉望著吳醒亞問：

「醒亞兄，國華銀行的事情，你心裡面願不願意幫忙？」

「衹要我能力所可辦得到。」

有了吳醒亞這一句話，杜月笙胸有成竹，他轉臉吩咐聽差：

「喊墨林來！」

萬墨林被來了，先問：

「爺叔，有啥事體？」

「撥電話。」杜月笙下了命令：「請陸京士和唐世昌兩位來。」

移時，陸京士和唐世昌都到了，五人小組，開始商量，旁的人都在說：好幾萬人開會，當眾通了十大議案，鐵案如山，實在難以轉圜。當前唯一的辦法，是請唐壽民他們直接向中央呈情，對社會說明，請求查明實際情形，暫緩採取行動。

唯有杜月笙，他曾言話一句，因此獨持異議，他振振有詞的說：

「開銀行最重要的是信用和商譽，碰在大家憤恨十九路軍叛亂的氣頭上，國華銀行吃了這個大冤枉，那一定會倒掉。」

「但是，在這種情形之下，我們又有什麼辦法可想呢？」——這是當時眾口一詞的論調。

「有辦法想。」杜月笙語驚四座的說。

「什麼辦法？」

杜月笙的眼睛，盯在唐世昌的身上：

「十大議案，為什麼不能變成九條？」

「啊！」

「醒亞兄方才說過，他是心裡願意幫這個忙的。」杜月笙先封住吳醒亞的口，再說：「世昌，明天上海各報，還有今天晚上各通訊社發出去的電報，大家統統一樣，就說是羣眾大會通過了九大議案，而把制裁國華銀行的那一條取銷，好不好？」

唐世昌怎麼能夠頂撞先生，回答一聲：「不好。」

國華銀行所面臨的巨大風暴，就此無聲無臭，飄然引去。經過這一件事，唐錢兩系的銀行巨子，對待杜月笙，當然心懷感激，刮目相看。而錢永銘也由於這一件事，增進了他和杜月笙的感情，杜錢二人，雖然早已結識，但是時相過從，親密合作，乃至於往後的出入與俱，不稍輕離，卻自國華之役起始。

杜月笙用謙虛誠懇的態度，勇於任事的精神，盡心盡力，為金融界竭誠服務，漸漸的贏得金融界人士的尊敬或親近，於公於私，彷彿都少不了杜月笙這個人。時機成熟，他深知自己已可在這一個令人羨慕的行業裡立足了。首先，他在最熱鬧的愛多亞路一百四十三號擇定行址，將他的中匯銀行，資本額提高到兩百萬元，收足一百萬元，聘傅品圭為總經理，「經營商業銀行一切業務，兼辦儲蓄信託。」

中匯銀行新廈成盛況空前，各界來賀人士，戶限為穿。同業間送來「堆花」的存款，不但數額比往常大，而且期限也自動的延長。普通一般「堆花」，三日後即將收回。然則杜月笙的中匯銀行開張，最大的堆花如上海商業銀行老板陳光甫，一次存入白銀五十萬兩，時間由三天延展到整整一年，五十萬兩白銀請杜月笙用三百六十五天，分文利息不收，此一豪舉連杜月笙也為之讚不絕口：

「像陳光甫先生真正是漂亮的。」

這是杜月笙正式插足金融界之始，由於他先已奠定良好的基礎，結交廣泛的人緣，使他在金融界一帆風順，無往不利，旋不久，便當選了上海銀行公會理事，再過些時，他更將此一舉足輕重的金融團體，操縱裕如。

06

事業輝煌愛情何苦

杜月笙一生之中，真正為愛情所苦，使他輾轉反側，坐臥不寧，是在民國十八年，他四十二歲，聲譽日隆，事業突飛猛晉的那一段時間。

那一年，黃老闆開設的黃金大戲院，請到了三位紅極一時的名坤伶，這三位名坤伶是三母女，老太太小蘭英唱老旦，大小姐姚玉蘭唱鬚生，二小姐姚玉英唱武生。三母女合掛一塊牌，給戲迷們看來著實新鮮，尤其三母女是梨園世家，唱做俱佳，頑藝兒不在任何名伶之下，於是轟動了黃浦灘上，黃金大戲院場場客滿。

杜月笙很愛皮簧，他自己學會幾齣戲，唱的是鬚生和武生，黃金大戲院來了兩位年輕貌美，色藝雙全的生角，他當然要去欣賞欣賞。他頭一天看了姚玉蘭的戲，便深深的被她吸引，百忙之中一到姚玉蘭的戲快上場，他就什麼都不顧了，驅車疾駛，趕上黃金大舞臺。

每天趕著捧場不算，他還拉了要好朋友去看，有一次王柏齡到上海來玩，他便請王柏齡看姚玉蘭。王柏齡對姚玉蘭也很誇讚，兩人談著談著，杜月笙突然一本正經的說：「我想娶這一位小姐，你看如何？」

「好哇，」王柏齡極表贊成的說：「你要是娶到了她，閨房裡面對唱起來，那才是人生一樂。」

「就怕——很難。」

王柏齡很詫異了：

「就憑你杜月笙，這個條件還不夠？」

「唉，你有所不知，」杜月笙深沉的嘆口氣：「她們是講究老法規矩的梨園世家，那位老太太好厲害，三母女形影不離，捧她捧到了今天，我還不曾跟她說過一句話哩。」

原來，在杜月笙向王柏齡透露心事以前，他早已展開了追求攻勢，親自到後臺拜訪，說些仰慕藝事的話。便裝的姚玉蘭，倍覺端莊秀麗，卻是，在後臺的她們兩姊妹，從不答理別人。問她的話，只是嫣然一笑，一切交際應對，都由老太太出面代理。

杜月笙跟沈月英的結合，是兩情歡好，相互看中了意，後來又經過黃金榮的擔任大媒，討陳氏夫人和孫氏夫人，杜月笙半輩子不曾碰過戀愛的苦杯，沒有嚐過相思的滋味，唯獨每晚都在臺下，沉迷於她投手舉足，一曲繞樑的姚玉蘭，「剪不斷，理還亂」，嚐盡了「求之不得，輾轉反側」的魂牽夢縈之苦。

實在難以忍耐了，有一天，被他想出了一條門路。

黃老闆聲明退休以後，幾爿戲館，大都由他精明幹練的大媳婦，黃李志清掌管。黃李志清身為老闆，又是女流，跟小蘭英三母女，由於業務的接觸，結成閨中的密友。——這些，是杜月笙老早已經打聽清楚了的。

何不去求計於「妹妹」呢？妹妹，是黃杜張三大亨，對黃李志清這個小輩的暱稱。

抽一點空閑，驅車鈞培里，見過金榮哥，聊了些時閑天，杜月笙找到了黃李志清，向她招招手說：

「妹妹，你來，我有事情問妳。」

「啥事體？」

「我問妳，小蘭英阿是跟妳蠻要好？」

「蠻要好格。」

頓了頓，杜月生自己先笑，然後，他還是把心裡的話，說出來了：他極喜歡姚玉蘭，他託黃李志清代為試探一下，假如他想娶姚玉蘭為妻，是否有此可能？

黃李志清格格的笑，最後還是答應了。她受人之託，忠人之事，將杜月笙的心事一說，小蘭英三母女都有點出乎意外。

以杜月笙的聲望、財勢、以及他對姚玉蘭的一片誠心，小蘭英未嘗不願有這麼一位金龜婿。她私底下問過姚玉蘭，姚玉蘭曉得杜月笙對待自己，完全是發乎真誠。只不過，雙方年齡的懸殊先不說，頭一樁，杜月笙現在就有三房妻室。姚玉蘭時正錦纏年華，花容月貌，雖說小姑居處猶無郎，可是，拜倒於她石榴裙下的少年子弟，委實不少，她想來想去，嫁給杜月笙，誠然一生有靠，卻是她又很不甘於做小。

黃李志清一心促成，兩頭傳話，把姚玉蘭的心意，毫無保留的告訴了杜月笙。杜月笙想了一想，再跟黃李志清堅決的說：

「妳可以代我向她們說明：第一，我一定要跟姚玉蘭白首偕老，第二，我決不會把她當做偏房。」

杜月笙越急，越能表示他的愛意，黃李志清往返折衝，幾經交涉，姚玉蘭和她的母親，終於開出了「最低限度」的條件：

一、必須公開宴客成親。

二、必須和華格臬路杜公館裡的那三位夫人，分開來住。

黃李志清把話傳過去，杜月笙喜出望外，他毫無難色，一一應允。

杜姚之間的婚事，至此，總算是談出了一個結果。

黃李志清當時也很高興，她跟杜家叔叔，開了個頑笑說：

「杜家叔叔，有時候想想，我自己也覺得好笑。世界上真會有這種事情，我跟我的婆婆，兩代人為你杜家叔叔做了兩次媒，居然都做成了。」

杜月笙聽了，哈哈大笑，他曉得黃李志清指的是她婆婆，也就是他的桂生阿姐，在十四年前一力促成了他和沈月英的婚姻，而這一次，卻又是他的姪媳黃李志清，幫他撮合了又一次的理想姻緣。

心中高興，杜月笙許了心願說：

「妹妹，妳這次為我的事體，交關辛苦，我一定要好好的謝妳。」

「杜家叔叔，你要謝我什麼？」

當天，杜月笙便派人去買了一隻金手錶，送給黃李志清，作為謝禮。

07

洞房花燭得賢內助

杜月笙和姚玉蘭結婚以後，姚玉蘭是自幼隨同父母闖過碼頭，見過世面的，她是走紅多年的名伶，一口京片子，輕脆嘹亮，杜月笙的交遊範圍越來越廣，越來越往高處攀，像姚玉蘭這麼一位風光體面、肆應裕如的杜太太，當能彌補杜月笙多年來的一大遺憾。

新居設在辣斐德路辣斐坊十六號，租了一層豪華考究的西式樓房，行年四十有二，杜月笙四度作新郎，對外儘量避免張揚，可是好朋友知道的依然不少，所以這場婚事仍舊辦得相當風光熱鬧。

沈氏夫人格外顯得萎靡、消沉，她唯一的兒子杜維藩大了，每天要出去讀書，而家裡娘姨丫頭，保鑣當差一大堆，服侍這位大少爺是無微不至，處處週到。沈氏夫人反倒覺得插不下手，她平素身體虛弱，多災多病，於是一天到晚躺在床上吃鴉片煙，她的煙癮越來越大，大到成天人不離燈，手不離斗，沈月英的母親，娘家的老帳房焦文炳，合住在華格臬路杜公館對面的一條弄堂裡，她只要出房門，下樓梯，走不了三兩百步路，就可以去跟老母親相聚個一天半天。但是她連這幾步路也懶於走，於是母女都三月兩頭的見不了面。曾有一次，杜月笙突然之間看見了她，頗為她的形銷骨立，弱不禁風而駭然驚怵，但是他想不出法子使她戒絕鴉片，恢復生氣，由於金廷蓀的太太跟她蠻要好，因此出個主意，讓她到金家去住了一段時期。

金家相當守舊，金廷蓀的老太太，規矩極大，她曉得杜月笙和金廷蓀有手足之情，便將沈月英也跟自己的兒媳婦一例看待，晨昏請安，老太太搓麻將的時候要陪著，外面不論送什麼東西進來，還得送到老太太的房中去看過。沈月英在金家住了一段時期，消愁遣悶，振作精神談不上，相反的卻是受不了老太太的規矩，住得苦不堪言。隔不多久，她又如逢大赦的搬了回來，自茲以後，鴉片煙毒更嚴重的剝奪了她的健康。

沈月英天不假年，她在四十八歲上，時在抗戰期中，杜月笙和杜維藩都已經到了重慶，她曾和杜月笙渡過艱難困苦的時光，眼看著他出人頭地，平步青雲，是鴉片癮拖住了她，使她不但不能跟杜月笙白頭偕老，甚至她也無法分享他的光采與排場。

三樓太太孫氏夫人比較豁達，她善能自己排遣，將全部時間精力貫注於她的一對愛兒，——維屏和維新，當這兩個孩子唸到初中，她便請准杜月笙，把他們帶到英國倫敦去求學，維屏、維新都有很好的成就，孫氏便伴著兒子在海外渡其優游的歲月。

和姚玉蘭結褵以後，杜月笙生活上的情趣倍增，夫妻倆有相同的嗜好，閨中高歌一曲，興味無窮。姚玉蘭結了婚便洗卸鉛華，一心一意做杜夫人，自此告別了紅氍的生涯，海上顧曲戲迷容或感到惆悵，但是姚氏之歌也並非如廣陵絕響，遇有義賑救災，或者親朋戚友一時興起來上一次彩排，她也興致盎然的粉墨登場。

結婚一年，她給杜月笙生了個女孩子，使杜月笙歡喜得好像天上掉下來奇珍異寶，因為這是杜月笙第一個女兒，杜月笙給她取個名字叫美如，對她的鍾愛還不止於「掌上明珠」。杜美如滿月的那天，蒲石路杜公館不僅大宴親朋，甚且演出堂會，由當時瘋靡滬上的梅蘭芳、馬連良聯合演出，張學良夫人于鳳至臨親道賀，她後來一直在說：就那回在上海看到了骨子好戲。

為上海人津津樂道，傳誦多年的杜公館五大盛舉，熱鬧風光，極一時之盛，如果以年份排列次序，應該是：

一、杜美如的滿月之慶。

二、杜祠落成。

三、陳氏夫人的三十歲生日，假戈登路一連唱了三天的堂會戲。賀禮中的壽屏十二堂，雕鏤精美，是價值連城的寶物。

四、杜維藩結婚，包下了新新公司演戲宴客。

五、杜月笙的六十誕辰。

好熱鬧，講究排場，誠然規模一次比一次盛大，然而仍以杜美如的彌月之慶為濫觴。

08 長江水災梅趙同臺

趙培鑫的父親，是上海金業交易所的理事，家境相當的不錯，趙培鑫從小就歡喜聽戲、唱戲，雖然不曾正式投師，卻由於他過人的稟賦，和忘寢廢食的揣摩，十五六歲的時候便已聲譽鵲起，常在大人先生的誇讚之餘一展歌喉。十六歲那年，他進上海市民銀行當練習生，同事之中有一位張頌椒，是杜月笙的學生，有一天，張頌椒對趙培鑫說：

「你小小的年紀，戲唱得這麼好，杜先生看見你一定很歡喜，倘若你自家願意，我可以負責介紹，讓你也拜杜先生的門。」

當時，趙培鑫不懂得個中關鍵，他很天真的問：

「拜了杜先生的門，又怎麼樣呢？」

「好處多著呢，」張頌椒說：「頭一樁，你想唱戲不是？拜了杜先生的門，他就會得提拔你，只要他肯提拔，你將來一定非常有名氣。」

趙培鑫畢竟年紀還小，委決不下，跑回去跟他父親一說，他父親聽了，眉頭立刻皺了起來：

「我們是做生意的人家，跟杜先生搭不上。」

但是「提拔」和「名氣」，對趙培鑫有很大的吸引力，歇不了多久，他仍還是自動去找張頌椒，請他介紹，以一名十六歲的少年，居然也躋列「杜老夫子」的門牆。

有一天，杜月笙要試試趙培鑫，帶他到申商俱樂部，喊趙培鑫當著許多達官富商，弔一段嗓。十六歲的孩子，開口一唱，非但絲絲入扣，而且大有金石之聲，於是乎大人先生彩聲四起，讚不絕口，杜月笙更是嘖嘖稱奇，在這時候，他心中打定了主意，決心培植這個罕見的天才。

從此他對趙培鑫視同子侄，一有閑空，便叫他到華格臬路公館去，或則同桌用餐，或則垂手侍立，杜月笙對趙培鑫用心良苦，他要他在自己身邊多認識些人，並且不時告訴他些做人處世的道理，進退應付的規矩。

每逢杜月笙自己要去票房白相相，趙培鑫是必定陪著，民國十七八年，上海的票房組織有如雨後春筍，紛紛設立，其原因，是由於許多滬上大亨，工商巨子的提倡，邀一批朋友成立一個票房，既可以消遣消遣，休憩身心，又復能聚會聚會，談談事情。

杜月笙最常去的票房，首推市商會會長虞洽卿（和德）跟證券交易所巨頭袁履登等人，所創設的申商俱樂部——這個俱樂部前後十餘年，一共出了三個平劇人才，為首的便推趙培鑫，其次為戎伯銘與章耀泉。

其餘如雅歌集，杜月笙擔任了一名理事，再如正誼社、湖社，都是杜月笙不時走動走動的地方。湖社的中堅份子是沈田莘，沈田莘是位老名士，前清時候得過功名，當過一任寶山知縣。此公素有「票怪」之譽，唱起戲來荒腔野板，高低不平，他要弔嗓子，就沒人敢給他拉胡琴，但是偏有好奇的人巴望看他這一怪，義務賑災，粉墨登場，他的戲碼貼出必定可賣滿座，而往往是臺下笑成一團，臺上照樣其怪如故，一本正經。沈四莘的兒子都是黃浦灘上鑾有聲望的人，為年邁父親的出乖露醜極感茄門，曾經雙雙跪在他的面前，長跽不起，一定要父親答應不要票戲，老頭子被逼得沒有辦法，只有支吾以應，等兩個兒子謝恩起來，把他放開，他又一溜煙的坐汽車出去，找孫蘭亭、汪其俊等等杜月笙的學生，去商量邀同杜月笙、張嘯林同臺合唱「黃鶴樓」了。

杜姚結合，對於趙培鑫確實是一大喜訊，往後他便不大去華格臬路，專門上蒲石路侍候先生師娘，姚玉蘭也覺得趙培鑫孺子可教，她除開當杜月笙一時興起，要求她授幾段戲，便是經常的對趙培鑫加以指點。蒲石路公館裡有趙培鑫每天報到，再加上他帶來的一些文武場面，票戲朋友，於是經常都顯得熱熱鬧鬧。

奉姚玉蘭為首蒲石路杜公館隨時可以組成一個戲班子，要好朋友家有喜慶，開一班人馬過去扮幾齣戲臺上臺下一片交譴，這是所謂的「送堂會」。杜月笙在蒲石路成立新居以後，就常常有送堂會的盛舉，不過姚玉蘭因為身份關係，不大登臺亮相，前安徽省主席陳調元的太夫人過壽，她曾唱了一齣「刀劈三關」，此外，她還到孔祥熙的滬寓去與眾同樂了一次。

安排「送堂會」，排角色，定戲碼，杜月笙必定精神抖擻，興高采烈，他每每為這種小事一連忙上許多天，而且忙得興奮熱烈之至。他曾自詡他是「最佳提調」，因為他請得動最有名的角色和票友，同時更排得出最硬紮的戲碼。最低限度，他自己家裡就可以組成一個極有號召力的戲班。

當時做這些事，只是為了新鮮、有趣、湊姚氏夫人的興，同時也滿足了自己；杜月笙確實不曾料到，由此培養出來的本領，竟會使他在另一方面大大的出名，仁漿義粟及於四海，聽戲、學戲、唱戲、玩戲，進而為社會大眾服務，國家民族盡力，杜月笙成為中國有史以來最大的慈善家。

民國十八年元月十一日，國民政府成立全國賑災委員會，以曾任國務總理的許世英為委員長。

許世英字靜仁，他是安徽至德人，光緒二十三年拔貢，當過遜清的七品京官，山西提法使布政使，民國元年任中國第一任大理院長，後來又以國民黨員的身份，在北洋政府中歷任司法總長、安徽省長、航空處長、財政總長、國務總理；他擁有大堆顯赫的官銜，一向被尊為國之大老。

十八年初許世英就任賑災委員會委員長，當年河北、山東就發生了嚴重的旱災，他為求速效，早拯災黎，想了一個別出心裁的辦法，他專程到上海，登門拜訪一介平民杜月笙。

那一年杜月笙四十二歲，許世英則已行年五十有九，這是他們往後無數次合作救災的開端，也是一對忘年交、忘「階」交的訂交之始。杜月笙看到許靜老的惠然降臨，他內心中的興奮自可想見。說明來意，許世英是為河北、山東救災的事趕來看他，許世英說：上海是首善之區，全國金融工商巨擘，莫不薈萃於此。他要問問杜月笙，有沒有可能從上海募集一筆鉅款，去拯救河北、山東的災黎。

當時杜月笙半點把握也無，但是許委員長枉駕來訪，求教於他，就憑這天大的面子，杜月笙說什麼也要勉力奔走一番。故所以，他當時很慷慨豪爽的回答：

「我杜某人但有一分力量，絕對盡力而為。」許世英很高興，他說好極了，那麼我們便組織一個機構，命名為「上海義賑會」，我當主任，請你擔任籌募組組長。

杜月笙欣欣然的答應了，他頓即四出奔走呼吁，拉了許多黃浦灘上的慈善之士，知名人物，共同參加了這一個組織。——那一次上海人義賑冀魯水災，可以說完全靠他杜月笙個人的力量，募集了數目不小的賑款。

到了民國二十年，長江大水災，受災地區廣達十七省，滅民逾一萬人。許世英職責所在，又到上海，跟杜月笙商議故事重演，募款救災。當時，正值杜月笙熱中於票戲，當總提調。他靈機一動，向許巨英建議說：

「許先生，像上次那樣，拿了捐簿請人捐款，很吃力，收效也不大。這一次，我想掉個花樣，我們照樣成立『賑災會』，卻是以義賑的名義，邀最好的角兒，唱幾天義務戲。買票的人既然是一面看戲，一面賑災，票價不妨儘量的訂高，那麼，請人家捐款，也可以改用推銷若干戲票的辦法。」

許世曲莞爾的笑著回答：

「你這個辦法很高明，一方面可以擴大勸募的範圍，一方面人溺己溺，慷慨解囊，也是很好的一種社會教育。」

得到許委員長的允可，杜月笙十分高興，他立刻歡天喜地的籌備起來，他請出正使上海人為之瘋狂的梅蘭芳，再加上他的夫人姚玉蘭，霸王金少山，更提拔他的學生，上海名票趙培鑫，指定趙培鑫為梅大王配戲，此外，再加為湊熱鬧，也能增進票房紀錄的他自己和張嘯林，為收牡丹綠葉之效，各戲配角和文武場面，請的都是頂兒尖兒，最最走紅的角色，排出的戲碼，計有梅蘭芳、趙培鑫「四郎探母」、「打漁殺家」、「汾河灣」，全班串演的「甘露寺」，姚玉蘭的「轅門斬子」、「刀劈三關」，梅蘭芳、金少山一貼就滿的「霸王別姫」，和他自己跟張嘯林的「落馬湖」，——這一次史無前例的義演，戲碼貼出，全滬轟動，義演地點是在二馬路新大舞台，趙培鑫生平第一次公開演出，第一次登台，便跟梅蘭芳搭配，而且新大舞台由於上海的關懷災黎兼看好戲，踴躍輸將，一連多日戲院外面大排長龍，池座之中滿坑滿谷，場場爆滿，演期一延再延，有這麼好的機會，趙培鑫這三個字，一開始便在菊壇上熠熠閃耀，如日中天。

長江水災賑濟大公演，獲得空前成功，許世英所主持的賑災委員會，不但募集了一筆為數至巨，超過預定目標的捐款，救活了千萬生靈，同時，更為賑濟救災工作，開闢了一條康莊大道。

09
狀元事業杜門接手

大達輪船輪步，係由南通狀元張謇（季直），創立於光緒三十年（公元一九〇四），它比虞洽卿等寧波同鄉所創辦的寧紹輪船公司，還要早個三年多，因此，大達可謂我國第一家民營輪船公司。

張謇，江蘇南通人，光緒二十年甲午恩科狀元，賜進士及第，授翰林院修撰。這年夏天，慈禧太后從頤和園回宮，文武百官，照例應該跪在路旁接駕，那一天恰好雷雨交加，地面泥水盈寸，張狀元被淋成了落湯雞，又在積水裡跪了多時，回到會館，夜不興寐，他自言自語，喟然長歎：

「我讀書致仕，身列廟堂，雖道祇是為了做磕頭蟲而來的嗎？真是讀聖賢書，志氣何在？」

於是，他辭官回鄉，專心一志，從事地方建設。這位四十二歲的狀元公，自四歲開始唸千字文，經過三十八年的寒窗苦讀，結果是只做了一百二十天的小京官。

但是在地方建樹，和興辦實業方面，張謇的成就，迄至時今，無人可及。從光緒二十一年到民國十五年，他建立了大生紗廠一系列的八個廠，設置了電廠、油廠、麵粉廠、機械廠、輪船公司等無數事業，開墾了黃河河道以南的土地八百萬畝。教育方面，他尤且興建了男女師範、小學、中學、吳淞商船學校，以至南通學院。

光緒三十年六月，張謇準備開闢上海和南通之間的航線，頭一步，他在上海找地皮，先建碼頭。

當時，黃浦灘西岸的中心區域，都被外國人佔去。張謇花了很大的價錢，總算在南市十六舖一帶，包租大量的沿岸土地，於是他先成立大達江輪步公司，建好倉庫、碼頭，經營輪船棧生意。

八月，又在南通天生港，設置碼頭和棧倉，名為天生港輪步，等到兩地碼頭設置齊備，張謇向外國訂購兩艘客貨兩用輪船，成立了中國有史以來第一家民營的大達輪船公司。

大達公司的航線，只跑上海及天生港至揚州霍家橋之間，稱為滬揚班。從光緒三十年到民國十七年，這二十四年裡面，這條航線一直由大達公司獨佔。民國十五年八月二十四日，張謇病逝，得年七十四歲，他只有一個兒子：張孝若，也曾被列為民初四公子之一，是留美學生，當過考察各國實業專使、駐智利公使，和揚子江水道委員會委員長。

張謇一生所創辦的事業，項目之多，規模之大，令人嘆為觀止；然而正由於發展過速，財源不盡充份，基礎難以穩固；在他自撰的年譜裡，字裡行間，常有憂慮煩悶的心理流露；民國十二年十二月他曾記有：「一月以來，無日不為實業言籌款，至是猶啜啜世事可厭，然非儒理。」民十二年四月所記：「自頃十年大水災，十一年紡業大厄，螟螽生於內，豺虎撼於外，將如始創時，余委披揭，俾眾不疑，坦坦示人，人少少解，蓋又一險難也。」於是，曾經有人參觀過南通實業，加以批評說：「南通是倒置的金字塔」，意思即指張狀元「難乎為繼，重心不穩」，這句話，在張狀元逝世後不久，竟不幸而言中。

首先是大生紗廠週轉失靈，南通實業界元老，張謇的得力助手，共事數十年，被張謇向所倚得的吳兆曾（寄塵）為了解救大生的危機，竟將「上海南通地產公司」的產業，座落上海九江路二十二號的整幢洋房予以出售，售得的款項，移作大生紗廠救亡圖存之需。

這一來，「上海南通地產公司」的股東為之大譁，南通地產是獨立的企業組織，跟大生紗廠無關，它毫無理由被犧牲了去救大生。吳寄塵是迫不得已而出此，但是大生的危機解除，上海南通地產的股權問題卻無法收拾。上海南通地產的股東們要求召開股東大會，為保障本身的權益提出質詢，要求吳寄塵賠償全體股東所受的損失。

股東大會舉行前夕，憤懣不平的股東們，想起了一個難以解決的問題，到時候誰來提出質詢？如所週知，南通事業的股東，多半是四先生（張謇）的親友和舊部，他們站得住道理，卻是礙不過人情；誰好意思去跟張四先生的代表人吳寄塵細算賬目，要求賠償？因為吳寄塵這一件事做得過於尷尬。

10 楊管北擔任急先鋒

於是有人提出鎮江楊家的小開楊管北，楊家及其親戚，投資南通實業為數不少，小開本身是大生紗廠一廠的董事、三廠的常董，又在大達輪船公司和南通地產都有股份。楊管北年紀輕，衝勁足，他學的又是經濟與法律。老一輩的有人找到楊管北一慫恿，楊管北果然答應擔任開路前鋒。

第一次開會楊管北理直氣壯，義正詞嚴，口口聲聲講法律，要賠償，吃虧的股東繼起而攻之；這一天吳寄塵覺得極不是滋味，難免對這個少年新銳甚感不懌。問題拖了又一年，賠償仍然不見兌現，再召開股東大會時，吳寄塵請了曾任江蘇財政廳長李耆卿擔任主席，各股東因為血本無歸，心情焦躁，於是紛紛發言，措詞激烈，竟使李耆卿為之中途退席。吳寄塵乃將所有令他難堪的帳，都記在楊管北身上，認為這一個後輩雖然年輕有才，卻是不通人情，形同叛逆。

第二個出了問題的事業則是大達輪船公司，原任經理鮑心齋，在張謇病逝不久後身故，他一死，大達公司放在德記錢莊的錢，因為錢莊破產，倒掉好幾十萬。接下來，大生、大吉兩條輪船相繼失慎燒燬，大吉之火災尤且死傷甚多，必須賠償。公司受此重大損失，負債纍纍，幾告無以為繼。不得已，請張謇之兄張三先生張詧的兒子張慰祖，當了一年的總經理，依然一籌莫展。再找大達常董，兼天生港內河輪船公司總經理蔣蝦堂接替，蔣蝦堂又做了年把，舊欠未減，新債又添，益以霹靂一聲，以上海聞人、洪門大哥楊在田為董事長；天主教領袖，法租界公董局華董陸費伯鴻為總經理，毛友仁為副總經理，滬上名流合組了一爿大通輪船公司，也走滬揚班航線，並且跌價競爭，開航新船。於是，早已千瘡百痍的大達，不得不勉力應戰，將運費跌進成本，至此淪於萬劫不復，搖搖欲墜之境。

大達公司的主要債權人，是鎮江幫金融巨子陳光甫開設的上海商業銀行，陳光甫眼見大達風雨飄搖，朝不保夕，心裡相當的著急，與此同時通州幫的業巨子也在為此一問題焦頭爛額，莫知所措。鎮江幫金融界和通州幫實業界人士接觸頻繁，他們認為如果能找一位通天教主，大力人士做後台，再聘一名富於魄力，精明強幹的經理，也許可以「死馬當做活馬醫」，解除大達的危機，讓它站定腳跟，起死回生。

想來想去，這一對搭擋，最佳人選唯有杜月笙和楊管北。持此主張最力的，是大達公司常務董事兼上海商業銀行業務部經理趙漢生。

很不湊巧，雙方接洽的時期，楊管北剛好盲腸炎開刀，躺在閘北仁濟醫院裡休息。已經有了點眉目，忽然橫生枝節，掌握南通事業大權的吳寄塵，堅決反對楊管北去管大達公司的事，他所恃的理由是——楊管北年紀太輕，唯恐他少不更事，負不起這麼大的責任。

杜月笙得到消息，淡然的一笑，他對於人與人的關係，摸得最透，一聽吳寄塵公然排斥楊管北，立刻便曉得是「南通地產質詢」結的冤。——吳寄塵對楊管北的直言往愬，始終耿耿於懷。

這件事總得要化解化解，他想出一位適當的調人，楊志雄。一則，楊志雄風度翩翩，舌辦滔滔，是他智囊團中外交長才的首選；其次，楊志雄是吳淞商船學校的學生，吳淞商船是張謇一手創辦於光緒三十二年丙午（公元一九〇六），推我國海軍耆宿薩鎮水為第一任校長，楊志雄畢業於該校第一期，後來又曾出長該校，因此，他和南通張家頗有淵源。

請楊志雄來一商量，楊志雄說：

「這件事我倒有兩條路子，四先生的少爺張孝若，在漢口當揚子江水道委員會委員長，我也在漢口當船主，我們時相過從，相當的熟。」

「還有一條呢？」杜月笙又問。

「吳寄老有位姪子在金城銀行當經理，叫吳蘊齋，我們也是很要好的朋友。」

「那麼，」杜月笙建議的說：「你是否先去跟吳蘊齋談談，請他勸勸吳寄老，要我跟小開去，無非是挽救大達。我充其量只能掛個名，搞輪船我不會，真要救大達，還得靠小開。」

楊志雄深以為然，回去了。他當時在德商西門子洋行當總顧問，吳蘊齋常到他辦公室來，因此，第二天他便見到了吳蘊齋。他還怕他傳話傳不清楚，特意轉彎抹角，說些久仰他的令叔，吳寄老是通州實業界的老前輩，只是自已緣慳一面的話，言下，頗想請吳蘊齋引見引見。

吳蘊齋很高興的說：

「那有什麼問題，我今天回去就跟家叔說一聲。」

翌日，卻是吳寄塵由他的姪兒陪同，親赴西門子洋行，專誠拜會楊志雄來了。吳寄塵一到，使楊志雄深感不安，頗有點窘。不過吳寄塵會很高興，他和楊志雄一見如故，促膝懇談。在這一次長談中，楊志雄很技巧的提出杜月笙的見解，——一切應以挽救大達為前提，杜月笙深知楊管北有徹底整頓大達的能力，使這一歷史悠久，具有光榮傳統的事業機構，發揚光大。吳寄塵對杜月笙的熱心誠懇，非常感動，他在楊志雄的面前，申致其歡迎杜楊的決心與誠意。

當楊管北開刀的傷口癒合，出了仁濟醫院，他只曉得又有一項新職在等待著他，還不知道其中有過一段曲折。聽說楊管北要接大達公司的事，楊管北的親戚長輩，紛紛的把股權移轉給他，以使他持有夠多的股份，強化他在公司的地位。楊管北也建議杜月笙，不必去當空頭董事長，杜月笙深以為然，賠累不堪的股票很容易收，因而纔在大達輪船公司的股東大會裡，杜月笙和楊管北以足夠的股權，當選董事，再經過董事會推請杜月笙為董事長；張孝若為常務董事兼總經理，而以楊管北副之。此外還有楊志雄和胡筠庵二人，也當選了常董，楊胡兩位常董同為杜系人物。

11

高士奎專輪走蘇北

民國十七八年，蘇北一帶，遍地盜匪，賊勢之盛，莫可與京。陳調元當淮海鎮守使，走馬上任的時候，為了確保安全，要請出清幫大字輩前人，在運河蘇北各碼頭坐第一把交椅的高士奎，陪他一塊兒去。兩乘大轎，高老太爺在前，陳鎮守使在後面緊緊相隨。

由於盜匪多如牛毛，橫行霸道，蘇北各地交通幾已斷絕，商旅通過，除非預繳「保護費」，隨時都會被劫。同在一省之內，從上海匯錢到蘇北，一百塊錢的匯水高達二十元。盜匪使得蘇北貨不能暢其流，地不能盡其利，災歉頻仍，民不聊生。

楊管北有這個雄心壯志，想打開這個交通阻塞的局面。他請杜月笙約來了高士奎高老太爺，高士奎在清幫比杜月笙高兩輩，但是由於潮流趨新，情勢不同，老太爺不但對杜月笙很客氣，尚且也是口口聲聲的在喊杜先生。

高士奎一約便到，杜月笙告訴他說：

「有點小事體，想請高老太爺走一趟洪澤湖。」

洪澤湖，位置在蘇皖邊境，早先是蚌埠通往清江浦（淮陰）的要道，後來因為煙波百里，成了強盜土匪的淵藪。來往商旅，不但要結隊而行，尤其一出清江浦三十里路，就要請兵保護，否則的話，出沒無常的鐵板划子，一湧而上，鮮有一個能逃得過洗劫一空。

高士奎聽說杜月笙要請他走一趟洪澤湖，驀地興起懷鄉之念，他欣欣然的說：

「三十年沒有回過家了，既然杜先生要我去，我就走這一遭吧。」

杜月笙大喜，當下請問：

「什麼時候動身呢？」

「隨便，」高士奎答道：「反正我是閒人，明天後天都可以。」

送走了高老太爺，杜月笙又叫楊管北來，吩咐他送高老太爺三千塊錢的「路費」。

楊管北不在清幫，但是他跟清幫人物很熟，就在他的手下，大達公司大裕輪的買辦，眾人稱為孫大哥的便是一位大字輩，因此，他選大裕作為此行的專輪。

那年，曾任中央國術館館長，國府委員的張之江，在當江蘇邊區綏靖督辦，督辦公署的總稽察長朱信科，更是清幫前輩朱五太爺的孫子，朱家和楊管北家時相往還，所以楊管北請朱信科當他的私人代表，代為洽商一切。當高老太爺所乘的專輪一出寶應，朱信科便向張督辦和參謀長請了假，乘小火輪來「陪同照料」。

高老太爺抵步，消息傳遍清江浦，碼頭上黑壓壓的一片，數不清有多少人來迎接，——其實，還有不少清幫人物，一路遠迎到淮安以下，肅候老太爺在船上吃過了晚飯，輪船駛向淮安，再到清江浦接受盛大熱烈的歡迎。

被清江浦的朋友苦苦挽留了六天，晉見歡宴，不曾一刻得閑。六日後，高老太爺乘車往楊莊老家。

在楊莊，一住就是十天。高老太爺的老親老眷，街坊鄉鄰，一波一波的跑來向老太爺磕頭。高老太爺也忙著一家家的拜訪，敍濶，他家中存有三百石米，加上自己帶來的三千塊錢，一筆筆的送光為止。

到達楊莊的次日，高老太爺派人傳個話，叫高良澗和臨淮頭之間，亦即洪澤湖相隔最遠的兩岸，管事的大寨主吳老么來見。話傳過去，在第四天頭上，這位蘇北頂有勢力的大土匪頭子，揮槳如飛的趕到了楊莊。

一進高老太爺的家門，吳老么向上三跪九叩首，執禮之恭，出人意表。高士奎跟他敘一敘，這吳老么居然也是悟字輩，算是老太爺的孫子。

高老太爺望一眼垂手肅立的吳老么說：

「你曉得吧？我這趟是特為找你來的！」

吳老么作了個揖，不勝惶恐的說：

「老太爺，我怎敢當？」

「上海有個杜月笙，」高士奎問：「你聽說過沒有？」

「久聞杜先生的大名，」吳老么答道：「就是至今不曾瞻仰過。」

「這位朱信科先生，」高士奎伸手一指：「就是杜先生的要好朋友，楊管北請來當代表，和你聯絡的。杜先生和楊先生在辦大達輪船公司，大達的船要開闢蘇北航線。我找你就為這件事，——看到大達公司的船來，你要好生照拂。」

「請老太爺放心，」吳老么慨然承諾：「大達公司的船只管來，他們船上要是少了一顆麥，統統由我賠償。」

12

強盜不搶航線通哉

就這樣，三言兩語，打開了蘇北航線，甚至遠遠伸展到蚌埠、清江浦之間。待高士奎回到上海，楊管北立即開始籌備薛鴻記帆輪聯運公司，並另行籌組達通小火輪公司，航行皖北蘇北各線，只載貨，不搭客。他設立各地分支機構，盡量起用清幫人物，譬如蚌埠辦事處請大字輩的夏金貴主持，清江浦有大字輩馮守義坐鎮，揚州、鎮江則以通字輩向春廷總綰一切。凡此清幫人物一概畀予經理名義，月支薪水大洋兩百元。但是實際業務，仍得另簡「經驗人士」負責辦理。

第一次航行，就出現了驚險鏡頭，達通小火輪公司的一艘船，駛到了柏樹灣，這一帶因為地形關係，運河曲折，成之字形，一向是盜匪出沒搶劫船隻之地，當時行駛於此一地區的儼然一條長龍，形成船隊。第一艘是揚子公司的輪船，第二艘是戴生昌的船隻，達通公司的火輪殿後，卻是一連拖了十幾條木船。

船隊駛抵柏樹灣，大概是夜晚九、十點鐘光景，週遭一片漆黑，伸手不見五指，突然之間岸上響起清脆嘹亮的槍聲，緊接著便有粗獷的聲音大喊：

「把燈熄掉！人回艙裡去，誰敢探出腦袋，謹防挨槍！」

月黑風高，碰到強盜，當時的氣氛，恐怖緊張，達於極點。達通拖輪和木船上的員工水手，一個個嚇得面無人色，混身發抖，可是他們耽驚受嚇了許久，竟然毫無動靜，祇聽到前面停泊的輪隻，哭喊之聲，不絕於耳。於是有膽子大些的，探首外望，兩岸靜悄悄，不見人影火光，心想一定是土匪得手以後就撤退了。當夜疑惑不定的各自去睡，翌晨一問，果不其然，揚子和戴生昌的兩條船，貨物和行李盡遭搜劫，唯有達通公司的船匪徒們視若無覩，秋毫不犯。

達通公司等於是保了險的，託達通運貨，土匪不會來搶，消息迅速的在傳播，託運貨物的主顧，紛至沓來，一切因為兵災匪患被迫停歇的行業，如今運輸上的問題獲得解決，自此開始復甦。達通蘇北航線之建立，不但使大達公司的業務突飛猛晉，盈餘直線上升，而且，讓日趨萎縮的蘇北金融經濟，很快的恢復舊觀，貨既暢其流，地亦盡其利，交通、上海商業和江蘇省銀行，紛紛的在蘇北各地設立分行或辦事處。

楊管北的腦筋動得很快，利用杜月笙在銀行界的優越地位，跟銀行家們的私人關係，向上海商業銀行、交通銀行各借一千五百萬元，合計是三千萬塊錢，專做蘇北貨物押匯，特別以薛鴻記帆輪聯運公司的提單可以押匯。按照銀行規定，民船營運，不得抵押，以民營帆船押匯，更是史無前例，但是因為薛鴻記和大達公司的船一樣，途中安全，土匪不敢攔路打劫，貨物從不短少，反倒給銀行多做不少穩妥可靠的生意。

他們又創設大興貿易公司，專門代蘇北各地的商人，在上海採辦貨物，貨物價格，以上海新聞報的行情報導為準。蘇北商人委託大興的當時，只要繳付三成的貨款，其餘七成，由上海大興公司墊付；當貨物辦妥後即交大達公司，取到提單，立刻便向當地銀行分行或辦事處，連水腳（水路運費）一齊做押匯。因此不等貨主繳清貨款，他們墊付的資金已經收回。像這樣的做法，他們一共有運費、代辦費，利息差額（上海利率一分二，銀行利率九厘）三重的賺頭。

而蘇北商人，既節省了到上海辦貨的旅費和人力、時間，又絕無風險可言。定貨之初，只付貨款三成，另外七成又省了一筆利息。貨物很快運到目的地，貨主拿到提單，如果不急於一次提出，可賣出一件，還銀行一件的錢。在這種新穎而設計週密的制度下，最低限度，有三十萬元資本的商人，就可以做到一百萬元的生意。

13

繁榮蘇北財源大開

當蘇北盜匪遍地，民不聊生，交通因而阻塞，商業幾於停頓，沒有一家銀行，願意在那一大片沃野千里，物產富饒的地區，設立分支機構，發展各項業務。於是廣大遼闊，人口千萬的蘇北，對銀行界來說，等於大幅空白。杜月笙、楊管北他們打通了蘇北航線，創辦了大興公司，使蘇北一帶，地盡其利，貨暢其流，人盡其用，整個蘇北一下子活潑繁盛起來，各大銀行，便紛紛的在衝要地區，建立了營業單位。銀行，也開始在蘇北大賺其錢。

大達、大興、薛鴻記，這一系列的機構，銀行、蘇北商人，都由於杜月笙、楊管北的努力經營，自打通航線著手，以繁榮經濟為目的，三方面都有事可幹，有利可圖，蘇北各地社會與人民，當然也普遍的蒙受利益。南通狀元張謇，以建立實業，開鹽墾，興水利來開發通海二州，杜月笙他們以復甦交通，振興商業而使蘇北的社會經濟趨於繁榮，兩者都有相當的成就，如以大達公司為橋樑，彷彿也是淵源有自，一脈相承的呢。

唯一的麻煩，是土匪也要搭船，公司當局和船上人員，要保守秘密，並且予以照顧。土匪們把達通公司的船當做是自家人的，一上船來不坐官艙也得住房艙，艙房裡除了他們自己人以外，不得羼雜其它的乘客。他們還有許多規矩，例如上船以後只消茶房送一趟茶水，馬上就艙門緊閉，嚴禁擅自闖入。倘有不懂「規矩」的茶房冒冒失失撞進去，搞不好會要挨揍。這班土匪乘客上船的時候，衣衫襤褸，像是癟三，但當他們平安到了上海，「貨」一脫手，回程時新衣新帽，金戒手錶，統統搖身一變而為財主。

再則，高士奎高老太爺那兒，不免也添了些送往迎來，掩護招拂的困擾，土匪們搭了達通公司的輪船，到了上海，高老太爺那邊不能見外，都是必定要去拜訪的。因此，高士奎便不能不聊盡地主之誼，指點指點，或者是解決困難，尤屬義不容辭。不過，這班人登門拜訪當然不會空著兩手，一年四季不斷的收孝敬或贄見禮，高士奎因而也有了不少的收入。

杜月笙接任大達輪船公司董事長，派楊管北接管業務，任何人都以為他們上台一鞠躬，要做的第一件事，便是和大通公司成立協議，遏止跌價競爭，以免賠累愈深，兩敗俱傷。因為，以杜月笙和楊在田、陸費伯鴻雙方的交情和作風，閑話一句，什麼事情都可以擺得平的。然而說也奇怪，當楊在田、陸費伯鴻在蝕了不少錢後，眼見老杜上場，局勢開朗，篤篤定定在等杜月笙遞個點子過來，卻是杜月笙悶聲不響，聲色不動，絲毫沒有展開談判，講講斤頭的任何跡象。

起先納悶，後來恍然，杜月笙他們手條子夠狠，大達公司，自從杜楊登場，情勢丕然一變。他們跟銀行界交情夠深，撥隻電話就可以調來大批頭寸，此其一。大達打開了蘇北航線，開設大興公司，一攢下去就有三千萬的活動能力。大達、大興、薛鴻記連成了一條線，代辦貨物，平安運達，立即押匯，三大業務做得熱鬧風光，一筆生意三層賺頭，洋鈿銀子滾滾而來，拿這裡面的盈餘來跟大通公司在一條航線上拼，可以說輕而易舉，不費氣力。——搓麻將掉了人又另扳了莊，大通公司今非昔比，他們著著居於下風。

於是，硬挺了一年，反倒是大通公司要叫救命了，——再賠下去，就要攢倒。於是反客為主，迫不得已的向大達提出要求，希望雙方相忍為安，盤算盤算成本看，頂好是想個什麼法子，打開這個惡性競爭的局面，彼此都能獲得合理的利潤。

有一個絕妙的法子，但是，老朋友面前，杜月笙不便出口，他振振有詞的推托：

「大達的事情，統統都是小開在管。老兄的意思很好，但是要去跟小開商量。」

只好再去找楊管北談，楊管北的答覆，使大通公司方面頗感意外，——他抓住大通方面人士的慷慨陳詞，順水推舟的這麼說：

「既然競爭對於雙方不利，那麼，我奉送各位一個意見，——何不聯營？」

「聯營？怎麼個聯營法子呢？」

「那還不簡單，」楊管北雙手一攤：「大達、大通成立聯營處，共同經營上海到揚州這條航線。」

「雙方所佔的比數，怎麼樣算？」

「有一個最合理的計算方法，我們聯合去講一位最有名的會計師，請他細查大達、大通過去三年的賬，以兩家公司的總營業額為準，訂定雙方所佔的比數。」

14

火拼一年大通投降

大通情勢危殆，唯有照辦，雙方請來了奚玉書會計師，查過了賬，紀錄顯示，在以往三年，兩家公司的總營業額中，大達公司佔百分之六十三，大通公司佔百分之三十七。

照這樣的比例，在即將成立的聯營處理，不論船隻噸位、新舊、設備、速率，以及包括水上、陸上所有的資產，孰者為多，孰者為少。大達公司所應分得的盈餘，要比大通超過一倍弱。

此即所謂「商場即戰場」，「情勢比人強」，大通說這樣不能幹，大達說不幹就算。幾經折衝，幾經談判，最後則由大達公司讓步，將雙方所佔比率，調整為大達公司百分之五十五，大通公司百分之四十五。合約簽好，時值交通部召開全國第一次航業會議，楊管北即席提出大達、大通兩輪船公司聯營十年的報告，請交通部准予備案。同時，由聯營處提供保證：不分客運貨運，今後決不漲價。

後來是否能夠貫徹此一保證，十年不漲價呢？也可以說能，也可以說未能。原來，早在兩公司競相跌價惡性競爭時期，有規定嚴格的運價，也有逐步遞減的暗盤。譬如說：運價表上訂定小麥每一百五十斤為一石，豬肉一百五十斤為一擔，為了競爭，輪船公司自願改為一進七十五斤小麥，甚至二百斤小麥為一石，二百五十，乃至三百五十斤豬肉為一擔，這是重量增加而運費不改，——變相的跌。聯營處一旦成立，小麥、豬肉，一律改回一百五十斤一擔，這是運費不加而重量恢復原狀，——合理的漲。

航線不斷的在開闢，業務作直線式上升，舊有的輪隻，漸漸的不敷分配、不敷需要。民國二十一年間有一天，楊管北跟杜月笙說：

「大達應該造一條新船了。」

「好呀，」杜月笙也很起勁：「說造就造。」

「錢呢？」

「借嘛！」

「向誰借？」

「銀行借。」

「那家銀行？」

「上海商業怎麼樣？」杜月笙略為沉吟，下了決定：「一來陳先生是你們貴同鄉，一晌都很賞識你，二來我也承他看得起。借款條件，想必可以優待。」

楊管北先去找上海商業銀行業務部經理趙漢生，趙漢生說毫無問題，讓我跟陳先生商量，怎麼樣的優待法。

第二天，回信來了，陳光甫很讚揚楊管北，為蘇北地方做了不少的事，他說他願以獎掖一個有為青年的心情，特別優待貸款白銀六十萬兩。合同上不妨如此規定：

一、利率七釐二毫半（當時銀行長期存款利率為六釐，貸款利率八釐至九釐）。

二、自輪船參加營運之日起，每天歸還本息大洋三百元，迄本利歸清為止。

三、以上所載歸還本息數額，大達可以多還，上海商業銀行不得多討。

這麼優厚的貸款條件，使大達公司在新造的大達輪參加營運以後，等於一文不花而按日都在還錢，因為新建的大達輪噸位大，客艙設備好，全船可載旅客二千餘人，和本公司的其他輪隻比較，多賣出去的票資，抵付那每天三百元的銀行貸款，綽有餘裕。不過，正因為原訂合同條件過於優厚，造大達輪的貸款本息相加，一天三百元的還到民國二十六年抗戰爆發，仍欠法幣三十萬元。杜月笙、楊管北感於陳光甫貸款之初的一片盛意，不願因抗戰之阻，將這筆錢久宕不清，在重慶時一筆拿出三十萬，將此一「人情貸款」還了。否則的話，拖到抗戰勝利以後，幣值日跌時期一天三百元的規定還賬，使上海商業銀行蒙受重大的損失，那就未免太不寫意。

15

一躍而為航業領袖

民國二十二年，大達輪舉行下水典禮，杜月笙親自主持，當時正值他事業迅速發展，聲勢如火如荼。報紙刊出巨幅的新聞，黃浦灘上，轟動一時，達官顯要，名流巨紳，紛以參加盛典為榮。公司職員把一艘新造成的大達輪，佈置得花團錦簇、美侖美奐。上千的佳賓，成隊的招待，衣香鬢影，盛況空前，香檳酒，洋點心，頻頻的祝賀，由衷的讚美；楊管北陪同杜月笙，週旋於絡繹踵賀的各界人士之間，擲瓶啟航，徐徐滑行於黃浦江中。抽一個空，杜月笙和楊管北依欄小立，江上風清，令人心曠神怡。巨輪駛經十六舖，杜月笙回想三十年前他曾在這一帶賣過水果，餓過飯，露天睡過輪船碼頭；然後駛經外灘；如今，愛多亞路上有他自己開設的中匯銀行，華格臬路又有水木清華的巨宅，他開了麵粉廠、紗廠、輪船公司，一系列的杜氏事業，連同置身所在的這艘豪華輪舶，身畔圍繞的這許多高貴濶綽的朋友，一致構成了杜月笙的驚人財勢，繁華世界；在這時候，他不曾躊躇滿志，更不曾趾高氣揚，他反而興起不盡的感慨，大達輪馳過煙囪如林，人煙輻輳的楊樹浦，兩岸有駐足以觀，嘖嘖稱羨的上海市民。杜月笙踮起腳來探望，驀地，他有所發現，欣欣然的指給楊管北看：

「喏，就是那裡了。」

楊管北看到了一座古老而簡陋的禮拜堂，他問：

「那是什麼地方？」

「我小時候讀書的地方，」他的語調轉為黯然：「我繼母幫人家洗衣裳，賺錢維生，還要送我去讀書。當時一個月的學費要五隻角子，讀到第五個月，繳不出學費了，只好休學！」

在他身畔簇擁著的佳賓，聽他這麼一說，不禁相顧愕然，頗感尷尬；但是杜月笙感喟之餘，依舊談笑風生，若無其事。「大丈夫能屈能伸」，「君子不忘本」，這就是杜月笙。

在全國航業界，和上海工商界同具深厚勢力，向稱上海十大業之一的航業領導機構，上海船聯會的理事長，按照會章規定，不得連選連任，船聯會的第一任理事長是上海聞人虞洽卿，他已經連任了一次，第三屆實在不便蟬聯，杜月笙乃以航業巨子之一，——大達輪船公司董事長的身份，躍登了第三屆理事長的寶座，這使他在邁向上海工商業領導者的旅程中，又縮短了一大段距離。

在杜月笙主持之下的大達輪船公司，曾於民國二十六年抗戰初起時期，對政府有很大的貢獻，抗戰時期實行「以空間爭取時間」的決策，求致最後勝利。軍方徵調陳舊輪隻，自沉於浙江鎮海砲臺附近，阻遏日艦的攻勢，上海航業界人士會協調的結果，議決犧牲寧紹公司購於光緒年間的寧紹輪，和三北公司的一艘長興號，後來可能因為噸位不夠，將大達公司的大和輪也拖了去沉江。

不但自沉了一條大和輪，當其他輪船公司，為了避免政府和軍方征調，紛紛加入外國籍，掛外國旗，——杜月笙決不這麼做，而且，他不等政府下命令，自動將大達公司的大達、大慶、大豫三條輪船，寧願放棄裝載大批逃難客的發財機會，全部交由政府使用。像這樣的自動應差確屬空前未有，政府用這三艘輪船搶運中央、中國、交通三銀行的庫存、鈔票、賬冊和人員，由上海西航漢口，直抵重慶。

大達輪船公司一直到抗戰勝利以後，大陸淪陷之前，仍然和大通航業公司共同維繫具有二十年歷史的聯營處，其英文名稱則為 Dah Tung Shipping Service。即以大達公司的本身來說，一個風雨飄搖，朝不保夕的爛攤子，被杜月笙、楊管北起死回生，扭轉乾坤不算，業務發展之迅速，當年任何輪船公司無法望其項背。以航線來說：早先光走上海——揚州間尚且無法維持，不久以後便擴展到上海——南京——九江——漢口——長沙，和上海——霍家橋、口岸、常陰沙。上海——天生港（南通）、任家港。上海——青龍港等這麼許多條航線。於是大達公司在以上各地都有分公司設立，成為國輪自營內河航業的巨擘，這不是一項奇蹟，而是表示杜月笙、楊管北確實能辦事業，因為，任何一樁事業的成就，決非朝夕之功，一蹴可就的。

由於大達公司在我國航業界中的重要地位，當全國船聯會成立，杜月笙在民國卅五年九月當選了該會理事長，錢新之、徐學禹、楊管北為常務理事，他對這一個機構也曾盡了很大的力量。當民國三十七、八年幣值日跌，運費凍結，全國航業幾乎就要停擺，杜月笙即曾以抱病之軀，挺身而出，向交通部、行政院請求調整原則，並且二次貸款救濟，方使全體同業渡過難關，維持了大撤退時期的交通。他對航業界的許多貢獻，至今猶為斯業中人津津樂道。

16 交易所的創始史實

中國之有「交易所」，始於民國十年，在上海四川路、愛多亞路轉角，像一顆彗星般燦然出現的「上海物品交易所」。

這一個交易所的理事長是寧波巨商、滬上聞人虞和德（洽卿），常務理事為聞蘭亭、周佩箴、郭外峯，他們都是智識份子，頭腦比較新，認識很清楚的工商業者。「物品交易所」成立初期，原名「證券物品交易所」，經營業務範圍，從證券到標金、紗布、麵粉、雜糧，無所不包，由於它創設未久，而各種交易所如雨後春筍般紛紛設立，上海人為了有以區別，於是將這個設立最早的老交易所，改稱為「物品交易所」。

此一交易所的出現，迅即掌握了上海的重要商業。

上海證券物品交易所，是服務社會，平準物價的商業機構，灌輸給工商業者一種嶄新的、合理的、有效法則的觀念。有了「交易所」，由於貨品大量買賣進出都集中於一地，工商業者可以明顯的看出供求關係的趨向。供過於求則價跌，求過於供則價漲，這種公開買賣制度，徹底的掃除了少數人操縱物價，以及過去茶樓酒館私下議價率而據為市價標準的弊端。

同時，由於「交易所」的設立，生產業者和從事國際貿易的商人，尤可藉由「期貨買賣」，避免因為匯兌價格和國內市場貨價漲跌而生的風險。——在民國廿四年法幣政策實施以前，因為國外金與銀的比價經常大起大落，每每牽動外匯行市，經營國外貿易者所負擔的風險極大。再則，定貨時和結貨時的貨價，又不時受到國內政局動盪不安的影響，唯有「標金期貨」的買賣，才可以使其趨於平衡。凡此，都是創設交易所的用意所在，亦即「交易所」所可發揮的功能。「交易所」本身，僅祇站在中間人的立場，向買賣雙方，收取合理的佣金。

為使讀者對於「交易所」的業務和功能，及其對於整個經濟社會的貢獻，筆者在此舉一個例，有以說明。譬如，某紗廠購進棉花七萬擔，每擔價格二十四元，這七萬擔棉花可以紡成十六支紗兩萬件，平時每件紗的成本是原料（棉花）八十四元，再加上工資、動力設備和其他開銷二十元，共計一百零四元，然後我們假定，某工廠在購進棉花的時候，十六支紗的市價為一百三十元，所以，某工廠預計這一筆生意，可獲利潤每件二十六元乘兩萬件，一總是五十二萬元。

問題在於：用一百六十八萬元買進的七萬擔棉花，如欲紡成兩萬件十六支紗，為期需要六個月。六個月以後，十六支紗的價格必定會有所漲落，設若是漲，某紗廠即將獲致暴利，設若跌了，某紗廠便要大虧其本。

現在，有了「交易所」，某紗廠便可以從從容容，毫無風險，利用拋售期貨，亦即「標金期貨」的辦法，借重「交易所」的信用，在支出一百六十八萬元購棉加工的同時，立刻收回紡成十六支紗的貨款。例如，第一個月完工的棉紗三千件，以一百三十元的價格拋出，第二個月三千五百件，價格一百二十七元，第三個月的三千件，價格一百二十五元，第四個月三千件，價格一百二十三元，第五個月三千件，價格一百二十元，第六個月四千件，價格一百十八元。如此這般，某紗廠便可在出資購棉的同期，一下子收回二百三十九萬另五百元，淨賺三十一萬零五百元。某紗廠只要安心生產，準備交貨好了，生意做得穩穩當當，毫無風浪可言。這對於增加生產，安定物價，實在莫大功能。

自中國有史以來的第一個交易所設立以後，從民國十年冬到民十一年間，上海交易所之爭相設置，有如雨後春筍，風起雲湧，幾乎但有一業，便有某業的交易所，但有一物，也有一物的交易所。交易所的股票，往往在數日之內暴漲數倍。有這麼許多各業各物的交易所紛至沓來，「上海證券物品交易所」，乃以擴大影響，服務工商的襟懷，對每一位後起同業，不惜循循善誘，竭力支持。新設的交易所毫無基礎，缺乏人才，甚至於連經營的方針也茫然無知，這時候，上海證券物品交易所最重要的場務科長，甚至日夜奔波，身兼十幾家交易所的同樣職務，同時更兼任五六個訓練機構的教務主任。

17

證金麵紗想一把抓

然而，投機取巧之風，可說是與上海開埠以俱來，從外國人開始，萬里東遊的目的，不過是找個機會，撈它一票，然後回國去享受。上海土著本來就少，自中國各地而來的各色人等，同樣也是抱著淘金的希望，於是投機成風，形成上海工商業者的典型。開交易所是穩賺不賠的好生意，於是爭先恐後一窩蜂的來。投機者沒有穩固的基礎，尤乏健全的組織，首先是他們把投機賭博之風帶進交易所裡，買空賣空，越演越烈，接下來又發生了交易所太多太濫的畸形現象。

因此，到了民國十二年，上海湧起了空前未有的「信交風潮」，許多基礎不穩，投機過甚的交易所和信託公司，相繼倒閉，影響所及，拖垮了不少工商業者，同時更使不少持有他們股票的人，為之傾家蕩產。

經過了這一次「信交風潮」，經得起嚴格考驗，而屹立不動的，祇剩下物品、紗布、證券、金業、麵粉和雜糧交易所六家。這六家交易所的理事長，計為物品交易所虞洽卿，紗布交易所穆藕初，證券交易所張蔚如，麵粉交易所王一亭，金業交易所徐補蓀，雜糧交易所顧馨一。

杜月笙和他的智囊團，從民國十六年國民革命軍北伐，底定上海以後，便開始計劃如何打進這六大交易所，進而將之牢牢掌握。「商場如戰場」，經過將及十年的努力，歷經無數波譎詭秘的風浪，其結果，除了抗戰勝利後麵粉、雜糧兩個交易所未曾恢復外，杜月笙可以說是全部達到目的，一概抓在手中。

杜月笙步入金融界，首先是開設中匯銀行，躋身工商業者的行列，當以一舉買下華豐麵粉廠為嚆矢。

華豐麵粉廠設於小沙渡路，它的大老闆是盧少棠。盧少棠自己的生意做得很大，合夥者是湖州富紳張家在上海的總賬房葉某。民國十九、二十年之交，盧少棠在泰昌公司酖於豪賭，於是乎輸得一塌糊塗，終於虧了好幾十萬的債，迫於無奈，他揚言要把華豐麵粉賣掉。

楊管北得到了消息，怦然心動，他立刻去見杜月笙，告訴他說：

「聽說華豐要出讓，這個機會很好。杜先生，你看我們是否要把它買下來。」

杜月笙聽了，也是頗感興奮，他不假思索的說：

「只要盧少棠肯讓，我們當然要買。」

「原則決定，」楊管北說：「那麼就要積極進行了。」

杜月笙的答覆是——

「由你負責，火速去辦。」

怎麼樣個辦法呢？一面要跟華豐方面的人接洽，另一方面，還得去找買這爿廠的錢。很湊巧，這時候正值中國通商銀行董事長傅筱庵從大連回來，由於杜月笙對他此行幫了很大的忙。傅筱庵心懷感激，極圖報効。另一方面，國華銀行的唐壽民，也由於同樣的原因，有著跟傅筱庵相捋的心理。能有這兩位大銀行家的交情可用，楊管北對於籌款問題，算是有了些把握。

華豐麵粉廠方面，派人去打聽的結果，更是令人喜出望外，原來，負實際責任的一位陳經理，他是麵粉公會的理事，跟楊管北不但認識，還有相當的交情。

於是楊管北很快的去把陳經理找到，開門見山，把杜月笙想買華豐廠的決定，說給他聽。陳經理聽了，眉頭一皺，悄聲的說：

「杜先生想盤華豐，當然很好，祇不過，現在已經有人在接頭了。」

「是哪一位？」

想了想，陳經理方說：

「你最好不要問。因為這位先生不但很有力量，而且他跟杜先生的交情又特別好，我說出他的名字，杜先生就不便再說盤華豐的話了。」

抓住了他這個說法，楊管北馬上就單刀直入的說：

「既然如此，那是你老兄有心幫忙，多謝多謝。我們便搶在前面，先把價格敲定，如何？」

兩個人細細算賬，幾經折衝，用最快的速度，決定以一百零九萬大洋成交。

18

捷足先登買進華豐

當時，杜月笙每天到中匯銀行會客，楊管北也是每天要去一趟中匯銀行。就在他和陳經理談好盤價的第二天，財神菩薩傅筱庵，不請自來。楊管北一見，十分歡喜，他把傅筱庵拉進房間，展開密談。

楊管北說：

「最近盧少棠賭出了虧空，要把華豐麵粉廠盤出去，華豐的陳經理跟我很熟，我去打聽過了價錢，據說只要一百零九萬。傅先生，你曉得我家在揚州、高郵等處也是開麵粉廠的，個中行情，略知一二，我已經計算了一下，確實是很便宜。」

傅筱庵當時便問：

「你的意思是，這爿廠值得買？」

「機會放棄，未免可惜。」

「很好呀，」傅筱庵一臉孔自家人的姿態：「那我們就買下來好了。」

含蓄不露，更進一步：

「傅先生買下這爿廠，一定可以賺錢。」

「不，我不買。」傅筱庵搖搖頭說：「我的意思是說：我們應該幫杜先生買下來。」

「這個……」

「由杜先生買，你來做，這是最好不過的了。」傅筱庵深沉的笑笑說：「杜先生不是有意厠身工商界嗎？買下華豐，就是開始。」

「不過……」

傅筱庵很快的接口說道：

「需要多少錢，中國通商可以低利貸放。」

一塊石頭落了地，楊管北好不開心，兩大難題一齊順利解決。

疾若鷹隼，一下子買到了華豐麵粉廠，杜月笙的第一個事業，擇吉新張，熱鬧非常。杜月笙擔任董事長，楊管北、王禹卿、卞筱卿為常務董事，並負責主持一切。就在舊廠新張的那一天晚上，杜月笙和楊管北一道進餐，飯後談天，杜月笙笑吟吟的告訴他說：

「你恐怕還不知道吧？管北，華豐敲定以後，有一位極要好的朋友，大光其火的跑來辦交涉。」

楊管北明知故問：

「辦什麼交涉呀？」

「他接洽承盤華豐廠，在我們之先，他說我們不該抄他的後路，捷足先得。」

「杜先生怎麼答覆他呢？」

「他不惜拉下臉來，當面質問，我這個答覆就很難了，是不是？」

「是的。」

「所以，我只好這麼說，」杜月笙莞爾的笑：「你老兄要盤華豐，我事先確實不知道，今天既然你來告訴我了，問題簡單得很，大家者都是要好朋友，乾脆，你就接過去做吧。」

楊管北忙問：

「對方怎麼答覆杜先生呢？」

「他說：你已經買下來了，我怎麼能接過去做？」

「那麼，這樁事體就這麼了結囉？」

「不，我還是請他接過去。」杜月笙輕緩的搖頭：「我甚至於這麼說，這爿廠並不是我買下來的，而是幾位好朋友，合資盤下來，捧捧楊管北的場。其實呢，小開現在也並不是沒有事情可做。」

「他又怎麼說？」

「當然還是不肯接受，」杜月笙又笑了：「從這時候開始，他反過來極力要我們好好的做下去。後來，我說我們實在是不過意，於是我提議送他五萬元的乾股，算是補償勞神費力的損失。」

楊管北也笑了起來問：

「他接受了？」

「不，」杜月笙縱聲大笑：「他急了，說是：『殺了我的頭也不能收！』」

這一段談話之中，有一點值得注意的地方。那就是——杜月笙始終沒有提過那位好朋友的名字，而楊管北也不曾問。

19

先攫麵粉鬥榮宗敬

當年，麵粉買賣，統統集中在麵粉交易所裡，而上海麵粉交易所，又全部掌握在理事長王一亭、常務理事榮宗敬等人的手中。榮宗敬是無錫實業巨子，財勢絕倫，實力雄厚，同樣的麵粉，在交易所裡發售，榮家的兵船牌開價至少在每袋三元以上，而其他的廠牌，卻只能賣到兩塊八九，如華豐麵粉廠出品的麥根牌，最高也不過賣到二元九角半，無論如何，突不破三元大關。

榮宗敬為什麼這樣狠？除了他能掌握交易所，還有一層，便是榮家資本雄厚，廠開得多，供應量數他最大，投手舉足，俱將影響市場，因此其他廠商不得不讓他幾分。

無錫榮家，向稱我國實業鉅子，他們所擁有的事業，以麵粉與棉紗為主，一家的財產，高達天文數字。

然而，他們卻是由於兩兄弟克勤克儉，努力奮鬥，方始扶搖直上，白手起家的。這兩兄弟是榮宗敬與榮德生，兒時因為父親死得早，家無恆產。在這種情形之下，他們就也跟杜月笙的童年一樣，縱使有極好的稟賦，仍然成了失學的兒童。

十五歲左右，兩兄弟一齊到上海謀生，他們先當學徒，後來也找點小生意做做，漸漸的有了本錢，也有了誠實可靠，精明強幹的信譽。便這樣，積十五年的努力，一直到榮德生三十歲那年，亦即遜清光緒元年（公元一八七五），兩個人才湊了三千兩銀子的資本，在上海開設廣生錢莊。

光緒二十六年庚子（公元一九〇〇），中國已有麵粉工業建立，當時全國只有四家，是為天津的貽來傑、蕪湖的益新，上海的華商阜豐，和美商增裕。由於機器勝過人力，這四家麵粉廠獲利倍蓰，成為當年最賺錢的熱門生意。榮家兄弟看準了麵粉工業，前程遠大，他們便想盡方法，亟圖投資，可是自己根本就外行，怎麼辦呢？也虧他們想出來的，兩兄弟在阜豐、增裕兩片廠裡，結交幾位朋友，三日兩頭，跑到人家的廠裡托詞勾留，將耳聞目覩的經營和操作情形，一一牢記在心。當他們覺得已有把握，立刻去向外國洋行，訂購機器。與此同時，在家鄉無錫買了一塊地皮。

全無錫的麵粉都由磨坊出貨，如今榮家兩兄弟要開機器麵粉廠，地方人士，於是表示激烈反對。無錫的一位名紳蔣竹青，向為守舊派的代表，蔣竹青有錢有勢，眾望攸歸，榮家買的地皮，不幸與他的田產毗連，此公誤信謠言，說是工廠那隻大煙囪，破壞了一方的風水，還有鍋爐裡排出來的污水有毒，傾入河中，人畜喝了會被毒死，甚至沿岸的田地，不久即將不生五穀，謠諑紛紜，越傳越盛。蔣竹青又急又怕，因此挺身而出，遽加干涉，他不准榮氏兄弟，把麵粉廠開在他家田產的附近。

榮氏兄弟當然不服，於是驚動官府，打了官司，蔣家是當地首紳，炙手可熱，榮家是黃浦灘上的小商人。遜清的貪官污吏：「赫赫衙門八字開，有理無錢莫過來」，榮家狠不過蔣竹青，官司一輸再輸，從無錫縣打到常州府，照輸不誤，換了別人，知難而退也就罷了，卻是榮宗敬、榮德生不惜犧牲，堅持到底，兩兄弟跑到南京，上省申告，當時兩江總督是旗人端方（午橋），他也講究維新，深知私人設廠，唯有造福地方，兼又查出常州知府和無錫知縣，都有得賄的嫌疑，因而判決榮家的廠照設，常州府和無錫縣革職留任。

這一場新舊觀念之爭的官司終於平反，使榮氏兄弟二人聲名大著，他們的茂新一廠，總算建立起來，就從這個時候開始，茂新麵粉廠的「兵船牌」麵粉，風行一時。

20 無錫榮家如何發達

茂新一廠賺了錢，存下來不用，數目夠了，便開茂新二廠，兩三年後，四廠五廠均已開工，正好趕上光緒二十九癸卯（公元一九〇三）日俄開戰，俄國人因為西伯利亞大鐵道太長，運輸糧糈不便，於是不惜闖關偷渡，派船到上海採辦糧食，榮家攬得這一筆大生意，便利用早先的銀行人事關係，跟英國滙豐銀行打了往來，茂新六廠、七廠、八廠一連串的開下去，開到十廠，又嫌數起來麻煩，便再建立福新一系列的麵粉工業，也是一廠、二廠、三廠的儘著開。設廠的資金，則多一半仰仗滙豐銀行，——這又是榮家兄弟動的新腦筋，開好了一爿廠以後，立刻押給滙豐，借到款項，再開新的，如此這般滾雪球似的滾下去，榮家的債雖多，但是他們光這麵粉事業就已經迅速擴充到空前龐大，全國第一。上海人欽佩他們的能力，艷羨他們的財富，懾於他們的魄力，從此改稱榮宗敬為「宗先生」，榮德生為「德先生」。

麵粉工業上面鈔票賺得翻倒，榮氏兄弟又著手其紡織工業的創設，他們由申新一廠起頭，連續不斷的開到申新紡織十八廠，於是他們兼有了中國「麵粉大王」和「棉紗大王」的雙重頭銜。榮家在無錫常州間所開的那許多廠幾乎要連結成一個工業都市了，其間就只剩下一小片土地，業主寧死不賣，榮氏兄弟夢寐以求，這一則花邊新聞不絕如縷的在報章雜誌出現，歷時多年，抗戰勝利以後，終於爆出駭人聽聞的一宗土地買賣，榮家如願以償，買下了那一塊地皮，付出的代價是法幣一百億。

榮宗敬和王一亭等人搭檔，把持交易所，偏袒兵船牌，把其他同業，壓得喘不過氣。楊管北異想天開，突出奇兵，把兩位專做麵粉生意的出類拔萃角色，榮家福興麵粉總經理，主管一至十廠，綽號「麵粉二王」的王禹卿，連同「兵船」的招牌一齊挖過來。除了王禹卿以外，他再禮聘內地麵粉廠商第一把手，大同麵粉廠總經理卞筱鄉，請這兩位經營機製麵粉的巨擘、台柱，出任華豐麵粉幫的常務董事。從此以後，楊管北只問政策和財務，業務廠務即由王、卞二亭輪流負責。拉來這兩位大將，杜月笙的麵粉廠便保險賺錢。拿進貨來說，王禹卿管榮家的廠，一日要進小麥十幾萬包，麥價自然捏得準，夠便宜，如今他來替華豐進一萬小麥，價格還是照舊，最低限度，決不吃虧。出貨方面，他帶來了「兵船」招牌，在交易所的價格要比「麥根牌」超過八分至一角，即以八分計，華豐每天出貨一萬包，一年便可以多賺三十萬。因此，華豐在杜月笙所有的事業之中，始終有賺無賠，成為他主要的經濟來源。

生意賺錢，於是楊管北又利用上國華銀行唐壽民對杜月笙的交情，以華豐麵粉廠全部生財設備作抵，做了一百五十萬元的押款。歸還上海商業銀行的貸款以外，剩下來的錢全部用之於增添設備。

終杜月笙一生，華豐麵粉廠是他最重要的事業之一，不僅因為這爿廠很能賺錢，同時，杜月笙始終握有該廠百分之六十幾以上的股份，——楊管北佔有的股份卻是象徵性的——大洋一萬元正。

從華豐麵粉廠開始，杜月笙建立了一系列的龐大工商事業，他自己不會做生意，所有的事業都交給他的朋友或學生做。在這方面，他有兩項用人的原則：

一、決不過問業務。

二、決不干預人事。

民國十二三年，徐國樑在當上海警察廳長，他手下的一位司法科長劉春圃，跟杜月笙也是極親密的朋友。劉春圃伯道無兒，以他的親侄劉壽祺承祧，劉春圃死前，曾向楊管北託孤，楊管北便喚劉壽祺到華豐麵粉廠去學生意。劉壽祺忠誠勤勉，孜孜矻矻，楊管北對他頗為賞識，將他從練習生一路拔擢到經理，劉壽祺對於華豐實有相當重大的貢獻，三十八年大陸淪陷，劉壽祺未及撤退，被共匪以「杜月笙代表」的罪名三反五反，清算鬥爭，終於逼得他跳樓自殺。

21

突出奇兵幫忙對方

杜月笙派楊管北去經營華豐麵粉廠，第一步，他們在使華豐由小蝕進而大賺，然後利用銀行押款和賺來的錢，全力擴充設備，接下來便運用靈活的手腕：「閑話一句」的服務幫忙，針對絕大多數同業處在「麵粉大王」巨大壓力下的苦悶徬徨心理，廣結人緣，漸漸匯集一股新興的力量，他們不但要抗拒及解除榮家的重大壓力，而且，還要向麵粉交易所進軍，將榮宗敬、王一亭等大亨的把持局面，打得粉碎。

抓住兩個很好的機會，他們開始下手。

在上海一地，設有兩個麵粉業同業公會，一個屬於上海市，一個名為「蘇浙皖三省」，前者當然也落入榮宗敬、王一亭的掌握，後者早有楊管北的一席地，因為楊家在揚州、高郵等處都開設得有麵粉廠。

上海麵粉同業公會和三省同業公會一向對立，雙方矛盾極為尖銳，種因則在於榮宗敬等操縱交易所，內地廠商製造的麵粉，多花一筆運費，運到上海，反而要被交易所硬挫下去每袋兩三角錢的價格。

民國二十年，國民政府施行「裁釐加稅」政策，把前清咸豐三年太平天國軍攻陷南京，軍事緊急，餉源枯竭，乃在各交通要道設立關卡，征收稅捐的「釐金制度」取銷。此一害商苛民，施行已達七十八年的制度一旦裁銷，可以說是國民政府的一大德政，可是，卻給內地麵粉廠商帶來很大的困擾，而使上海麵粉廠商又蒙利益。

因為，在沒有「裁釐加稅」之前，內地廠商就地採辦製麵粉的原料——小麥，他們並無釐金的負擔，而上海廠商到小麥產地採購，沿途都要付出釐金。每一百斤小麥可製麵粉兩包，如在山東、湖北兩省買小麥運上海，即需負擔釐金每百斤一元，再經過蘇北或江西、安徽、江南運到上海各廠，通常每包麵粉得付八角到一元的釐金，相反的，內地廠商（指江蘇、安徽、浙江三省）運麵粉到上海每包只需釐金一角。內地廠商多花了運費，卻減少了釐金八九毛，勉強能夠和上海廠商競爭。

如今釐金取銷，上海廠商到內地去採辦小麥，沿途不需報繳，小麥運到上海製成麵粉，每包只要繳特稅四角；因此：「裁釐加稅」，使上海廠商減低了每包四角到六角的成本。

內地廠商就糟糕了，從前他們將製成的麵粉運到上海，每包只要繳一角錢的釐金，「裁釐加稅」以後，他們只減了釐金一角，卻反而增加了前所示有的特稅四毛，一出一進，他們便需多付三角的特稅，跟上海廠商一比，他們要多出每包七角到九角的成本，再加上運費，再加上被上海廠商硬壓下每包兩三角的售價，兩者的成本相差到一元以上，不要說跟上海廠商競爭，內地廠商簡直就要被迫關門。

杜月笙的華豐麵粉廠設在上海市，在「裁釐加稅」新稅制下他是受益者，內地廠商全部倒掉，對他只有更好，以他自設的銀行，以及銀行界對他的全力支持，他正可以跟榮宗敬兄弟日俄開戰那年一樣，利用銀行資金開設一連串的廠，迅速建立他的「麵粉王國」，把紛紛倒閉的內地廠商銷場，一鼓作氣接收了。——但是，杜月笙做起生意來，也是另有一功，他不但不利用這千載難逢的發財良機，反而挺身而出，自告奮勇，跑到人人自危，惶惶不可終日的「蘇浙皖三省麵粉同業公會」裡去，告訴那些神情沮喪，急如熱鍋螞蟻的內地廠商說：

「你們各位不要著急，讓我們大家一道來想個辦法。」

就憑這兩句話，杜月笙人溺己溺，見義忘利的俠骨仁心，立刻便贏得了公會全體衷心的敬服和感激。

「閑話」由杜月笙拿出去，辦法卻要他的「智囊團」來想，杜月笙的朋友之中，有陳群、楊管北靈活腦筋，會寫文章，三個人一商量，由陳群執筆，寫出來一篇理由堂堂正正的好文章，根據國父遺教，建國大綱提倡內地實業這一條，由上海廠商杜月笙領導三省麵粉廠商全體，呈請江蘇省政府轉呈中央實業部，聲明擁護「裁釐加稅」政策，不過，內地廠商確有面臨倒閉的危機，因而要求中央特准「補助內地實業」，硬性規定上海廠商應納麵粉特稅一角，內地廠商則僅繳納特稅五分。

文章蓋好大家的圖章，成為正式呈文，一路呈上去，當時的江蘇省財政廳長是張壽鏞，——杜月笙的好朋友。省主席是葉楚傖，——真正熟得很。中央財政部長是宋子文，實業部長是孔祥熙，——雖然是新近攀交，卻是交情很好。首先，江蘇省財政廳、省政府便順利通過此一陳情。

22 麵粉交易果然到手

呈中央，宋子文和孔轉祥熙原則同意，不過為了顧全中央的法令和威信，來一次新瓶裝舊酒，不分上海或內地廠商，麵粉特稅一律每包一角，然而恪遵國父鼓勵提倡內地實業的方針，體念商艱，由中央實業部補助的名義，准予降低為江南廠商每包六分，——稍稍近些，江北廠商每包五分，——略微遠點。

消息傳來，內地廠商歡欣若狂，生死存亡的危機，被杜月笙輕輕的撥雲霧而見青天，懲前毖後，將杜月笙的慷慨尚義，和榮宗敬等的蠶食鯨吞相比，越發覺得交易所的理事長，實有立即改組另聘賢能的必要，於是，凡是握有交易所股權的內地廠商自動集合起來，再聯絡上海廠商中不屬於榮王者流的正義人士，多年以來，他們一向在為榮宗敬等把持交易所，抬高本廠的麵粉價格，而壓抑同業，造成極不合理的差價，感到深切的苦惱。內地廠商和上海廠商接觸頻繁，意見非常接近，因此，雙方決定合作，開始暗中收購麵粉交易所的股票。

等到股權收購得差不多了，內地廠商和上海廠商一算，已可掌握情勢，立刻便要求召開麵粉交易所股東大會，並且由雙方推派代表，非常慇懃有禮的，恭請杜月笙屆期出席。

榮宗敬和王一亭還被矇在鼓裡，他們主持大會，討論議案，一上來便遭遇猛烈的砲轟。他們驚駭莫名的發現，上海廠商和內地廠商竟然連成了一線，雙方的砲口，都對準著他們。

攻擊最烈的，有兩件事，首先是榮宗敬、王一亭把持交易所，任意操縱麵粉價格，自私肥己，壓抑同業。這一項質詢已經很難措詞答覆。接下來又是砲聲隆隆，交易所歷年積存的盈餘，數達白銀六七十萬兩之鉅。——這一筆鉅款，實由榮宗敬挪用了將近三十萬兩，王一亭挪用了二十萬兩有餘，交易所的股東第一次發出怒吼：

「理事要改選！挪用的銀兩立刻還出來！」

台上的榮宗敬和王一亭，還有他們的那一夥人，在全體股東痛施撻伐之下，面面相覷，束手無策，他們不但不能控制會場，而且已經普遍失去支持，無法集中贏得選舉的股權。當天，麵粉交易所應全體股東之請，投票改選。

改選的結果，杜月笙受到全體股東的愛戴，他當選了上海市麵粉交易所理事長，楊管北跟進，也當選了常務理事，上海十大業之一的「麵粉業」，如今杜月笙已由華豐麵粉廠的老闆，一躍而為斯業的領袖。

追討榮宗敬、王一亭所欠的交易所盈餘五十餘萬兩，這兩位財主，事業雖大，頭寸一向缺乏，兩個人都還不出來，於是，杜月笙不為已甚，很漂亮的放他們一碼。他向麵粉交易所的股東報告，榮宗敬和王一亭兩位先生，自創辦麵粉交易所起始，多年以來，卓著勞績，他們的欠款，就此移充他們的酬勞。

23

七星公司官商鬥法

就在這一段時期，有幾位官員連絡豪門，組織了一個極機密的「七星公司」，挾雄厚的資金，莫大的勢力，到上海來開闢戰場，是為官僚資本第一次跟上海商人鬥法。他們企圖攫取暴利，因此，便選定了交易所作為戰場，決心狠狠的吃上海商人一記。

官僚資本的「七星公司」來勢洶洶，上海交易所商人早有戒心。七星首先炒金，在金業交易所掀起驚濤駭浪，連續的大拋其空，迫使上海的金價一日數跌，跌勢之凶，為上海有史以來所僅見，連金融市場都為之震動，官朋友們以為上海人向來一窩蜂，眼見金價跌得如此其慘，必定會跟進，等到人心惶惶，爭相拋出，他們再以雄厚的資金照單全收。那裡曉得上海商人齊心協力，沉著應戰，心想黃澄澄的金子橫豎不會變銅，隨便他們怎麼攢，不但屹立不動，尚且施展妙著，連連翻進，攪得「七星公司」一敗塗地，蝕盡虧光，簡直無法結賬。事已至此，官員豪門一個個束手無策，繞室徬徨，事體鬧穿不要說是自己，就連公家也不好看。

滬幫金商鬥法成功當「錢」不讓，逼著「七星公司」如數結出帳來，官僚資本想吃商人，反而被商人套牢，弄得上天無路，入地無門。這種事情除了乖乖賠錢以外，可說天王老子也沒有辦法，但是「七星公司」見不得人的老闆們想起上海還有個杜月笙，他有擔當，有魄力，肯抗肯掮，能賠能墊，滬幫商人用結帳套牢官僚，官僚便以人情套牢杜月笙。迫不得已杜月笙只有挺身而出，揚言為了朋友一定要照我杜月笙的牌頭，朋友走油（失財）跑馬（絕塵而馳），我不能看冷舖（見危不救），只好由我杜某人來掮木梢（代為負責）。帳——有多少？就請送過來吧，橫豎我決定傾家蕩產，把事體了結。

24

金交易所雙手奉上

他越是這麼說，大獲全勝的滬幫商人越加不能接受，一開會，人人都說是：笑話，別人掉了槍花（玩了花頭），硬要裝杜先生的筍頭，要叫杜先生傾家蕩產的賠出來，世界上沒有這種道理！——可是，不接受問題又怎麼個了法呢？這時期，有人語重心長的說了話：

「自古以來，講的是士農工商，做官的高高在上，何必來跟我們做生意的來奪利？看『七星公司』這次來勢洶洶，像煞要一口把我們吃掉。金業交易所有靠十年的歷史，大家一向規規矩矩的在做。這一次鬧得驚天動地，至今想想心裡還有餘悸，頭一回鬼門關口逃過了，難保就不再會有第二回，我提議來一次君子協定，以後請官朋友們不要捲土重來，但是這個協定不能形諸文字，簽訂條約，所以我們需要一個保證人。」

頓時就有許多人異口同聲的說：

「阿是請杜先生出來作保？」

「不過這個保票也是不便開，因此之故，我提議請杜先生來擔任金業交易所的理事長！」

當即獲得全場一致贊成，——他這個辦法很妙，理事長頭銜推到杜月笙的身上，杜月笙便有義務給金業交易所保鑣。

這一班炒金朋友很漂亮，他們給杜月笙的答覆，居然是等於已經吞進肚皮的賺頭情願吐出來，他們寧可放棄巨額的盈利，條件只有一個，請杜先生為金業交易所理事長，免得再有人來興風作浪，攪散道場。

杜月笙非常為難，他再三推卻的說：

「你們要我做的事情，閑話一句，我杜某人絕對負責。叫我當金業交易所理事長，實在是師出無名，我看還是徐補蓀先生繼續做下去吧！」

叵耐，徐補蓀傷弓之鳥，聞絃心驚，他再四堅持，一定要請杜月笙出來維持一段時期。於是，杜徐二人私下洽商，先由杜月笙擔當理事長，若干時後，徐再出馬，而以杜月笙為常務理事。

早在民國十七八年的時候，杜月笙已經開始小做做棉紗交易所，張嘯林眼看這種銅鈿蠻好賺，硬要往裡面軋。他一上來就拋空，而且拋出的數額來得個大，杜月笙說此刻拋空恐怕不利啊，張大帥眼烏珠一彈，開口便罵：

「媽特個X！老子拋空就不許不利！月笙，你也來，胳臂不能往外彎，總不能說我拋空，你反倒做多吧？」

杜月笙被他說得笑了起來，點點頭說：

「好，我奉陪，不過，我少做點。」

「不行，要做就大做！」張嘯林耶穌自有道理：「必須我們兩個都做大，才可以把價錢摜下去！」

那曉得張大帥一寶沒有押準；闖出窮禍，他大做其空，紗布交易所便天天利多。拍一板就漲一截，而且天天漲停板，一連一個多星期，紗布交易所出現了空前未有的怪現象。

每天從早到晚，張大帥把「媽特個X」一路罵到底，做空做到了無法收拾的地步，他跟杜月笙隔一盞鴉片煙燈，扳著指頭算，媽特個X真正不得了哇，現在每拍一板，就要蝕本十多萬。

上海棉紗幫以通海人士居多，亦即南通與海門，陸沖鵬是海門的大地主，國會議員，棉紗幫的幾位亨字號人物，跟他都有交情，其中有一位顧永園，跟他是很知已的朋友。顧永園當時也在做空，蝕得來性命攸關，一日他忽然來訪陸沖鵬，劈頭便是一句：

「不得了，張先生都要傾家蕩產了！」

陸沖鵬驚了驚，忙問：

「究竟是怎麼一回事？」

顧永園把張嘯林紗布做多，陷身泥淖，進退維谷的窘況，細細一說。接下來他又義形於色，氣憤填膺的道：

「紗布交易所，從來就沒有這種猛漲不停的事體！我們人人都曉得，這完全是裡面有幾個理事在作弊，就是苦於找不到證據。」

陸沖鵬剛要插嘴問，顧永園忙不迭的又向他娓娓細訴，他把棉紗交易所的種種黑幕，解說得十分詳盡。

25

大帥做紗蝕得跳腳

由而陸冲鵬明白了顧永園的來意，於是他單刀直入的問：

「要怎麼樣才可以對付他們。」

事急矣，顧永園自告奮勇的說：

「要跟魯智深醉打山門一般，鬧個捲堂大散。我願意當先鋒，上台質問，叫他們明天一上來就停拍，否則的話，十多萬十多萬的賠上去，到了明天這個時候，張先生，和我無法交割。」

懂得了，再問：

「你當先鋒，是要杜先生、張先生做主帥。」

「殺雞焉用牛刀，」顧永園一聲苦笑：「我只差當時幫我搖旗吶喊的小兵。」

「好的，事不宜遲，」陸冲鵬準備起身：「我這就到華格臬路去。」

他先到隔壁頭，張家，大帥直立簷下，對著空空如也的院子出神。

「嘯林哥，」陸冲鵬喊醒了他：「有話要跟你說。」

「唉！」極其罕見的嘆了口氣，立刻就又罵出髒話來：「入他××××！半輩子不曾這麼煩過。走，我們裡面去談。」

一坐一躺，陸冲鵬開口便問：

「煩什麼？嘯林哥，是不是做紗布做出了皮漏？」

「入他×××！」啪的把鴉片煙槍一攢，倏然欠身坐了起來：「老子方才正想著呢，發三五十桿手槍出去，叫他們把那個鬼交易所打成稀爛。」

「打爛它不是辦法，嘯林哥，」陸冲鵬莞爾一笑的說：「我是來約你一道去隔壁的，去跟月笙商量商量看。」

「好哇！媽特個×，」張嘯林下了地：「我們這就去呀。」

杜月笙在隔壁也是煩不過，什麼客人都不見，正在一榻橫陳，香兩口消愁解悶呢。

張嘯林和陸冲鵬撞進去的時候是中午十一點鐘，三兄弟唧唧噥噥，從原則談到細節，計劃精密，步驟分明，陸冲鵬面帶笑容的驅車離去。他還要去找顧永園，向他「面授機宜」。

翌日上午，座落在愛多亞路北的紗布交易所，準時開市，稍有警覺的人，立可發現氣氛有點異樣，交易所裡外多了幾十位穿短打的朋友，鴨舌帽拉低到眉毛，怒眉橫目，腰際還有鼓了起來的「傢伙」。

交易所的夥計正要高聲宣佈開拍，顧永園鐵青著臉，一馬當先，他在人叢之中指手畫腳，慷慨陳詞，指控若干理事勾串舞弊，製造一發不可遏止的漲風。他要求自即刻起宣告暫時停拍，由各經紀人成立調查小組，徹底清查弊端，然後依法處理。

被指控的理事糾集場務人員，衝突向前，要把「擾亂秩序」的顧永園拖出去，揚言送巡捕房究辦。但是這一般赤手空拳者左衝右突，必定受阻於板緊著臉的陌生客，再也沒法挨近顧永園的身邊，有一名夥計不經意的發現，陌生客腰硬梆梆的那傢伙是手槍，他臉色發白，簌簌的抖，神鬼皆驚的一聲駭呼：

「他們帶了手槍的！」

斯言一出，交易所裡的理事職員，哄然一聲，四散逃開。

情況緊急，功虧一簣的理事之一，衝進辦公室去撥電話，向巡捕房求救。

26

驚人一幕捲堂大散

是杜月笙拖出來的老英雄，他派沈杏山勸駕，請出大八股黨的老前輩，戴步祥戴老二守牢在捕房緊急電話旁邊。

電話鈴聲響，戴老二伸手去接紗布交易所十萬火急的請求，即速派人前去維持秩序。戴老二聲色不動的聽對方把話說完，當對方迫切的在等待回音，戴步祥輕輕的把電話掛斷。

一次、二次、三次……

紗布交易所第四次打電話來，根據沈杏山轉述的「錦囊妙計」，戴步祥終於開了金口；

「好，我會派巡捕來——看看苗頭。」

又過了好半天，四名巡捕懶洋洋的來了，經紀人一見，如逢救星，正要迎上去訴苦。顧永園又在場子中央大聲疾呼，他要求巡捕查封經紀人的帳簿，以使黑幕揭露，然後按照法律程序進行訴訟。

交易所的人眼見顧永園根本就不怕巡捕，甚至他還想指揮巡捕代他「執行任務」，於是更加著慌，他們打電話給聞蘭亭、袁履登。聞、袁二人一聽交易所出現了帶槍的人，頓時驚得臉色大變，他們叫交易所的人沉著鎮靜，切忌慌張，同時安慰的說：

「不管來人是誰，都沒有關係，我現在就去見杜先生。」

袁履登和聞蘭亭驅車到了杜家，正待邁步入內，早有杜家的聽差虛攔了攔，陪笑的說：

「對不起，杜先生還沒有起來。」

聞蘭亭好言相商的說：

「本來是不敢驚動的，實在是因為事情緊急，沒奈何，只好煩你們進去通報一聲。」

「交關對不起，」聽差兩手一攤：「杜先生說他要多睡些時，我們底下人，那個敢去喊哩。」

聞蘭亭和袁履登一想，這話說得也不錯，總要找一位有資格，夠交情的朋友，才可以把杜月笙從被窩裡拖出來。兩人一商量，自問資格不夠，於是又驅車疾駛去求傅筱庵。不曾想到傅筱庵也是高臥隆中未起。這兩位大亨逼得來沒有辦法，只好去尋阿德哥，——年高德劭，望重歇浦的虞洽卿。虞洽卿不但跟杜月笙夠交情，還可以在他面前倚老賣老，他一聽袁履登和聞蘭亭的報告，當時就知道這件事情不得了。洽老為人向來熱心，著起衣裳上了汽車便去杜公館。

杜公館的聽差看見洽老駕到，不敢再攔，讓他帶著袁、聞二人，直登二樓，洽老一面走一面在喊「月笙！月笙！」進門一看，杜月笙真睡著了，但是洽老不管三七二十一，硬把杜月笙搖醒，而且逼牢他穿衣著裳，刷牙盥洗，然後三部汽車四個人，首尾相啣，風馳電掣的開到了紗布交易所。

交易所的經紀人，伸長頸子在門口等，遠遠看見杜月笙的汽車疾馳而來，猶如天降救星，他們一個個雀躍三千，回過頭去便是聲聲高喊：

「好啦，好啦，杜先生來哉！」

這時候，顧永園還站在台上慷慨激昂，義正詞嚴，他在口若懸河的質問，一聽「杜先生來哉」，不覺呆了一呆，踮起腳來望時，一眼瞥見虞洽卿、袁履登、聞蘭亭陪著杜月笙駕到，他一看就明白了，毫無問題，他已經把風潮鬧得很大，上海商界領袖全到，是他們把杜月笙硬拖得來解決問題的。

方才顧永園在大呼小叫，厲聲質問，風浪之猛彷彿把愛多亞路這幢大樓都要掀倒，如今杜月笙、虞洽卿和袁、聞二人在大廳門口一站，好像搖搖欲墜的大樓即刻恢復了重心。經紀人、交易所員工和心中有病的理事一致吁了口氣，晃悠悠的一顆心，也穩穩妥妥落回腔子裡。

27 紗布交易落入掌心

杜月笙面帶微笑，一步步的往大廳裡走，虞洽老等人反倒跟在他的身後，擁擠的人潮眼見杜月笙進來，人潮迅速的劃開一條大道。

一直走到台下，杜月笙仰臉望著顧永園，笑容可掬的問：

「這位先生，可認識在下？」

顧永園連忙雙手一拱的說：

「久聞杜先生的大名，就恨緣慳，始終沒有機會拜見？」

「笑話笑話！」杜月笙抱了抱拳，又問：「先生既然曉得我杜某人，我杜某人有一句話，不知道先生願不願意聽？」

「杜先生的一句閑話嘛，」顧永園坦爽的說：「兄弟當然只有唯命是從。」

「多謝多謝，」杜月笙笑了笑：「那麼，就請先生賞光，到舍下去一趟。當然了，交易所這邊的朋友也要請他們到一到，不管有什麼事體，讓我們從長計議。」

「好的。」顧永園很快的走了下來：「杜先生叫我去，我就去。」

大隊人馬一走，時間已近中午，紗布交易所雖然風平浪靜，安堵如常，可是，一上午的功夫就這麼耽擱，只好改在下午再開拍。

到了華格臬路杜公館，雙方坐下來面對面談，杜月笙和虞洽卿是仲裁人，張大帥沒有露面，他在隔壁頭很緊張的等消息。

顧永園理直氣壯，了無怯意，當著這麼幾位大亨，他還是一口咬定，這一次棉紗一路暴漲必定有內情，有毛病，他極力堅持查封經紀人的帳，否則，他不惜身家性命，他要告到法院。

說好說歹，攤出底牌，真人面前不說假話，對方承認了促使棉紗暴漲，確實是為了打擊空頭，因而難免做了點手腳，但是，——事已至此，騎虎難下，怎麼個了法呢？

始終都在注意傾聽兩造言詞的杜月笙，這個時候開口說了話：

「依我看是容易得很，套一句戲詞：怎麼來的便怎麼去吧？」

有好幾個人不約而同的問：

「杜先生，請你指示一個辦法，好不好？」

「官司呢，不要打了；今天下午，紗布交易所還是要開拍。否則的話，事體越鬧越大，風言風語傳出去難聽。各位以為如何？」

除了顧永園以外，在座的人，異口同聲，一致如逢大赦，喜上眉梢的說：

「杜先生講的，極有道理。」

「不過，開拍以後，」杜月笙慢條廝裡的又說：「要是行情再漲，做空的朋友，不是更加要上吊了嗎？所以我的意思是：今天下午一開拍，行情就要跌，讓它跌停板。後天再跌，天天都跌，一連跌它幾個星期，跌回兩不吃虧的原價，也好讓做空的朋友補進來，天下太平，皆大歡喜。」

做多的人很傷腦筋了，他們搔耳撓腮，遲疑不決的說：

「這個……」

「不必這個那個了！」杜月笙接口很快：「就照我剛才所說的，怎麼來的怎麼去，非法獲利，物歸原主。各位既然會做利多的手腳，這利空的佈置，想必更加容易。」

做多的人為之啞然，於是，雙方正式成立協議。杜月笙的這一著，不知救了多少做空做出毛病，急得要跳黃浦江的朋友，他贏得了這一幫人衷心感激，另一方面，他公開露了這一次臉，使杜先生的威信，普遍建立於商界人士的深心之中，但凡出了嚴重問題，都要借重他的片言解決。基於這種心理，紗布交易所一致推他擔任理事長，杜月笙不幹，讓給穆藕初，後來穆氏出長行政院農本局，他才兼領了這重要的一席。

28 杭州走走出足鋒頭

和把兄黃金榮、把弟杜月笙，在黃浦灘上通力合作，名利雙收，張嘯林如今不但家貲巨萬，而且是盡人皆知的上海大亨，鐘鳴鼎食，漿酒霍肉，春風得意的時候，免不了油然以興「富貴而不還鄉，如錦衣夜行」之念，因此，民國十年有了身家和場面以後，他每年都要拖牢黃金榮或杜月笙，帶了大隊高冠峨服，聲勢顯赫的朋友，上杭州一帶去走走，或則進香，齋僧，或則大會親朋，來一次平劇義演，民國十七年，張嘯林花一筆巨款，在東南避暑勝地莫干山，買下一座山頭，造了一幢別墅，他有心要將它佈置成「世間神仙府」，植了數十萬竿修竹，豢養些花鹿仙鶴，奇禽異獸，亭台池榭，水木清華，夏日幽居，如置身仙境，張嘯林稱這幢別墅為「林海」，確也名實相符。

別墅落成，他邀了杜月笙、錢新之等，先去參觀了一趟，杜月笙常年住在繁華鬧市，一到這清新絕俗，幽深寧謐的世外桃源，不禁大為激賞，同時他發現山居不僅可以遠離市塵，使身心獲得休息，尤其對於他的健康大有裨益，於是他養成了一個習慣，每年夏天，必定要到莫干山避暑，住一兩個月，或則十多天。同時也由於張嘯林的慫恿，自己在杭州西湖之濱，蓋了一幢小有園林之勝，但卻佈置得精美絕倫，貯有不少古董字畫，珍玩收藏的別墅，每年上莫干山的時候，一去一回經過杭州，他便在這裡歇歇腳。

黃金榮、杜月笙、張嘯林遊西湖，天竺進香，或莫干歇夏，由於他們的出手闊綽，場面奇大，每每會使所到之處，為之轟動。他們鮮車怒馬，從者如雲，為了要做功德，經常在用蔴袋裝了鈔票、銀元、角子，沿途施捨，於是杭州附近的叫花子，紛紛成群結隊，一路尾隨，而且準定可以滿載而歸。

張嘯林喜歡寫大字，但凡有人「敬求法書」，他莫不欣然應命，當場揮毫。杭州附近，有無數寺廟觀宇，當家的和尚道士，投其所好，請他題匾補壁，字寫好，刻上了，張大帥洋洋得意，手舞足蹈。下次再來看到，他準會重重的捐獻一筆香火錢，因此，在張大帥所經之處的那些廟宇裡，經常都可以看得到張嘯林的手筆。

張嘯林在上海賺到了鈔票，帶些去杭州莫干擺闊，年復一年，習慣成為自然。杜月笙因而也受到了感染，即令是他帶幾名親信隨從，入山避暑，只不過途經杭州兩次，他都要叫萬墨林帶一兩萬元現鈔。

不論是乘火車，還是自備包車，一到杭州，除了官商各界，要好朋友，排起隊來在車站上接，這位不居官常，並無頭銜的大亨抵步，警備部，當地駐軍，警察廳，會派成隊的警衛和軍樂隊來迎候。杜月笙的車子一到，軍樂悠揚，砲竹喧天，歡迎場面之熱烈，較諸政府要人，有過之而無不及。

警衛、樂隊歡迎如儀，杜月笙照例要喊萬墨林給賞，賞金有個規定：軍樂隊全體人員，大洋五百，警衛一班，兩百大洋。當時的萬墨林，就像軍需官在點名發餉。——從杭州到莫干山，以及抵達山上以後，每天另有軍警守衛，當然又是要照規矩另給賞錢。凡此，都可以說是張大帥留下來的得意之筆。杜月笙自己有時候也覺得過於招搖，卻是陋規早已形成，實在無法更改。

29

張道藩來登門拜訪

民國十七年濟南慘案過後，全國各地掀起反日浪潮，學生罷課遊行，不絕如縷；但是青年人血氣方剛，容易衝動，在熱情澎湃的時候行動難免會逸出常軌。就在杭州市大中學生舉行的一次大遊行裡，也不知怎樣滋生了誤會，有人說杜月笙那幢湖濱別墅是日本人的機關，群情洶湧的學生一擁而入，從頭門打起，把整幢杜莊裡的器物擺設打了個稀爛，事後估計損失，為數鉅達十餘萬元。

學生開打以後輿論大譁，嚴厲指責的砲口對準了省教育廳轟。黃杜張三大亨和浙江的軍政當局很熟悉，他們之間也有人仗義執言，認為省教育廳應該賠償杜月笙的損失，並且向他道歉。

事情一直鬧到首都南京，方自英法學成歸國不久，由青島大學教務長轉任浙江省教育廳長的張道藩，他因為會議席上交相責難，又商量不出解決的方案，於是挺身而出，毅然的說：

「這件事情由我負責，我到上海去見杜先生，當面商議怎樣個了法。」

張道藩到了上海，請上海市黨部委員陳君毅介紹，他去見了杜月笙，開門見山，為杭州學生搗毀杜莊的事表示歉意。

「這不關你們的事呀，」杜月笙頓即很誠懇的回答：「青年學生衝勁大，叫教育廳有什麼辦法？」

他這麼一說，反使張道藩更加過意不去，他很堅決的表示：

「不不不，教育廳監管不週，責無旁貸；我們已經決定賠償杜先生的全部損失。」

「那又何必呢？」杜月笙微微而笑：「張廳長今天大駕光臨，賞足了我杜某人的面子。我心裡感激都還來不及哩，那裡談得到賠償問題。」

但是張道藩說：賠償損失已成定案，不容更改，他再三的請杜月笙開出一張損失清單，浙江省教育廳將儘量彌補他這一次的無妄之災。

實在推卻不過，杜月笙便這麼樣說了：

「假使張廳長一定堅持要賠的話，那麼就這樣吧，一切損失在內，由貴廳賠我三千塊錢。」

「三千塊錢？」張道藩怔了怔，因為就他所知，杜月笙的損失是在十萬元以上。

「張廳長叫我自己開，」杜月笙振振有詞的答道：「我開的就是三千元。」

「可是，杜先生未免太吃虧了。」

「不要緊。」杜月笙搖搖手，又道：「不過我還得麻煩貴廳一件事。」

「什麼事？」

「這三千元請貴廳代我轉送給浙江救濟院，取一張收據交給我在杭州的人，這樣就算是貴廳賠了，我也收到。事情圓滿解決。」

張道藩辭出以後，對於杜月笙為人通情達理，慷慨大方，留有很深刻的印象，他原以為杜月笙是市井中人，如今親眼目覩他的豪爽與漂亮，不但觀感丕然改變，尚且歷數十年而不忘。

到了民國二十一年十月，朱家驊膺任交通部長，挽張道藩擔任常次，就在他們同時視事之前，十一月初，國民政府行政院國務會議議決：招商局收歸國營，這在當時是很棘手的一件大事。

30

淵淵先生廼申厥旨

招商局原名「輪船招商公司」，遜清同治十一年（公元一八七二）十二月十六日，由時任直隸總督的李鴻章奉准設立，最初是清廷撥借直隸練餉存款制錢二十萬串，購船承運漕糧，同時招收民股，作為官商合辦。到光緒二十年（公元一八九四）官款還清了，照說招商局應該歸民營，可是它的主持人如總辦，會辦仍由官派，清廷乃美其名曰「官督商辦」。民國元年改稱「輪船招商總局」的時候，方始改為民營機構。

民國廿一年十一月，國務會議通過將招商局收歸國營，同時公告價格收購商股，這一項工作歷經波折阻難，總算完成了大半。卻是還有兩家大戶決意杯葛，說什麼也不肯讓出他們手中的投票，這兩家大戶一是盛宣懷的後代，一是安徽人，滬上名律師李次山。

盛宣懷是協助李鴻章創設招商局的人，自遜清入民國，招商局大部份的股票都在盛家掌握之中，盛家富甲東南，聲勢顯赫，他們堅持不肯讓售股票，招商局收歸國營之議，必將胎死腹中。但是張道藩卻很輕易的解決了這個問題，因為他有一位好朋友，留法同學，時號「新月詩人」的邵洵美。張道藩和邵洵美在法國的時候，同屬「天狗會」的主要份子，交誼相當的密切。

邵洵美是世家子弟，名門之後，上海「靜安寺路邵家」，和「靜安寺路盛家」幾於無人不知，無人不曉，這兩大富豪甲第毗連，通家世好，交往頻繁，因此親上加親，成了雙重的親家。邵洵美的父親邵月如，娶了盛宣懷的千金，邵洵美本人娶的是盛宣懷的孫女。——張道藩請邵洵美向盛家曉以大義，情商面懇，盛家賣邵洵美的面子，這一關總算過了，他們答應把所有的股票，送請政府收購。

但是李次山仍舊堅持不讓，他是法律專家，在上海也有很大的財勢，明知道他成了全招商局唯一的民股股東，奇貨可居，他公開揚言，不論政府給予多優厚的條件，他手上的招商局股票，那是說什麼也不肯賣的。

招商局收歸國營這麼樣一件大事，便由於李次山一個人的阻撓，因而形成僵局。

於是，張道藩想到了杜月笙。

他又去上海，見杜月笙，簡單扼要的說明來意以後，他問：

「這本來是一項份外的要求，不過，為了貫徹政府的決策，我希望杜先生能夠出面幫一個忙，向李次山先生試探試看，是否還有轉圜的餘地？」

杜月笙的答覆很乾脆：

「我一定盡力，並且，馬上就辦。」

答應了下來，他立刻打電話給李次山，說有要事相商，請李次山到華格臬路來一趟。

移時，李次山到了，杜月笙跟張道藩說：

「張次長請坐一下，我去和李先生談了就來。」

他命人把李次山請進對面的一間小客廳，而且故意讓兩間客廳門統統敞開，很顯然的，他是要張道藩能夠聽得見他和李次山的對答。

杜月笙直接了當，提起政府收購招商局股票的事，然後他說：

「招商局收歸國營，是政府既定的決策，無論如何，勢在必行。這一層老兄曉得的比我更清楚。由於老兄一個人的問題，使政府的決策無法執行，將來豈不是有人要說老兄你不尊重政府的決策了？這樣似乎不太好，我想，老兄的股票遲遲不肯脫手，只怕還是為了收購價格的關係，果真如此，可否請老兄見示一個數目，不管多少，兄弟這裡馬上就開支票。」

一番話於公於私，面面俱到，李次山縱然舌辯滔滔，卻是被杜月笙情、理、法三方面都佔盡了，他無法推脫，只好莫可奈何的反問一句：

「這件事情，杜先生一定要管？」

「言重言重，」杜月笙答時，神情不勢惶恐：「兄弟不過借此機會，奉勸奉勸老兄，也好讓這件大事，早一些得到解決。」

「好了好了，」李次山還有點兒悻悻然：「既然杜先生這麼說，我就無話可講。招商局的股票，我答應讓出來就是。」

杜月笙笑吟吟的再問：

「最好還是請老兄開個價，讓我先行代付。」

「算了，」李次山終於慨然的說道：「就照政府公佈的收購價格吧，我一毛錢也不多要。」

「極是承情，」杜月笙雙手一拱，再釘一句：「可否立刻成交？」

李次山撥電話回家，命人把他的招商局股票全部拿出來，立刻送到杜公館。當面點清，算好價錢，由杜月笙開了一張支票，雙手遞給李次山，同時再三向他道謝。李次山揣好支票告辭，一件難辦的大事，便這麼三言兩語，宣告順利解決。

張道藩很高興的帶著那批股票，回南京覆命，同時，立即由交通部撥還杜月笙的墊款。

就這麼兩件事，使張道藩對杜月笙大為讚佩，歷久不忘，儘管他們嗣後不再有過什麼交往，民國四十一年杜月笙病逝香江，四十二年六月二十八日靈櫬在台北汐止安厝，張道藩曾親臨致祭，並且誄之以詞：

「仁義何常，蹈之君子，淵淵先生，迺申厥旨。比肩劇孟，垂光青史，海靖陸沉，歿而猶視。庶且棲神，以妥禋祀！」

31

衛生署長協助戒煙

杜月笙的鴉片煙，有時候一天要抽八九十筒，聽起來嚇壞人；實際上，他是吸得少、噴得多，他和一般癮君子大不相同，癮君子多半喜歡喝茶，將煙與茶，同時吞下。杜月笙抽鴉片煙是向來不喝茶的，以此，他嗜毒的歷史雖久，卻是始終不現煙容。

有一天，楊志雄去看杜月笙，正值杜月笙大吸其鴉片煙，楊志雄躺在他對面，凝望著鴉片煙燈畔吞雲吐霧的杜月笙出神，久久，他深有感觸，於是，忍不住他將久藏心中的一句話，說了出來：

「月笙哥，你近年樣樣都好了；唯獨一樁，美中不足。」

杜月笙矍然而起的問：

「那一樁，那一樁？」

——楊志雄伸手一指煙槍。

把手中的煙槍，重重的一甩，杜月笙懊惱無窮的說：

「王八蛋要吃這個！真叫做沒有辦法，你想想看，一個人做事體，會朋友，要從早晨忙到快天亮，人總歸是人，不靠這個提提神，怎麼受得了！憑良心說，我已經不曉得幾百十次，想要把這個戒掉！」

楊志雄心裡怦然一動，趁此機會追問：

「你也想過要戒煙？月笙哥，是真的還是假的？」

杜月笙斷然的說：

「你不相信，我罰咒給你聽！」

「豈敢豈敢」，楊志雄連連搖手，又說：「月笙哥，如果你真想戒煙，我可以替你策畫策畫。」

「好呀！」杜月笙毫不遲疑的回答：「這樁事，就算我正式託你了。」

楊志雄很高興，他去見了宋子文，告訴他說：

「老杜方才跟我說，他決定把鴉片煙戒掉。」

「很好，」宋子文欣然答道：「這件事我最贊成不過了。」

「老杜已經託過我，」楊志雄又說：「請我替他策畫戒煙的事。」

「那麼，你準備怎麼樣給他戒呢？」

「我想請一位最權威的醫師。」

「那一位？」

「衛生署署長，劉瑞恆博士。」

「為什麼要請他？」

「請劉署長有兩層好處，」楊志雄侃侃而談：「第一，劉署長是衛生機關最高長官，請他出來，老杜唯有一心一意戒到底，不好意思半途而廢。第二，劉署長可以把老杜戒煙的情形，報告蔣主席，蔣主席聽到老杜發奮向上，一定高興。」

宋子文哈哈大笑，他說：

「虧你想出來的。」

「幫朋友脫離苦海，總是一件好事，」楊志雄見宋子文也很熱心，相機提出要求：「劉署長那邊，你可否為之先容？」

「那沒有問題。」宋子文一口答應，而且當時便拿起電話聽筒，一隻長途電話，撥給南京衛生署劉署長。

劉瑞恆說：他當晚正要趁夜快車到上海，不妨等他抵步以後，當面商談。

翌晨，劉瑞恆到了宋公館，宋子文再打電話請楊志雄來，三個人說了一陣，談起杜月笙戒煙的請託，劉瑞恆欣然應允。

在宋公館吃過早餐，楊志雄先去打電話通知杜月笙，他說：

「你昨天講好要戒煙，現在宋部長已經把衛生署的劉署長請到上海來了。我們剛才談過這件事，劉署長一口答應。」

「啊？」杜月笙驚喜交集的問：「劉署長呢？他此刻在那裡？」

「就在宋公館。」

「我立刻就來，」杜月笙興冲冲的說：「當面請他幫這個忙。」

移時，杜月笙匆匆趕到，見了劉瑞恆，杜月笙再三表示戒絕鴉片的決心，他請劉瑞恆鼎力協助，當面商定戒煙的步驟。

由劉瑞恆開方子，指示戒絕的辦法，配藥監護，陪侍照料，則由滬上名醫，杜月笙的好朋友、醫藥顧問龐京周負責。

事情照樣的繁忙，鴉片煙確實一口也不抽，如此繼續了兩三天，朋友們非常高興，小報上天天刊登，杜月笙在戒鴉片煙了，消息在黃浦灘上不脛而走，這一個消息對於當時由蔣主席親自領導的戒煙運動，發生了很大的作用，癮君子們紛紛在說：

「委員長兼任禁煙委員會主任委員，連杜月笙的鴉片都戒了。看來我們也是非戒不可，還是早點想想辦法吧。」

一時，上海人開始戒絕鴉片的，風起雲湧，戒煙醫生和戒煙藥水的廣告，充斥報章雜誌，盛極一時，「戒煙」，成了當時最熱門的行業，——不少醫生靠此一副業發了小財。

開始戒煙沒有幾天，出過一次毛病，正因為當時的小報天天在捧，京報和小日報居然還刊出了文章，對於杜月笙戒鴉片之舉大為讚揚，朋友家人怕他心志不堅，會得動搖，請翁左青每天剪報，而且一一的讀給他聽。連聽三日聽得杜月笙頗覺難為情，他吩咐龐京周加重戒煙藥水的份量，讓他「早兩日戒戒掉，不要讓大家失望。」那兒曉得戒煙藥水裡有麻黃素，吃多了立刻暈倒，歇半晌方始悠悠醒轉，早把週圍的人嚇出了一身冷汗。

經過一度「暈倒」事件後，戒煙又在順利的進行，龐京周一再的表示：「這次大有希望。」

大家正在興頭上，杜月笙開始戒煙的第八天，金廷蓀忽然神情嚴重，悻悻然的專誠拜訪楊志雄。

見了面，金廷蓀並不詞費，開口便說：

「楊老兄，今朝我要跟你談一件事。月笙戒煙是你發起的，起頭還好，但是今早他已經在發燒。月笙的肩膀上，挑著多少人的擔子，老兄不會不知道，萬一他有個三長兩短，你跟我都吃不消。」

楊志雄一聽，不能不著急，拖了金廷蓀，立刻驅車疾駛杜公館。

一問，杜月笙正在二樓太太房間裡躺著，於是楊、金二人，一同進了房間，看到了杜月笙，楊志雄頓即朗聲的說道：

「月笙哥，我今朝是來跟你道歉的，同時，我請你從此刻起，馬上恢復吃大煙。」

杜月笙茫茫然摸不到頭腦，他怔怔的問：

「為啥？」

「因為我勸你戒煙，」楊志雄坦坦白白的說：「害得你發了寒熱。」

「那個說的？」

「金三哥說的，」楊志雄十分誠懇的再勸：「月笙哥，我想過了，請你戒煙，害你生病，這個責任未免太重，所以我今朝來向你認錯。——我確實不該請你戒的。」

「笑話！」杜月笙大聲的說：「發寒熱是我傷了風，難道說吃鴉片煙就不會傷風了嗎？」

「不不不，月笙哥，」楊志雄還在堅持：「你在戒煙時期不管得了什麼毛病，我這個勸戒的人都有責任。」

逼急了，杜月笙脫口而出的說：

「就是我死了，也不能怪楊志雄，志願是我自家立的，楊志雄是我親口託的，又勞動了宋部長，替我請來了劉署長。這種種的盛情，我還不曾報答呢，怎麼能夠說我發寒熱是你的責任！我告訴你們各位，我已經立了誓，寧死也要把鴉片煙戒掉！」

楊志雄轉過身去，問當時正好在房裡的陳氏夫人說：

「嫂嫂，月笙哥的話，妳是聽到的。戒與不戒，這件事非同小可，我希望妳們家庭方面，也要好好考慮，作個主張。」

陳氏夫人不假思索，當下便十分果決的說：

「楊家叔叔，請你只管放心！杜先生戒煙，我們一家子沒有一個不贊成。說老實話，戒煙的人我們看得多了，再也不曾看見像杜先生這樣順當的，一上來就戒絕，說不吃便不吃，照這樣下去，一定可以戒得成。」

得了杜月笙和陳氏夫人斬釘截鐵的表示，楊志雄總算放了心，不數日後，杜月笙傷風痊癒，寒熱盡去，轉瞬一月，戒煙大功告成，除了注意力略嫌渙散，記憶不盡真切，杜月笙精神煥發，笑逐顏開，和往先的一時煙癮解決不得，萎靡不振，呵欠連天的情形相比，簡直判若二人。他為了慶祝自己脫離黑籍，還我自由之身，特地假劉志陸的公館，筵開三桌，以資慶祝。

主客是楊志雄和劉瑞恆，劉志陸作陪，除開這寥寥可數的幾位男士，與宴的全是電影女星，美艷坤伶，青春歌后與舞國名花，群雌粥粥，爭奇鬪妍，衣香鬢影，美不勝收。男士們開懷暢飲，高談闊論。杜月笙那日興致出奇的好，神采飛揚，得意非凡，酒酣耳熱時，他跟楊志雄咬個耳朵，噱他一記：

「那能（如何）？你看中了在座的那一位？老兄幫我把鴉片煙戒了，我無以報答，這些黃浦灘上第一等的美人，衹要你有胃口，一切由我負責！」

後來，他又送了楊志雄兩件價值連城的禮物，——別出心裁的紀念品，一根煙槍兩支煙斗，都是專賣北方來的古董，常在杜公館兜攬生意的顧矮子售出的清宮珍玩。槍是江西九江景德鎮磁製，密鏤九龍搶珠的浮雕，精美絕倫。兩隻斗一為玉器，磨琢得薄如蛋殼，放在掌中經得彷彿沒有份量，另一隻煙斗上面滿綴碎鑽，鑲出一條五光十色，變幻萬瑞的彩龍。

32

歡迎宋子文演說記

民國二十二年四月十六日，財政部長宋子文奉派赴美出席「華盛頓經濟預備會議」，五月八日，這位中國卓越的財政專家發揮了他的外交長才，在華盛頓白宮會晤老羅斯福總統（Theodore Roosevelt），商談白銀問題，於是同月十三日他又奉派擔任我國出席倫敦世界經濟會議代表。行前，在五月十九日，他以中國財政部長的身份，和老羅斯福總統發表共同聲明：希望迅速恢復遠東和平，這是美國第一次對加緊侵略中國的日本，施以當頭棒喝。

尤其，完全由於宋子文的努力奔走，六月四日，中美之間成立了五千萬美元的「棉麥借款協定」。宋子文在六月中旬抵達英倫，十二日，世界經濟會議揭幕，十五日，他發表重要演說：希望安定國際白銀價格，並且歡迎外資開發中國富源。七月十八日，宋子文又和顧維鈞聯袂出席國際聯盟行政院中國技術合作委員會，到了巴黎，廿二日，中國更與美、印、西、澳、加、玻（利維亞）、墨、秘（魯）九國，簽訂「四年銀協定」。

由於行政院副院長兼財政部長宋子文四個月零十二天的歐美之旅，在國外從事外交戰所達成的輝煌勝利，豐功偉績，使他成為國人心目中的英雄，彗星般倏然閃亮的政治家，宋子文預定八月廿九日回國返滬。但是，在一個月以前，上海便已欣起給予盛大歡迎的熱浪。

上海市總商會在積極籌備歡迎宋子文，由於駱清華的巧妙運用，總商會決定推杜月笙為歡迎大會的主席，代表全市商業界人士，致歡迎詞。

這是一個很光榮的任務，致這個詞，以當時情況而言，確非杜月笙莫屬。杜月笙滿懷欣喜的敬謹接受，但是他一回家，驀地兜起一樁心事，兩道眉毛頓時緊皺！

「立起來當眾講演，」他自言自語的說：「這一生一世，還是頭一回呢，就不曉得到時候講不講得出來？」

「那有什麼問題，」萬墨林微笑的道：「爺叔什麼場面沒有見過，還怕上台講這幾句話？」

「你不懂，」杜月笙歎口氣說：「看人挑擔不吃力，臨到自己，那有這麼簡單的事體！」

「充其量，」萬墨林提出建議：「爺叔事前多練幾遍好了。」

「唔，」杜月笙點點頭說：「是要多練習練習。」

楊志雄當過遠洋輪隻的船主，見多識廣，他又是吳淞商船學校校長，會說話更能演講，何況他又是原經手人，杜月笙要練習講演，頭一個便想到了找他來商量。——楊志雄來時，杜月笙把自己擔著的心事一說，楊志雄竟笑了起來：

「月笙哥，你匆忙練習，你的講演稿子呢？你總要先把稿子打好呀！」

「稿子？」杜月笙搔搔頭：「對了！演講先要有稿子的，我這個稿子請啥人做呢？」

「幫你做稿子的人太多了呵！」

楊志雄說的是真情實況，當時，杜月笙相交的詞章大家、文人墨客，多如繁星，即在杜公館受他奉養的，也有陳群、邱方伯、徐慕邢、翁佐青等人，一個個都是抱著如篆大筆，懷有滿腹經綸，起個講演稿，不過是牛刀小試而已，那是輕而易舉之事。

但是，杜月笙偏要出奇制勝，一鳴驚人，他當時回答楊志雄說：

「要找，就找一個頂有學問的，你看，我請黃炎培先生代我打稿子，好不好？」

楊志雄無可無不可的，應一句：

「當然好了。」

於是，杜月笙興沖沖的立刻去找黃炎培。

黃炎培，是杜月笙的浦東同鄉，讀書人出身，曾經參加過革命，被清廷嚴令緝捕，有一次已經被捉，幸虧一位美國傳教士蒲威廉救了他的性命，憑這一度牢獄之災，他在國父孫中山先生當選第一任臨時大總統時，頗形活躍，但是並沒有被他撈到一官半職。於是他便在上海佔山為王，設立「江蘇教育會」，自任會長，以此招搖撞騙，掀風作浪，儼然成為「東南學閥」。不齒他行徑的上海人，乾脆呼之為「破靴黨」，意思是死出風頭，拼命鑽營的政治廢料，過氣人物。

民國十年十二月廿四日，徐世昌在當北政府總統，梁士詒組第十八任內閣，黃炎培百計鑽營，當上了教育總長，但是據說他這次膺選是有條件的，發表以後並不到職，而由農商總長吉林人齊耀珊兼代，五個多月後又發表山東單縣人周自齊署教育總長兼攝內閣總理。黃炎培雖然不曾到任，卻是有這個「教育總長」的空頭銜，就夠他翻手為雲覆手雨，在上海混的了。他曾為杜月笙的食客，又當過史量才的狗頭軍師，軍閥之中，他尤且侍候過孫馨帥孫傳芳。許多年來，他和杜月笙交誼密切，用過杜月笙不少的錢，也把史量才迷惑得神不守舍，其間區分是史量才中了他中間偏左的毒，而杜月笙對於他那一套左傾理論，一直裝做阿拉弗懂，因此使他白白花費了不少氣力，始終只能用點兒錢而利用不上杜月笙這個人。

33

誠恐誠惶練它十天

不曉得是黃炎培故意尋開心，還是他刻意求工，想要表演一下他的屠龍之技；杜月笙送了一筆重禮，親自登門拜訪，請他寫一篇歡迎宋子文部長的演說稿，黃炎培大筆一揮，居然揮了引經據典，佶屈聱牙的文言文，杜月笙連聲道謝，拿回來一看。多一半的字不認識，還在其次，要命的是那搖頭擺腦，讀古文的腔調，急切間怎麼學得上來？當天，楊志雄來了，問他稿子好了沒有，杜月笙愁眉苦臉，把黃炎培起的演講稿往桌子上一攤：

「你看，這麼深的稿子，叫我怎樣讀？」

楊志雄接過去看時，也是大傷腦筋的說：

「就算月笙哥你能讀得出來，人家也是不懂。」

「所以我說事體弄尷尬了，請黃先生打成稿子，又不好意思不用。」

「不好意思也沒有辦法，」楊志雄斷然的說：「你發表演講歡迎宋部長，跑到講台上去在大讀其古文，必定要鬧笑話。」

「那——怎麼辦呢？」

「快一點，另外請一位先生，再擬一篇。」楊志雄替他出主意：「對黃炎培，你只好當面說明，文章實在好，我是苦於讀不來，這是毫無辦法的事，務必請他原諒。」

「看起來也只好如此了。」

再去請陳群起稿的時候，杜月笙上一次當學一回乖，他跟陳群把他所要求的，說在前頭：

「老八，自家弟兄，幫幫忙。第一，大家都曉得我肚皮裡沒有貨色，文章一定要淺些，第二，我打不來官話，最好就用滬白。」

陳群懂得，一篇親切自然，熱烈誠懇的歡迎詞一揮而就，字數少，句子短，文詞淺顯，一條一條的，統共不過十條左右。杜月笙這次看稿子時，確實是滿意極了。

距離宋部長榮旋上海，還有十天，杜月笙手持講演稿，鄭重其事的對楊志雄說：

「楊志雄，辰光來不及哉！」

「早呢，開歡迎會是在十天以後。月笙哥，你一天記一條，還怕記不牢？」

「光記牢了有什麼用？我們不是談好的嗎？還要多多練習。」

楊志雄笑了笑說：

「練習就是要你自家去讀呀。」

「不行不行，」杜月笙一本正經：「我一個人練習，那怎麼成？一定要你天天來教我。」

「天天？」

「嗯，每天下午三點鐘，我不辦事，不會客，專門練習演講，請你準時來一趟。」

「好吧。」

於是，每天下午三點整，杜月笙一等楊志雄來了，便把他往客廳隔壁的房間裡一拉，窗戶緊閉，絨帘深垂，水果點心煙茶早已齊備，兩個人進了門，再把房門關上，房門口自有保鑣聽差守好，不管誰來，一律擋駕。

杜月笙手持演講稿，面容嚴肅，不苟言笑，請楊志雄往沙發上一坐，他自己規規矩矩的站在房間中間，先咳聲嗽，清清嗓子，然後便一遍又一遍的練習起來：

「宋部長，主席，呃，諸位……」

一天十幾二十遍，接連講上十天，那唯一的聽眾，聽來聽去就是那麼幾十句，簡直聽得耳鼓生繭，不勝其煩，——卻是更煩更急的還有杜門中人，顧嘉棠、芮慶榮他們每每有要緊事體，月笙哥嚴禁打擾的命令下在事先，萬墨林、馬阿五一班人輪流把關，連天坍起火只怕都不敢敲門去喊。十天裡面不曉得躭擱了多少「正經事情」，顧、芮二人都是毛焦火躁的脾氣，後來，忍不住了，跟「月笙哥」發起了牢騷：

「月笙哥，你這是做什麼呀？上台講幾句話，事先要花這麼許多時間？——你這樣練習其實都是浪費，台上台下隔那麼遠，隨便你講什麼，又有那個聽得見？」

「勿要瞎講，」杜月笙正色的說道：「你們曉得什麼，這是一件大事體！」

為什麼要說是件大事體呢？因為，那是杜月笙生平第一次，從講台上立起來說話。

34

航空獎券發財生意

煙賭兩檔已收，而方始插足其間的金融工商事業，還不能夠給杜月笙賺大錢，前後足有四年，杜月笙的經濟狀況十分拮据，背了幾百萬元的債，每年過年的時候，必定捉襟見肘，焦頭爛額，這種情形，看在要好朋友眼裡，大家都在為他擔心，著急。

民國二十二年，國民政府財政部長宋子文赴美，接洽美棉貸款，有一天，宋子文的好友，上海吳淞商船學校校長楊志雄，忽然接到他的一個電報，告訴他說，發行全國性的「航空獎券」事宜，要找代理發行人。楊志雄把宋子文的電報往口袋裡一放，晚晌，他去赴申報主人史量才的晚宴。

席間，談起了這一件事，史量才當時就說：

「這是一件穩賺鈔票的事情呀，倘若可以交給私人承辦，一定會得發財。」

一句話，引動了楊志雄的一樁心事，他說：

「朋友中間，只有杜先生這幾年日子難過，養了那許多人，背了一身的債，每年年關，都要我替他想辦法調頭寸，軋軋平。航空獎券要是能夠由他承辦，他那一身的債，也許可以還清。」

史量才跟杜月笙極要好，當下便掇促楊志雄：

「你來促成它，好不好？」

「好哇！」楊志雄欣然同意：「史先生，請你來擬電報稿，用我的名義，馬上發給宋先生，問問他，代理發行航空獎券的事，可否挑挑杜先生？」

史量才一口應允，他說：

「好的，由我負責起電報稿。」

他喊他的秘書來，說明大意，當場擬就了電稿，大家傳觀，改動一兩個字，立刻拍發。

三天後，宋子文從美國來了回電，簡單明瞭兩個字：——「照辦。」

承辦航空獎券，必須有一個機構。於是，杜月笙和楊志雄一商量，決定用「大運公司」的名義，由楊志雄定好內部辦事的規章，擇吉開張。

開大運公司，杜月笙是當然董事長，但是總經理呢，這一個負實際責任的重要角色，應該派誰擔任？杜月笙請教楊志雄，楊志雄說：

「這個負責人選是頂要緊的，杜先生，你必須鄭重考慮。」

想來想去，杜月笙問：

「廷蓀哥老成持重，各方面也兜得轉，何況他正閑著沒有事體，你看請他來當總經理，好不好？」

楊志雄也覺得這個人選非常適合，他的回答是：

「豈有不好之理？」

「不過，」杜月笙十分誠懇的說：「廷蓀哥是講究老法的人物，新法辦事，未免外行。最好，開辦的時候，要請你不憚其煩，每天去一趟，指導指導，等一切都上了軌道，就算你大功告成了。」

楊志雄一想，事實上確也有此需要，因此他義不容辭的答應：

「好，開頭的時候，我跟金先生一道來。」

楊志雄言而有信，從此以後，不論他怎麼忙，每天必定跑一趟大運公司，幫金廷蓀建立制度，規定手續，考核人事，計算帳目，凡事他都協助，只是不出名義。一期、二期、三期辦下來，成績相當的好。當時正值抗日怒潮風起雲湧，航空救國的呼聲甚囂塵上，買「航空獎券」是既愛國又有發財的機會，小市民們何樂而不為？因此，航空獎券不脛而走，銷路奇佳，大運公司每屆開獎日期，為了徵信於社會大眾，特地請財政部次長張壽鏞親臨監督搖彩，張壽鏞次長是代表政府而來。

三四個月以後，大運公司一切都上了軌道，金廷蓀主持業務，已能應付裕如，於是，楊志雄去跟杜月笙說：

「月笙哥，『大功告成』我愧不敢當，不過，現在我總好歇歇了吧。」

杜月笙哈哈大笑，唯有連聲的說：

「偏勞、偏勞，感激、感激。」

35

三哥經理出了事體

順順當當的過了一段時期，一日，杜月笙匆匆的趕到楊志雄家，一見面就說：

「可能要出新聞了！」

「什麼新聞？」楊志雄急急的問。

坐定下來，杜月笙告訴楊志雄說，今天早上，他到黃金榮家裡，黃老闆劈頭便對他提出警告：

「月笙，你的事情恐怕要出毛病啊。」

杜月笙忙問：

「我的什麼事情呀？金榮哥。」

黃金榮的回答竟是——大運公司賣航空獎券的事情。

會出什麼毛病呢？——連黃金榮也不知道，他祇是隱隱約約聽到了風聲，當時他曾一再追問，可是對方深知黃——杜——金之間的親密關係，吞吞吐吐的，不肯明說。黃老闆正為月笙著急，他闖來了，於是黃老闆忙不迭的告訴他。

很詳細的說完這一段，杜月笙一臉苦笑的做個結論，他道：

「倘若大運公司出了事體，那不是成了轟動全國的大新聞。」

楊志雄一聽，暗中大吃一驚，他默然半晌，跟杜月笙建議說：

「我們一道去看看三哥，好嗎？」

兩人同車到了南陽橋金老公館，進去一問，金廷蓀生了病，正在樓上躺著呢。

情同手足，杜月笙對金家極熟，一聽三哥生病在床，拖了楊志雄，直奔樓上去探看。

臥病在床的金廷蓀，滿面病容，神情愁慘，使杜月笙嚇了一跳，他快步向前，直到床沿，傴下身子無限關切的問：

「三哥，你怎麼了？幾日不見，你竟……」

金廷蓀面現苦笑，伸手搖搖，攔住了杜月笙的話，他有氣無力，斷斷續續的說：

「兩位來了，好極。——我金廷蓀一生一世，從來不曾做過對不起人的事，這一次，是我對不起月笙你了！」

「三哥！」杜月笙大為惶恐，他著急的說：「你我之間有什麼對得起，對不起的，你為什麼突然之間講這些子話呀？」

「我現在病倒在床，爬不起來，叫做沒有辦法。」金廷蓀氣喘咻咻，恨聲不絕。歇一下，他忽又兩眼噴出了怒火，咬牙切齒的說：「等我的病一好，我要立時立刻回寧波！做一個人！做過了那個赤佬以後，月笙，我再拿我這條性命還報你！」

杜月笙嚇慌了，不曉得金廷蓀究竟出了什麼事，會得這樣神情大變，氣得生了大病，氣得要去寧波殺人，還要自殺？

「三哥，三哥，」他連忙安慰他說：「你不要心急，不要心急，有什麼事情，只管告訴我，我自然會有辦法。」

金廷蓀直挺挺的躺著，喘了好一陣，激動的情緒，總算漸漸的平復，杜月笙往他的床沿上一坐，楊志雄表情凝重，坐在床對面的一張老式大沙發上。杜月笙對金廷蓀百計撫慰，金廷蓀一聲長歎，眼中流出淚來，他從被窩裡伸出手來，緊緊捉住杜月笙的手，一五一十，把他所「出」的事，娓娓訴說。

原來，金廷蓀接辦了大運公司，便派他的一個同鄉學生，擔任經理，大運所有的錢，都在這位經理的手中。這人一直都很安份，偏偏在大運公司的時候，財迷心竅，居然利用公款，大做其投機生意，投機失敗，虧空越來越大，泥淖越陷越深，事發之日，他已挪用公款二十餘萬，心知這一下無法向老夫子兼總經理交代，迫於無奈，畏罪潛逃，聽說已經逃回寧波原籍了。

「月笙，」金廷蓀痛苦萬狀的又道：「朋友幫了這麼大的忙，挑你承辦這個航空獎券，用意無非是讓你賺點銅鈿，好還還債，鬆一口氣的。那曉得竟會有我這個瞎了眼烏珠的，用錯了人！如今銅鈿不曾賺著，還要吃一大票賠帳！月笙，你說，我怎麼對得起你，怎麼對得起宋部長，跟這麼許多愛護你的朋友？」

「三哥快不要這樣說，」杜月笙攔阻住他，不讓他再往下講，他故作輕鬆的一聳肩道：「祇怪我一時運道不好，沒有關係，虧了的錢，我們再賺回來就是。」

又安慰了他幾句，唯恐躭擱時間久了，病人精神不濟，杜月笙一再的「請三哥寬心，事情我自會了掉」，然後，他拉了楊志雄一道辭出。

汽車駛離南陽橋，杜月笙方始一聲浩歎，面有重憂的向楊志雄說：

「本來是你挑挑我的一樁美事，如今，反而弄得來要請你替我處理善後了。」

楊志雄無奈的笑笑，接口說道：

「到沒有你所說的這麼嚴重，二十幾萬數目不大，弄得好的話，依舊可以起死回生。」

想想懊惱，杜月笙又說：

「真想不到，會闖這麼一樁窮禍。」

「窮禍不窮禍，不去管它也罷，現在的問題是下文如何？」

「下文，」杜月笙望了楊志雄一眼說：「那就要看你的了。」

「我答應幫你這個忙，月笙哥，」楊志雄很爽快，卻也十分果決的說：「不過，大運公司如何整頓法，你必須聽我的。」

「這個當然。」

「金先生沒有把大運公司辦好，原因有兩層，」楊志雄坦率指出：「第一是他過於信任他的學生，對於公司內部的情形，他不盡瞭解，同時也沒有把握得住。」

「你說得不錯。」

「其次呢，」楊志雄接下去說：「是他太重感情，以至於公私不分，揹了許多的虧欠。」

杜月笙驚問：

「這話怎麼講法？」

36 大力整頓挽回局面

「大運公司一開張，」楊志雄直話直說：「你從前的那班老弟兄、學生子，都以為店是杜先生開的，航空獎券也是杜先生所有。他們偶而缺了頭寸，就堂而皇之到公司裡去拿獎券，金先生和他的學生，見他們來不好意思推卻，於是一批批的拿了去，這樣調起頭寸來倒是方便，祇不過公司——也就是你月笙哥吃了大虧。」

「會有這樣的事情？」杜月笙一愣，又問：「你到說說看，有那些人常去拿獎券。」

「………………」楊志雄一口氣報出了一大堆名字，然後再說：「金先生不曾做好的頭一層原因，我接辦以後，相信我有辦法可以避免。唯有這第二層，杜先生，他們一定要來，我想我自己也很難於推脫。」

「這個不要緊，」杜月笙接口很快：「我會立刻關照下去，從今以後，任何人不照規矩繳現款，絕對不許到公司領獎券。」

「這還不夠，」楊志雄更進一步的要求：「除了今後不許賒買獎券，還有，以前欠的帳，也要限期還清。」

杜月笙一口答應：

「這個沒有問題，你訂定限期，我負責叫他們還清。」

斜睄著杜月笙，楊志雄微微的笑，他意味深長的說：

「月笙哥，我應該先提醒你一聲；你要自掏腰包墊還的這筆獎券錢，數目不在少數啊。」

先則一怔，隨即會過意來，杜月笙哈哈大笑，於是，楊志雄也笑了。笑聲中，汽車在杜公館門口停下。楊志雄止笑說道：

「月笙哥，我不進去了。大運公司的事，我要另外派兩個人進去。這兩個人我希望你無條件的接受，無條件的支持，讓他們儘量發揮能力。」

「那沒有問題，總之，大運公司的事我委託你全權辦理，你要怎麼辦就怎麼辦，根本不必問我。虧的銅鈿能賺回來固然好，實在賺不到，賠了也就賠了。」

37

報紙一包三十萬元

整頓數月，一切恢復正軌，楊志雄將已經賺了錢的大運公司，雙手奉還杜月笙，杜月笙仍舊去找金廷蓀出來，繼續當他的總經理。金廷蓀起先不肯，經不起杜月笙說好說歹，一定要三哥再度出馬，拗不過，金廷蓀恢復上班，他加倍的謹慎，加倍的用心，使大運公司的業務蒸蒸日上，航空獎券的銷行，無遠弗屆。這一爿公司到結束的時候，把帳一結，除去倒帳賠累和開銷居然還賺了三十七萬元，金廷蓀怕他到手便光，因此有一段時期，他不惜刺刺不休的勸杜月笙：

「你有四房太太，子女十多個，有銅鈿的時候，就應該積蓄幾文，不能把洋錢銀子像流水一樣的淌出去，專門接濟別人。你要曉得，真正有一天你杜月笙的生活發生了問題，因為你開銷這麼大，能夠幫你忙的朋友，只怕有限得很啊。」

杜月笙卻每每推託的說：

「現在談這個問題，未免太早吧！」

「人無遠慮，必有近憂！」老弟兄了，金廷蓀說得很露骨的：「不算為你自己，就為了你的妻子兒女，有銅鈿，抽出一筆存下來，也未始不可！」

逼急了，杜月笙兩手一攤的說：

「過年快哉，我又要過不了關，手忙腳亂，你叫我到那裡籌一筆錢存起來呢？」

「過關歸過關，跟存錢不必相提並論，」金廷蓀攤開來跟他談：「橫豎你是『年年難過年年過』，看起來急死人，到時候總歸挺得過去。」

「好好好，三哥，」杜月笙無可奈何的說：「等過完了關再談這個，好吧？」

抓住了他的話，金廷蓀馬上就接口說：

「這麼說，你是決定一旦有了銅鈿，馬上先抽一筆出來存著囉？」

杜月笙心想，我那兒來的錢呢？因此，他胡亂的應了一聲：

「好，一切遵照三哥的意思。」

得了這句話，金廷蓀隨即著手進行，大運公司最後一筆紅利，杜月笙該分二十萬有零，——他替杜月笙設想：應該怎麼個儲蓄法？錢存銀行，馬上會轉帳，另外辦個事業，又嫌不夠，想來想去，還是給他造幢房子好的，當時上海地產生意，正值熱門，買得到好地皮，可能一本萬利，更要緊的還有一點：不論杜月笙的手頭如何拮据，為了面子問題，他總不好意思賣房子的。所以，唯有給他造房子，才能夠保得住他的子孫福田。

於是，在杜美路二十六號三鑫公司倉庫舊址，金廷蓀為杜月笙造了一幢美侖美奐的華屋，由於想把房子造得大些，還補進緊鄰屬於劉志陸的一塊地皮，因此建地一共是四畝多，房子由金廷蓀親自監工，建築師請的是張繼先，寧波人，杜月笙的結拜弟兄，上海第一流的營造商，造這一幢杜月笙的房子，他可是完全的盡義務，一毛錢也不曾賺。有謂杜月笙不曾搬進新建樓房去住，是因為唯恐跟張嘯林「分居」，惹起大帥不快，又謂他怕「私評物議」，因而謹慎的沒敢喬遷，事實上則杜美路這幢筆架山式的樓房蓋得像一幢新式旅館，它並不宜於住家，唯有出租，——金廷蓀為老友越俎代庖，往後真是幫了杜月笙的大忙，卅八年他挈眷逃難香港，一直到他病故，所有的開銷，幾乎絕大部份都是仰仗賣掉這幢房子的四十八萬美金。

亦曾有人說：民國二十一年一二八淞滬之役前後，杜月笙因為煙賭兩行，洗手不幹，偌大開支，多仗挪騰挹注，到了民國二十二年冬，度歲之資，諸待籌措，他挽人向張公權（嘉璈）說項，希望在中國銀行移貸三十萬元。據謂張公權「自視甚高」，一口拒絕，不久，張公權卸任中國銀行總裁業務。又不久，轉任鐵道部長，這時，他意識到辦鐵路不比辦銀行，辦銀行大可南面而坐，做部長必須八面玲瓏，猛憶起他和杜月笙有過這重公案，不免「心懷疙瘩」。於是反轉頭來，託人向杜解釋，希望以後「遇事幫忙」。杜月笙乃對來人說道：

「以前他不肯通融借款，是因為他掌管國家銀行，許多手續，不能和一般商業銀行隨隨便便，他不肯以公徇私，我很諒解。現在他做部長，鐵路也是國家的，如有用我之處，我不是給張公權做，我是給鐵道部做。我怎不幫忙？我又怎肯以私害公呢？」

這個說法，剡由當時經手代杜月笙借款的人士鄭重表示，其與事實經過，截然相反，由於杜月笙和銀行界的交往密切，大多數銀行老闆對於杜月笙心悅誠服，那一年過年之前，杜月笙正和歷年同樣的困難，他託人將房地道契向中國銀行貸款三十萬元，張公權是慨然應允，而非一口拒絕，卻是在張公權承諾下這筆貸款以後，事為其他銀行家所知，他們認為這是為杜月笙効力的最佳機會，因此大家搶著要做這筆「貸款」，後來商定由中國、交通、金城、和四行儲蓄會四家分攤，一家只借出七萬五。——杜月笙的房地道契，草草的用申報紙包著，偏在黏合處蓋了杜月笙的圖章，由經手人交給中國銀行，四爿銀行公推中國銀行保管，當時，張公權連申報紙都沒有拆開，推辭不獲之餘，他將原件往自己的保險箱裡一放，嘴裡說著：「杜先生一定要這樣，那就姑且在我這裡擺一擺。」所以說：如果申報紙裡面包的還是申報紙，就憑杜月笙的閑話一句，這三十萬元還是欣然照借無疑。倘若到了國民二十二年冬天，杜月笙想借三十萬都碰了釘子，那麼，杜月笙加上楊志雄、楊管北，那麼些年裡對於銀行界所作的服務與努力，豈非全部付之東流？

大運公司結束，金廷蓀也分到了四五萬元的紅利，這時候，正好黃金榮想把黃金大戲院盤出去，減少乏人經營的麻煩。金廷蓀對平劇向來有興趣，他的兒子金元聲，更是黃金大戲院的五虎將之一，他有意接手，黃金榮同樣的也是為老弟兄未來的生活問題打算，乃以半賣半送的方式，由金廷蓀送上大洋四萬，便把黃金大戲院讓給了金廷蓀，黃金大戲院成為金家的產業。於此可見，代售航空獎券並不會使杜月笙和金廷蓀發財，他們的收穫，一個是得了幢房子，一個是盤了家戲院。

38 杜祠落成一生高潮

杜氏家祠竣工，舉行禀主奉安之禮，時在民國二十年六月十日，是為杜月笙一生之中，顛峰狀態時期的空前豪舉。「是日宗祠落成，人爭參拜，車馬之盛，儀文之茂，幾乎為上海開港以來所未聞」，當時報章競載，眾口喧騰，都說這才叫洋洋乎大觀。一批日本記者，跟著他們的坂西將軍，村井總領，同往高橋參觀，由他們所發出的報導，字裡行間，洋溢著驚訝託異，舌撟不下的意味，如所謂：「典禮備極豪華，為日本人意想不到」，「杜氏聲譽之隆，可謂壯觀盛況」，「以一家之宗祠祀典，規模如此之偉大，真不亞王侯之觀矣」。

建造這樣一座家祠，如此這般的熱鬧風光一場，那是杜月笙幾許辛酸，多少苦難，無數回的咬牙切齒，忍淚吞聲，二十餘年豎起脊樑，發奮向上，熬了個「一旦公開道，青雲在平地」，於是乎以「布衣雄世，俠儒兼資」，借用章士釗的頌詞：「尚義為天下倡，天下翕然歸之，徒眾萬千，言出若鼎！」有了民國二十年那個榮華富貴的場面，和炙手可熱的聲勢，然後再摜下一百萬大洋的鈔票，收回一些千金不易的交情，錦上添花，大事鋪張，方始換得來的。

杜月笙算是實踐了他的誓言，二十九年前，他十五歲，當他的外祖母送他到上海謀生活，打出路，祖孫泣別，他會哭著說道：

「外婆，高橋家鄉人人看我不起，我將來回來，一定要一身光鮮，一家風光！我要起家業，開祠堂！不然，我發誓永遠不踏這塊血地！」

為了要實現這「閑話一句」，當杜月笙日進斗金，流水般的銀子左手進，右手出，善門大開，拯急恤貧，要好朋友苦口婆心，勸他置點產業，做子孫福田，他都答以兒孫自有兒孫福，他要他的子孫自家奮鬥，成家立業，不存絲毫依賴心理，因此既不存錢，也不買田。但自民國十九年開始，他便分刊廣告，徵詢本支，請人纂修族譜，同時，撥款五十萬元，在祖宅杜家花園附近，購地五十畝，招徠名師良匠，水木清華的造起祠堂來。

民國二十年初夏，祠堂造好，附設的藏書樓和學塾，亦已竣事，杜月笙鮮衣怒馬，一呼百諾，「富貴而不還鄉，猶如錦衣夜行」，他決定完了這個心願，親身奉主入祠，朋友學生得著消息，紛紛的勸請大做特做，風光一場。眾口一詞，盛情難卻，於是發出請柬，天南地北，十八行省，到處都有杜月笙的故舊門人，這一位「春申門下三千客，小杜城南尺五天」的現代春申君杜月笙，三日盛會，竟創下「堂上珠履十萬客」，空前絕後的大場面！

五月份裡，琳瑯滿目，美不勝收的禮物，便開始自四面八方而來，其中最多的是匾，其次是聯、是屏、是幅，還有古董玩器，旗傘花籃，甚至禮券現金。當代的大好佬，幾乎全已製了匾額送到，禮簿上排列著的名單，聲勢顯赫，令人咋舌，亦即日本報紙之所謂：「足以見杜月笙在各界中偉大聲望之徵象」。

用一部份達官貴人匾上的頌詞，可以連貫成一篇文章，有以說明杜月笙建立家祠的用心——

杜月笙孝思不匱（國民政府蔣主席頒匾），敬宗收族（湖北省主席何成濬贈匾），建造杜氏家祠，旨在使此一敦仁尚德（前北政府大總統徐世昌）、望出晉昌（前臨時執政段祺瑞）、輝光照國（軍法總監何鍵）、好義家風（陸海空軍副總司令張學良）、世稱善門（前黑龍江護軍使朱慶瀾）的江東望族（河南省主席劉峙），本支百世（外交部長王正廷），百世馨香（四川省主席劉文輝），瞻族興邑（憲兵司令谷正倫）幹國棟家（司法院長王寵惠），而致世德揚芬（軍政部長何應欽）、垂裕後昆（前國務總理顧維鈞）、慎終追遠（實業部長孔祥熙、西藏班禪喇嘛、淞滬警備司令熊式輝）、光前裕後（黨國元老李石曾、警察總監吳鐵城），於是源遠流長（監察院長于右任）、俾爾熾昌（安徽省主席陳調元）。

這僅是一姓、一族、一家，甚至於祇是一個人的事，不過，由於杜月笙以一介平民，對於國家、社會的貢獻，以及他為人處世的成功，政府官員要獎勉他，各地朋友要頌揚他，門人弟子要崇敬他，於是，賀客越來越多，場面越做越大。杜月笙一生一世都是最好客的，他決不能待慢貴賓，加以他的朋友學生，什麼樣的能幹角色都有，由於這許多的因素結合起來，群策群力，做足輸贏，這才促成此一黃浦灘上空前絕後的一人、一家、一族、一姓的曠世盛典。

39 八大處與八大秘書

北洋時代的軍閥，凡是領軍開府，獨當方面，佔了一省以上的地盤，便得成立帥府，下設八大處。杜月笙造一座五開間，三進頭的祠堂，設一個圖書館，開一爿家塾，由於三代履歷無從稽考，做了一道總神主，從華格臬路杜月笙的家裡，把這個總神主送到浦東高橋杜氏祠堂裡去。便為了這樣一件事情，執事人設了八大處都還嫌不夠。尤其杜祠落成八大處的主持人選，祇怕全中國的任何軍閥大帥都請不齊全。

杜氏家祠落成典禮執事，設總理三人：虞洽卿、黃金榮、王曉籟。協理七位：張嘯林、金廷蓀、郭祖繩、蔡琴蓀、胡詠萊、俞葉封和李應生。第一個文書處，主任是前國史館副館長，袁世凱稱帝「籌安會」六君子中允稱首魁的楊度（晳子），副主任是江西議員，曾經票選中華民國第一任臨時大總統，後來又做了段祺瑞用以代替國民大會的「善後會議」副議長、民初政壇要角湯漪（斐予）。六位秘書，首度是前大本營黨務處長、國民政府委員辦公處秘書長陳群，以次則為滬上名流，統統做過官府的邱方伯、翁左青、徐慕邢、童學庸和許菩僧。連主任帶秘書，由於資望之高，陣容之強，被全國所矚目，因此才有杜公館八大秘書的說法。其實，當時這八位先生，都不過是朋友幫忙性質，如楊、湯、陳、邱；杜月笙從不敢以秘書待之。

此外各處負責人，則總務處洪雁賓、鄔崖琴，警衛處王彬彥、江倬雲，衛生處王培元、龐京周，庶務處張延齡、沈榮山，筵席處俞葉封，會計處楊漁笙、朱步青，劇務處張嘯林、朱聯馥。這八大處或多少，各有「處員」十幾二十位。

已成立的八大處，還不包括最重要的招待人員在內，於是另行分設招待主任兩名，袁履登、李徵五，副主任三名，樊潛之、楊虎、劉志陸，全部招待一百零九人，另有外賓招待十一個，招待員，總計一百二十名。

杜氏家祠，以杜家花園為中心，收購四週的土地，面積是五十畝，祠堂是五開間的門面，凡三進，頭進是轎馬廳，二進大廳，三進便是栗主奉安之所，亦即饗堂。門前雄踞兩個一人多高的石獅子，栩栩如生，氣象雄傑。饗堂裡的一楹一柱，一龕一屏，莫不請來高手工匠，精工雕刻，蟠龍虬鳳，還有整台的戲文。香煙繚繞中，色澤富麗畜皇，古色古香。饗堂裡供的是杜氏祖先總主一座，大廳則供的是福祿壽三仙，又有兩座一人半高的雲南大理石屏，遠山蒼茫，白雲泱泱，神似一幅寫意的名畫。

為了接待來自全國各地的賀客，祠堂門前搭起一座五層高的彩樓，巍巍然直聳雲霄，樓中央便是招待高橋鎮民看戲的戲台，樓後則為以娛佳賓的劇場。這座彩樓張燈結綵，五色繽紛，實在是富麗堂皇，壯觀得很，彩樓下的一片廣場尤其可容好幾千人。

祠堂四週，空地上都搭滿了蓆棚，共有一百餘間，裡面陳列各地送來的禮物，林林總總，何慮數千件；統統放在蓆棚間裡面，公開展覽，每天從早到晚，觀者有如潮湧，一波一波的跑來參觀。

在杜氏家祠的西面，搭了一個其大無比的蓆棚，蓆棚裡擺好兩百多隻圓桌，可以一次開兩百多桌酒席。上海郵政局為了紀念杜祠落成典禮，特地在場中設立臨時郵所，贈送紀念信封信紙，加蓋紀念郵戳，這在民國二十年間，還是相當新奇的設施。

杜氏家祠附設的圖書館，亦稱藏書樓，是一幢兩層樓的白石建築，中分五楹，兩旁各有一大間廂房。藏書樓中藏書十萬卷，全由杜氏友好門人捐贈。

連家祠帶藏書樓，全部建築費用是大洋五十萬，為招待賓客和供人參觀的各項臨時設置，以及招待用費，杜月笙又花了五十萬元。他造這一幢祠堂，完成家族中的一件大事，一擲百萬金，了無吝色。

一切籌備工作就緒，杜月笙發出這麼一份非大手筆莫辦、極其大方得體的請帖：

「五廟三廟之制，為禮經之所詳，大宗小宗之分，為祭典所必慎。故禮莫重於祀祖，事莫大乎敬宗，近為聚族之謀，爰有建祠之議；但循舊俗，非有新裁。乃荷諸親友賜之華翰，寵以嘉言，猥以愚蒙，適叨宏獎。謹擇於國曆六月十日，行新祠落成禮，敬迓高軒，蒞臨江浦，為吟車馬江干之句，願迎文章海內之賢。唯思軒車枉過，應接不遑，凡在知交，當蒙亮察，特陳悃素，敬誌謝忱。

杜鏞載拜」

擁有八大秘書的杜祠落成典禮秘書處，真是名不虛傳，不同凡響，光是一紙請柬，便寫得如此不卑不亢，亦誠亦敬，鏗鏗鏘鏘，擲地有聲。

40 感恩圖報嗚呼楊度

這一個陣容堅強的秘書處，以楊皙子（度）所負實際責任較多。楊度是湘中大儒王闓運的入室弟子，曾經介紹國父孫中山先生和革命偉人黃克強（興）先生結識，卻又「願為帝王師」，想當袁氏王朝中華帝國的開國元勛。袁世凱在辛亥革命以後出任遜清的內閣總理，楊度便是學部副大臣。民國四年一月，他代理過國史館館長，九月為了迎合袁世凱帝制自為的野心，他倡組「籌安會」，擔任理事長，為之策畫奔走。往後袁世凱竊國失敗，羞憤致卒，黎元洪繼任大總統，下一道變更國體禍首懲辦令，楊度便成了榜上第一名。他逃到天津租界，又在青島蟄居過一段時期，嗣後在民初政壇，也曾串演幕後要角，游說曹錕、吳佩孚參加革命，不得要領，到奉軍驍將姜登選的戎幕屈居參贊。民國十三年姜登選被殺，楊度無所依附，再到狗肉將軍張宗昌那兒擔任總參議。民國十七年北伐成功，北洋軍閥銷聲匿跡，風流雲散，楊度乃黯然南下，到了十里洋場上海，住在從前結識於北京的眾議院議員陸冲鵬家裡。

楊度在陸家一住半年，便在這一段時期，認識了陸冲鵬的好朋友杜月笙。楊皙子鼎鼎大名，如雷灌耳，杜月笙素來崇仰國士，欽重書生，於是對楊度執禮甚恭，使雙方都留下了深刻的印象。

梁任公（啟超）有一個宏願，希望能以他「新史學」的觀點，寫一部瞻富詳備，一新天下耳目的「中國通史」。當年他和楊度談起這一件事，曾經感慨萬分，說他垂垂老矣，自知無法完成此一龐大而又艱巨的任務。當楊度作客陸家，除了看看書報，抽抽鴉片，由杜月笙等上海大亨奉陪，打打麻將，賭賭銅鈿，實在是飽食終日，無所事事。閒極無聊的時候，他便想起梁任公的編著「中國通史」計劃，頗想引為己任，予以完成。

他和杜月笙、陸冲鵬等談起這個想法，杜月笙雖則不盡了然此一工作的重要，但是「楊先生」的想頭，絕對不會錯的，因此，由他和陸冲鵬作經濟實質上的支援，幫楊度搜購了大批典籍史料，其中最珍貴的，乃是中國各地的州府縣志，幾已搜集齊全。

楊度在法租界畢勛路陸家，坐擁書城，埋頭著述，旋不久又覺得環境嘈雜，容易分心。當他將這一層意思提出，杜月笙和陸冲鵬一商量，便徵得他的同意，請他移居鎮江，——因為陸冲鵬在鎮江郊外鄉間山上，蓋得有一幢清靜舒適的別墅。

在鎮江一住半年，楊度又嫌深山索居，未免寂寞，他將那部「中國通史」完成了一半，再次下山，到了山東，狗肉將軍張宗昌想藉重他的大名，拉他當總參議，楊度居然也幹。當時的北洋政府，奉張（作霖）和魯張（宗昌），都有舉足輕重，片言九鼎的力量，隱然是北政府幕後的操縱者，楊度居於張幕，一方面想促成張宗昌歸效革命，一方面希望搞一任教育總長，其結果是這兩件事都沒有辦成。北伐軍興，革命成功，全國統一，天下歸心。群雄割據，分崩離析的北洋軍閥，從此宣告消滅，楊度失了立足點，方又二度來滬，遣此有涯之年。

起先他公開賣畫，潤資訂得特別高，每幅自八十元起碼，到三五百元不等，而畫則奇陋，近乎塗鴉。別人笑他，他說儘管無人問津，一張也賣不出去，他卻是決不跌價。其實，他是有所恃而這麼做的，有杜月笙這一位通天教主，上海大亨，必恭必敬，誠心誠意的暗中為他撐腰，為他効勞，為他揄揚，為他推銷，畫得再壞，也有人要；如此維持楊度的黑白二糧，種種花費。楊度在上海一住三年多，杜月笙盡心盡力，幫忙著實不小。

因此，當杜月笙建造祠堂，說一聲要借重楊先生的大力，楊皙子感恩知己，真是事無巨細，一肩膀挑，認認真真當件大事體辦。他用自己的名字寫了一篇「杜氏家祠記」，請前清的湖南布政司，偽滿洲國國務總理鄭孝胥題寫，作為他們兩人的一份隆重賀禮。此外，他又寫了一篇「杜氏家祠落成頌」，勒石立碑，然後，他再撰了一副「大江以南，推為望族；明德之後，必有達人。」善頌善禱的楹聯。

擔任杜祠落成典禮文書處秘書，楊度在典禮之前三天，便搬到浦東高橋辦事處裡住下，人來客往，川流不息，他每天朝夕忙碌，事必躬親，實實在在盡了朋友的責任。杜月笙曉得他煙癮奇大，不可須臾無此君，特地給他預備一副煙具，一張煙榻，然而在那個亂哄哄，嘈雜雜的場合，熟朋友，貴客，辦事處的人員，一見有榻有槍，「前仆後繼」的搶著香兩口，把個正主子楊度，反而擠在一邊，心中著急，眼淚鼻涕直流，又礙於顏面，逐客令說不出口。三日後陸冲鵬也去祠堂，順便看他，楊度就已經有點支撐不住，私下抱怨，一來別人丟下事情不做，他卻不能不代為兼管，因而越來越忙，越來越累；二則鴉片煙榻經常有人捷足先登，害得他煙癮難熬，十分苦惱。

到底是靠六十歲的人了，何況他又有多年的老肺病、胃病在身，特別賣了這一次氣力，回到上海，楊度便舊疾復發。九月初，這一位杜月笙的好朋友，溘逝滬瀆。

41

英國巡捕騎馬開道

中華民國二十年六月十日，杜月笙開祠堂，六月九日先行奉主入祠式，天一亮，法租界華格臬路杜公館附近，早已車水馬龍，擁擠不堪。儀仗、旗幟、台閣、傘牌，中西樂隊、護送的軍警、商團、學生、童子軍、陪送的名流、貴客、踵賀的佳賓、親友，再加上圍觀的市民，將華格臬路，擠得人山人海，水泄不通。彩色斑爛的旗傘儀仗，成千上百的匾額楹聯，預先排好次序，擺在馬路兩邊，從華格臬路排起，佈滿了李梅路、愷自邇路等三五條街道。

九點鐘一敲，奉主入祠的行列，準時出發。這一個多姿多采，盛況空前的儀仗隊伍，經上海報紙記者當時的估計，人數五千餘，連綿兩英里，從華格臬路走到金利源碼頭，足足走了兩個半鐘點。

那一天，像是全上海人都在辦這場喜事，風和日麗，萬里無雲，華、英、法三界居民萬人空巷，傾城而出，儀仗所經過的街道，兩旁摩肩接踵，層層疊疊，排好兩道蜿蜒曲折，連綿不盡的人牆。人牆後面的店舖簷前，樓頭洋台，更是觀眾或則早先預定，或則臨時軋進的包廂和池座。駐足觀眾，有從上海四郊，蘇錫京杭等外埠，特地跑來軋這一場鬧猛。

杜月笙的總神主入祠，那個猗歟盛哉，嘆為觀止的行列，儀陳之盛，包羅之廣，在內憂外患，持續百年，分崩離析，方竟一統的當時中國老百姓看來，誠然是今古奇觀，令人拍案叫絕，由此也可見祠堂主人苗頭之大，交遊之廣，不但上海，抑且在全國不作第二人想。——

儀仗的第一部份，首先是騎著阿拉伯駿馬的英國巡捕，——碧眼黃髮英國人，排齊馬隊，充任開路先鋒，他們的職司，是為一面碩大無朋，光明燦爛的中華民國國旗作前驅。國旗後面，一連串三五十桿杜字大旗，都是各界人士送的，彩色璀璨，迎風——招展不起來，因為那些杜字旗太大了，每一面都得一二十名壯漢，三五個人撐扶旗桿，兩三個人掌住旗角，七八個人護定左右，再由一位頭目跑前跑後，高聲指揮，催促快走，聲聲的在喊加油！

自行車在當時還算是很新鮮的，是日，法租界巡捕房裡的安南巡捕，近百輛自行車全部出動，四輛一排，由頭戴笠帽，打好綁腿，束皮腰帶，全部武裝的安南巡捕推看，徐徐行進。為了那一面中國國旗，杜月笙叫英國人開道，法國人僱用的安南兵，騎腳踏車保護如儀。

安南巡捕之後是中國巡捕，戴鋼盔，著長靴，挺胸疊肚的步行，黃金榮辦的金榮小學學生，穿海軍式的中國童子軍制服，敲起洋鼓，扛著齊眉棍，負責護送錢業公會合送的旗傘牌亭。

法租界破題兒第一遭，打破了中法不平等條約的規定，淞滬警備司令部的軍樂隊和一排荷槍實彈的步兵在前，中央陸軍第五師（顧祝同部）的樂隊，一連步兵在後，拱衛三面八人槓抬的大匾。國民政府主席蔣中正頒的「孝思不匱」，淞滬衛戍司令熊式輝贈的「慎終追遠」，軍法總監何鍵贈的「輝光照國」。法租界的子民，一生一世不曾見過這種莊嚴肅穆的場面，自家的國旗，自家的軍隊，自家的領袖頒匾在法租界的地面上走，拍手歡呼者有之，熱淚盈眶者亦有之。

第二部份是公安局軍樂隊，保安隊員，鐵華學校的童子軍護送淞滬警備司令部張春甫副司令、上海市長張群、外交部長王正廷所贈的匾額，以及新江、天新、寧紹等輪船公司所贈的傘亭。第三部份是吳淞要塞司令部的軍隊，靜安小學童子軍，護送監察院長于右任、司法院長王寵惠等贈匾。

第四部份最引人注目，堪稱軍閥專號，它由陸軍第五師軍樂隊開道，閘北和南市保衛團、寧波旅滬小學童子軍，一同護送北洋政府的兩位總統：徐世昌、曹錕，一位執政：段祺瑞，兩位大帥：吳佩孚、張宗昌，一位少帥：張學良，甚至還有一位前清提督李準送的匾。十多年來連年征戰，搞得民窮財盡，外侮日亟的北洋軍閥直（曹、吳）、皖（段）、奉（張學良）、直魯（張宗昌）各派各系的首腦人物都到齊了，曾經有人說笑話：幸虧當時徐世昌遯居青島，曹錕退隱天津，吳佩孚流浪成都，正待西走陝甘，張學良輸誠中央，正在領軍剿赤，張宗昌也在閑居天津大推其牌九，否則的話，這一幫人全來吃杜月笙的祠堂酒，說不定一語不合會再打起來哩。

中央各院部首長，各省主席，以及黨國要人，法國官員的匾額，一概集中在第五部份，由江灣救濟會的西樂隊前導。第六部份是各團體、學校、公會、私人贈送的旗傘花籃，而由當時最負盛譽的海軍司令部軍樂隊擔任開路先鋒。

42

主席頒匾勗勉備至

國民政府蔣主席在六月八日下午，又派李副官頒來一方祝辭匾額，並且指派國民政府參軍，中央委員楊虎代表道賀、宣讀祝詞。

這一塊使杜月笙倍增榮寵的匾額，杜月笙為它特備一座匾亭，排在杜祠神主轎亭之前。蔣主席在這篇祝詞裡，對杜月笙頗致勉勵；詞曰：

「詩詠祀事，典備蒸嘗，水源木本，禮意綦詳。
敬宗收族，德在無忘，激彼秕秉，俗玆彝常。
元凱之家，清芬世守，孝孫有慶，服先食舊。
任俠好義，聲馳遐邇，濟眾博施，號為杜母。
肯堂肯構，實大其宗，爰建新祠，輪奐有容。
簠簋既飭，鏘濟攸從，式瞻枚實，介福彌隆。」

護衛神主轎亭的儀隊，不知是誰的主意，出了敗筆。用心是為了壯觀好看，卻不該用上宮廷鑾儀，命人扮些金甲武士，拿起古色古香的刀矛劍戟，然後，便是杜月笙本人，一頂禮帽、長袍馬褂，帶領他的幾個兒子，手扶轎槓，滿臉笑容，一路和歡呼觀眾打著招呼緩緩行進。在他的後面，又有高冠峨服，衣香鬢影，那是杜氏親友門人，排起好長的隊伍，在伴他送主入祠。

十一點半，這個兩英里長的儀仗隊，經過了華格臬路、李梅路、愷自邇路、公館馬路、老北門大街、小東門大街，而在爆竹喧天，歡聲如雷中，抵達了金利源碼頭。

金利源碼頭更是萬頭攢動，人如潮湧，一大早就有人守好在碼頭附近看熱鬧，此刻加上儀仗大隊，以及跟隨而來的人群，把碼頭一帶擠得毫無空隙。

碼頭上搭好的幾座迎賓牌樓，南市保衛團，派了一隊團員在場照料，事實上杜公館派出來管事的人更多，碼頭外面，黃浦江干，井然人序的排好一百多艘渡船，渡船有輪隻，也有拖駁和舢板，尤其杜公館自備的月寶、歡迎兩艘遊艇。凡此專用的渡江船上，桅頂一律起一面紅底白字的「杜」字小旗。這座黃浦江濱的金利源碼頭，也是第一次出現這麼盛大浩蕩的船隊。

儀仗循序前進，一路不停，因為接運的渡船，早已按精密計劃，排好了順序，一船裝滿，緊接上來，於是大小船隻，首尾相啣，滿載立刻啟碇；軍樂隊，匾額傘亭，中西軍警，童子軍們，有條不紊的上了船去。最後的兩艘大輪，一艘專供女賓乘坐，一艘載的是杜公館上下人等，護定那座神主轎亭。

由金利源碼頭到高橋碼頭，船隊行駛，歷時一小時許，江上，軍樂隊像在比賽，此唱彼和的奏起樂來，急管繁絃，鼓樂齊鳴，悠揚樂聲，趁著江上輕風，清越悅耳，聲聞十里。童了軍們手舞足蹈，歡欣愉悅，他們隨著樂聲，引吭高歌，引得兩岸居民，爭前恐後的跑到江干眺望，又構成了黃浦江上前所未有的歡樂熱烈景象，使耳聞目覩的人，時至今日記憶猶新。

一到高橋碼頭，許多男女來賓，不禁為眼前的一片嶄新氣象，驚了一驚，畢竟錢可通神，而杜月笙的朋友幫他辦事，格外認真。高橋碼頭不但佈置得整齊清潔，煥然一新，而且還移來蔥蘢的樹木，沿途裝置了無數盞煤油路燈，道路平坦，一塵不染，鄉下人一個個笑逐顏開，穿著全新的衣衫。——從高橋碼頭到杜氏家祠，旅程還有八里之遙，而沿途所見，莫不皆然，光從這一點看，即可想見杜月笙花費多少銅鈿？

老娘舅朱揚聲，一別二十餘年，此刻頭髮斑白，一目已眇，率領大隊親眷，齊來碼頭迎接，卻是人多嘈雜，又忙又亂，舅甥兩個不曾說到幾句話，杜月笙即已被擁上汽車，帶著他的長子維藩，恭捧神主，馳向新祠。

儀仗一船一船的靠岸，步上碼頭，循序向杜氏家祠繼續前進，這八里路，路畔又是兩條長龍，麕集著從四鄉趕來看熱鬧的百姓，——吳佩孚送的那塊「武庫世家」匾額特別的大，匾大、字更大，遠遠的望去，一覽無餘，鄉下人見了，拍掌大笑，驚喜的叫道：

「吳佩孚！吳佩孚！」

43

最早一部紀錄影片

臨到賓客下船，碼頭旁邊早已備就的車隊，開始出動。杜公館一共備下十五輛奧司汀汽車，和一百五十輛人力車，有這麼多車子，卻是客人更多，仍嫌不夠。上海的人力車伕，看準高橋有三天好生意，紛紛把自己的車子用船運來。杜公館立刻派人跟他們約定，必須在杜公舘所備的車子不敷載客以後，方准依序拉客，同時規定每拉一趟，車資六角。由杜公舘發送賓客乘車券，拉到杜氏家祠，客人不必付錢，將乘車券交給車伕，讓他們自去帳房憑劵支領。

上海黃包車伕，都是顧竹軒四老闆的徒子徒孫，四老闆見了杜先生，打恭作揖，客氣得很，所以這班車伕們，焉有不聽招呼的道理？因此碼頭上雖然車多人更多，卻是秩序井然，一絲不亂。祇不過，有些客人際玆百年難得一見的盛會，一心急於早達目的地，懶得等候，下了船便自己雇車，人人向前個個爭先，反由坐車的人自抬價格，每趟由六角而一元，而兩塊三塊，於是乎，樂了這班車伕，一天收入，多達一二十元，拉三天車下來，等於發了一筆小財。

車子來回奔跑，客人越多，交通工具又嫌不夠，於是有人成群結隊，鼓起勇氣，走這八里平路，一時杜家祠堂路上冠釵盛集，車行如梭，鄉下人中有頭腦靈活的，心想眼前正有好買賣，何苦儘呆著看鬧猛呢？翻身回家，推出了平時載貨搭人的獨輪車，兩側各墊一疊布，算是座位，把這獨輪車推到高橋碼頭，一次載送兩位客人，取值大洋一元，既便宜，又新鮮，——黃浦灘上的老太太，少奶奶，爭先恐後，趨之如騖，坐在獨輪車上，又是駭怕又覺有趣，花枝招展，格格的笑。

八華里路上，小轎車、人力車、獨輪車，全體出動，反復奔馳，專賣名牌鐘錶的亨達利洋行，獨出心裁，大做廣告，製了幾百面小布旗，遍插道旁，蔚為奇觀。可是鄉下人見它好玩，你一支、我一支，不一天便給拔了個精光。還有一些商家，一則討好杜月笙，二來順便作宣傳，六月天，怕客人熱，製了大批的紙扇，分贈男女佳賓，高橋人聽說這種扇子不要錢，鬨過來便搶，也是轉眼之間搶得乾乾淨淨。

虞洽卿的千金，虞澹涵妙手丹青，馳聲畫苑，她和她的夫婿，名律師江一平，訂做了五千把扇子，作為賀禮。一面是江一平的隸書，「杜氏家祠頌」：

「武庫雄才，芬揚京兆，瀛洲選首，淩煙圖肖。」

「作廟華國，以致其孝，穆穆長風，龍吟虎嘯。」

另一面，則為虞澹涵手繪「祠堂圖」，頌、字、畫，允稱三絕，這種扇子，鄉下人搶不到，卻是男女來賓，頻頻的討，同樣的在頭一天便一柄不存。

當年上海最大的明星電影公司，主事人中不乏杜月笙的朋友學生，創辦之初，又得過杜月笙鼎力協助，杜祠落成，他們便派出了電影攝製隊，名導演張石川、王吉亭等，大明星鄭正秋等一例出動，他們在大路上跑來跑去，揮汗攝製嘉賓蒞止的紀錄影片。於是，大導演、大明星找鏡頭，上鏡頭的嘉賓又爭著來看明星與導演，相互徵逐，主客兩歡。

高橋鎮上，大街小巷，打掃得一塵不染，只是街道狹窄，來客太多，處處擁擠不堪。再加以沿街設攤，販賣水果零食和香煙；將這一處清淨的小鎮，變成鬧市一般。鎮上只有一家飯店，儘管杜公館三天之內開了兩千桌酒席，萬餘客西餐，他們還是座上客滿，利市百倍，三天裡面居然做了六百隻洋的生意，在民國二十年間的鄉鎮小吃店，也算是駭人聽聞了。

六月九日這一天，絡繹而來的男女賓客已達數萬人，數萬人擠在僅可容四五千眾的臨時劇場裡，擁擠之狀，自可想像；當時中外報章，對於杜祠落成的報導，不厭其詳，形容劇場上的盛況，上海新聞報六月十一日特地用出了「人氣白熱」的標題，作了如下的實況報導：

「……劇場廣可容數千人，但觀者近萬，幾無插足地，加以天熱場低，四圍密不通風，觀眾揮扇觀劇，莫不汗流浹背，全場空氣，異常混濁，『人氣白熱化』，五字形容，最為恰當。臺上由張嘯林、王曉籟兩君維持秩序，卒亦無法驅散台上觀眾。入晚，客復陸續而來，跋涉十餘里，畏難而退者，日必數千人。貴賓席中佔有位置者雖極視聽之樂，但兀坐通宵，呼吸急促，頭痛欲裂，一身不能轉側，大有欲罷不能之勢，誠有說不出之痛苦也。」

44

張大帥得罪參謀長

三十六年前的新聞報記者，確實已將當時劇場之擁塞，觀眾是怎麼樣的在「受罪」，描寫得生動逼真。只不過，這位先生因人廢言，似乎還漏了兩則笑話，——由於「欲罷不能」而導致的大笑話。

張嘯林為杜家祠堂的落成交關賣力，上海福爾摩斯報說他：「張嘯林君為劇務主任，雖華髮盈巔而精神矍鑠，奔波指揮，毫無倦容，劇終即在後台支床假寐，毫無傲貴習氣，人皆稱之平民化云。」頗有拍馬之嫌，但是多一半也是事實。那晚等到「滬上空前未有之堂會」開鑼，他跟上海商會會長王曉籟，一對大亨，兩個黑頭，威風凜凜的把守在舞台左右，有這兩位門神一站，台底下擠死了人也不敢擠上舞台來。

然則，為什麼新聞報要說：「卒亦無法驅散台上觀眾」呢？原來，當晚劇場上，曾經鬧過一次糾紛，警備司令部的參謀長，也是一位嗜愛平劇的戲迷，杜祠落成，一連三天的堂會戲，京朝名伶，滬上名票，出類拔萃的，幾已全部到齊，因此陣容的堅強，演出的精采，又是一個「空前絕後，從所未有」，參謀長有這個聽好戲的機會，自然不肯輕易放過，因此，他當晚改著便裝，悄然來到浦東高橋杜家祠堂。

一萬多人擠在劇場裡，幾無立足之地，參謀長不想驚動主人，所以看雜在池座人叢裡戲，可是後來演出越來越精采，參謀長卻被擠得坐立不安，無法聚精會神，欣賞佳劇。這時候，他才想起應該到台上去找到主人，或者其他的招待，替他設法尋個較好的角落，或者稍微鬆動點的座位，讓他安安靜靜的把好戲看完。

但是，由前台到後台，無法遶道上去，唯一途徑，祇有沿著後幕，穿過鑼鼓喧天的舞台。參謀長挪動身子，擁出人叢，方自一腳踏上台口，驀地聽見一聲厲喝：

「媽特個×，瞎了眼烏珠的，誰叫你到台上來，還不快快給我滾下去！」參謀長一聽，來人開口便罵，未免欺人太甚，他氣白了面孔，正待上前理論，卻沒想到，那人豹眼圓睜，又是大喝一聲：

「入你×的！你還不滾？」

然後，當胸一把，捉牢參謀長的和衣領，張嘯林抓住參謀長，便要往台下推。

台下有警備部的高級軍官認得張嘯林，他們眼見這一幕，發起急來，高聲的喊道：

「張嘯林，休得無理，這是警備部的參謀長！」

張大帥倒一呆，右手自然而然的鬆開。

萬眾矚目，挨了罵，又坍了台，參謀長豈肯善干罷休。但是，他畢竟是當大官的，能識大體，心想在這種擠得熱昏的場合，引起糾紛，秩序一亂，將不知斷送多少人命。地方治安，職責攸關，他祇好「宰相肚裡好撐船」，只是板下臉來，一聲冷笑，兩眼瞪住張大帥道：

「好，你是張嘯林，我認識你。今天我維持秩序要緊，暫時放你一關，明天早上九點鐘，你自己到司令部報到！」

斯語一出，台下一萬多觀眾，齊齊的讚歎，而且退去了一身的冷汗。祇不過，杜月笙在後台得到消息，急得連連跺腳，嘴裡聲聲的埋怨：

「嘯林哥怎麼又做出事體來！」

他忙不迭的往前台跑，參與虞洽卿、王曉籟的行列，向這位參謀長打恭作揖，聲聲道歉，將他捧菩薩似的，捧到後台，參謀長極是漂亮，一邊往後台走，一邊聲色不動的說：

「杜先生，這件事情與你毫無關係，——是我跟張某個人的事。」

杜月笙憂急交併，心慌意亂，怎麼能說是與他毫無關係呢？他再三聲明，引為自咎，參謀長見他如此誠懇，開祠堂是喜事，堂會戲唱得這麼熱鬧，他和張嘯林言語衝突，乃至動手，本來是事出偶然，「不知者不罪」，因此，當杜月笙口口聲聲道歉，他決心君子不記「小人」過，慷慨豪爽的說了一句：

「好吧，我便看杜先生的金面，不再追究張某的無禮！」

一場大大的風波總算過去，杜月笙心有餘悸，負疚不已，興致難免減色，張嘯林當眾闖了窮禍，更是懊惱已極，心裡交關難過。人物轉換，時代不同，他深切感到惶恐，彷彿有動輒得咎的感覺。從此以後，他便努力於聚斂自己的鋒芒。

45

司令阿姪喝人中白

另一則軼聞則出之於某司令的介侄，他是戲迷，卻苦於晚宴席上喝多了雪醴水，暗暗的在鬧便急，而以當時劇場擁塞的情況，想擠出去解決委實是決無可能，痛苦到不能忍耐，趁萬餘觀眾聚精會神引頸翹望台上的精采演出，此公摸到了一隻酒瓶，萬般無奈的來了個舊瓶裝新酒，恰巧鄰座一位東北老鄉，口渴萬分，四處在摸飲料。摸到了這一瓶有內容的，舉瓶猛吸，當然，他立刻便發覺異味，一口噴出，物歸故主，又噴了司令介侄一頭一臉，由於雙方遭遇，全是令人「孰可忍，孰不可忍」，於是一語不合，揮拳便打，幸虧四週的觀客恐遭池魚之殃，亂了道場，七手八腳把他們拖開去，然而，殘汁四濺，餘臭猶聞，大家都憬悟這是怎樣一件事體，於是，第二天早上，笑話便傳遍了黃浦灘。

杜家祠堂落成，靠杜月笙的面子，北京名伶，滬上名票紛紛雲集滬濱，那會串三日的戲目，時至今日還引人嘖嘖稱羨，許為民國以後空前未有的盛大演出。當年名伶名票穿著便裝，在上海法租界海格路範園拍的一張集體照片，二三十年後經人揀出大量翻印，猶在臺灣臺北形同奇貨，為顧曲周郎爭相搜購，公開售價高達二百元。

其實自民國二十年六月九日起，杜祠附近因場地之所限，開席和聽戲，一律分為祠堂裡外兩地，分別舉行。祠堂外講的是海派角兒麒麟童、小達子、常春恆等，演出熱熱鬧鬧，多姿多采的做工戲，開的則是肥雞大肉，講究油膩的浦東風味酒席，這是杜月笙親切自然，注重實際的招待故鄉父老兄弟，諸姑姐妹，使鄉鄰親友既飽眼福，又快朵頤。

祠堂前面搭的蘆蓆棚，連餐廳帶劇場，全部招待各界來賓，席要考究些，戲也揀好的，上海大世界遊藝場對面的「杭州飯莊」，規模之大，在當年允稱第一。由於杜祠落成典禮的筵席處主任，是杭州大老倌俞葉封，杜月笙大宴賓朋三天，他便請「杭州飯莊」打三天烊，全莊廚役統統開到浦東，杜祠旁邊蘆蓆棚搭的餐廳，擺得下兩百桌酒席，一次可供二千五六百人用餐，可是賀客之多，出乎意料之外，於是這兩百桌全部成了流水席，一批用過，一批再來，據當時上海福爾摩斯報的統計，三日之內一共開了兩千席。除此以外，為了節省時間，緊急供應，筵席處又從上海聘去大批的西菜司務，從早到晚，一客客西餐川流不息的送出去。不久以後發現酒席加西餐仍嫌不夠，筵席處採取緊急措施，再由上海聘來大批點心師傅，趕製麵點供客充饑，然而即令如此仍嫌僧多粥少，中西餐點的烹飪難以為繼。起先各界佳賓還端端架子講客氣，坐候侍者大駕光臨，往後肚皮實在餓來兮，辰光交關等不及，於是破除情面，自家去取，各種食物的輸送線上，千頭攢動，萬手爭揮。

蘆蓆棚裡，款待嘉賓的骨子好戲，六月九日是第一天，下午三時開鑼，這一天的戲目，開鑼戲是全班合演的「天官賜福」，接下來是徐碧雲、言菊朋、芙蓉草、金仲仁的「金榜題名」，荀慧生、姜妙香、張春彥、馬富祿的「鴻鸞禧」，雪艷琴的「百花亭」、名票張藻宸和名伶尚小雲合演「汾河灣」，華慧麟、蕭長華、馬富祿三丑合演「打花鼓」，李吉瑞和小桂元「落馬湖」，程艷秋、王少樓「蘆花湖」，全是杜月笙既愛看又能唱的武生戲，大軸子戲「龍鳳呈祥」，由梅蘭芳、楊小樓、馬連良、高慶奎、譚小培、龔雲甫、金少山、蕭長華合力演出，陣容之硬，一時無兩。

46

伶王外宿有男侍焉

伶王梅蘭芳，有感杜門友誼，捧足杜月笙的場，三天夜戲，他便連演兩次大軸，一次壓軸，六月九日他唱龍鳳呈祥，十日深夜他唱大軸子戲，是為四大名旦，空前絕後合演的紅鬃烈馬，十一日他更唱雙齣，先由譚小培、金少山配演二進宮，再跟程艷秋、尚小雲、荀慧生四大名旦通力演出「四五花洞」，這一齣戲破例之後再破例，四大名旦答應讓張嘯林開設的長城唱片公司，灌了一張唱片，當年膾炙人口，許為平劇界的無上佳話，這張唱片極其珍貴，銷行廣遠，歷有年所，替張大帥賺了不少的錢。

杜月笙招待這許多京朝名角，滬上名伶，也是敬禮有加，招待十分優渥，他包下了上海寧波飯店全部房間，作為南來角兒的下榻處，可是實際上大多數名伶都不住在這裡，許多名伶覺得每天來回的跑上海和高橋，費時既多，交通也是不便，尤其他們之間平時忙於各地演出，像這樣共聚一堂的機會確實是破天荒的，散戲以後吃吃聊聊，快極平生，乾脆，他們都在後台睡統艙，打地舖了。

當然其間也有外宿的，譬如說伶王梅蘭芳，中國銀行總裁，廣東金融鉅子馮幼偉（耿光），畢生捧他最力，但凡有個機會，對於伶王的生活起居，總是悉心照料，無微不至。這一次梅蘭芳到高橋唱杜月笙的祠堂戲，一連三天，馮耿光全始全終，隨侍在側，他和梅蘭芳住在高橋望族胡伯平的家裡，胡家的房子，要算是高橋鎮上最寬敞講究的一幢。表面上說是全國名伶大會串，捧杜月笙的場，為杜祠落成典禮大放異采，實際上杜月笙卻不願意沾這班吃開口飯朋友的光，名之為「義務戲」，私底下他還是送了贄敬，而且數額頗不在小，因為這些名伶來去旅費，和琴師、文武場面、跑龍套的跟了一大堆，當然要有開銷，杜月笙送每位名伶大洋五千元正，次要的角色也得了三千元。

一般評論，三日演出裡面，以六月十日第二天最為精彩，頭一齣開鑼戲「八百八年」，由老朋友、名票王曉籟和袁履登粉墨登場，聊以助興。劉宗揚是武生泰斗楊小樓的唯一愛徒，他演「安天會」，乃師楊小樓則在稍後演出「長板坡」，師徒同台，觀者更覺劉宗揚學楊小樓頗有幾分神似。程艷秋的「賀后罵殿」，久負盛名，這一夜有名鬚生貫大元為她跨刀，尤其四大名旦各顯神通，程艷秋格外卯上（賣力），歌喉宛轉，抑揚頓挫，真正唱得來盪氣迴腸，一句一彩，使台下萬餘觀眾如癡如狂，程艷秋後來也承認：那一晚的「罵殿」是他生平得意傑作之一。

楊小樓的「長板坡」，紅遍大江南北，婦孺皆知，那次演出以高慶奎飾劉備，各坤伶雪艷琴飾糜夫人，名淨劉硯亭飾張飛，牡丹綠葉，相得益彰，搭配之整齊，在當時不作第二人想，可是他在鼓掌如雷，采聲不絕中一時大意失手，有一個抓帔的動作不曾做好，使他在回到後台以後，為之懊喪久久。

王少樓、金少山、張春彥通力合作，演出「捉放」，又是萬眾矚目，盛況難再的骨子好戲，王少樓的唱功在此大放異采，幾段流水與原板，唱得如同行雲流水，運腔韻味，行於所當行，止於所不可不止，一字一句，妙到毫顛。

大軸子戲是四大名旦接演全本紅鬃烈與，還添上無數名伶助陣。這一齣戲由徐碧雲首先唱「彩樓配」揭幕，繼之以尚小雲的「三擊掌」，麒麟童和王芸芳合演「別窰」，郭仲衡與芙蓉草的「趕三關」，梅蘭芳、譚富英、言菊朋合鑄「武家坡」，譚小培、雪艷琴「算糧」，譚小培、荀慧生、姜妙香的「銀空山」，結局則為梅蘭芳、荀慧生、龔雲甫、馬連良的「大登殿」，這一齣全本「紅鬃烈馬」，真叫做珠聯璧合，相互輝映，搭配之整齊，陣容之堅強，誠所謂「琳瑯滿目，美不勝收」，尤其合四大名旦於一爐，又有譚小培、譚富英兩父子同台接演，於是從頭到尾，一氣呵成，精神一以貫之，誠為自有平劇以來，空前絕後，難以再期的無上傑作。

六月九日唱了半天一夜的戲，自杜月笙本人起，個個興奮，人人歡喜，當夜只怕沒有人闔得上眼，睡得著覺，因為翌晨五時便有三日節目中的最高潮，百年難得一見的盛典，杜氏家祠舉行栗主奉安典禮。

47

栗主奉安繁文褥節

參加這個典禮的有數萬人之多，杜祠饗堂和大廳裡面，人如潮湧，川流不息，幾乎就要擠破了這兩幢五開間的廳堂。樂隊備有三個，警備司令部、第五師、上海公安局的三支軍樂隊，就在饗堂前，屋簷下，鼓鈸齊鳴，輪流演奏。即令如此，三支軍樂隊奏樂，還掩蓋不住嗡嗡議論匯成的聲浪。

有楊度、湯漪、陳群、邱方伯等八大秘書，為杜祠落成典禮設計安排，一應儀節悉遵古禮，一舉一動全無半點差錯，譬如說杜家那座總神主，便由楊度吩咐過了，要用栗木製作，便是照著公羊傳文二年，兩千多年前的古制：「虞主用桑，練主用栗」。人死落葬，在祠堂或家中設祭，叫做虞，虞時的神主該用桑木，蓋桑者「喪」也。等期年（一年）以後，祭禮謂為練祭，即應將「桑主」埋掉，改用栗木製的栗主，藏在祠堂或家中，經常奉祀。栗主和桑主不同的地方，是桑主不刻字，可用白或黃紙寫上諡號，栗主則鐫而諡之，以便永久保存，至於為什麼要用栗木？公羊傳上有注：「栗、猶戰栗，謹敬貌。」

因此，所謂「栗主奉安典禮」，易言之，就是杜月笙雙手捧住栗木製的總神主，把它送進神龕裡「奉安」——永久保存，經常祭祀。由這麼簡單的一個動作，必須襯托莊嚴隆重的繁文褥節，實在很不簡單。

五點鐘，天還沒亮，杜氏祠堂萬頭攢動，燈火輝煌，從饗堂、大廳、正門、蓆棚，那座五層高的大彩樓，和附近的三座牌坊，沿杜氏家祠到高橋碼頭，兩側水月路燈，照耀得附近如同白晝，再加上每隔一里便有一座牌坊，銀河星樹般的彩燈一致亮起，電炬焜耀，光燭霄漢，將這八九里路上，映得花團錦簇，光明璀燦。於是，五點鐘一到，樂聲悠揚，炮竹喧天，歡聲雷動，杜月笙長袍馬褂，面容肅穆，必恭必敬的，將栗主安置在神龕。

接下來是家祭，杜月笙率領妻子兒女，遵照古禮，向上跪拜。家祭完畢，中央委員、國民政府參軍楊虎，往左上首一站，他從口袋裡掏出兩紙電文，面向參加觀禮的大眾，高聲的說：

「兄弟昨天接到國民政府秘書處的電報，——『上海楊參軍嘯天兄勛鑒：本月十日為杜月笙先生新祠落成，請執事代表致賀，奉喻特達，國民政府秘書處，青。』兄弟現在就代表蔣主席，向杜月笙先生申致慶賀之忱。」

攤開第二張電文紙，楊虎又將蔣主席題頒的賀詞琅琅的朗誦了一遍，主人顏面光采，嘉賓與有榮焉，於是從人叢中爆起了歡呼與鼓掌。

隨即由執事人員宣讀各方的賀電，賀電中不約而同的說明了他們未能「躬逢其盛」的理由，例如軍政部長何應欽說他正在贛江剿赤，吳佩孚歉以遠在川中，不克躬與，但是他和外交部長王正廷，同樣的都派了代表前來。

黨國元老李石曾自北平來電：「南望雲夫，彌殷遙祝」，安徽省主席陳調元因六安防務緊急：「江天在望，無任神馳」，天津市長張學銘恭維他「聿懷先德，昭示後昆」。張群派郭秘書代表致賀，曾毓雋託邱甫桂詣祭，繆斌請王猶龍代表觀禮。其餘一連串報出來的台銜，聲名顯赫，駭人聽聞，充份顯示杜月笙交遊之廣闊，物望之隆替。例如班禪喇嘛也派了代表，以及——北平市長胡若愚、旅次大連的中國通商銀行董事長傅筱庵、成都鄧錫侯、南京趙錫恩、洛陽蔣鼎文、四川省主席劉文輝、漢口總辦劉秉義、南京市長魏道明、湖北省主席何成濬、南京衛戍總司令谷正倫、前國立北平師範大學校長易培基、蒙藏委員會委員長馬福祥、前大總統曹錕、陸海空軍副總司令張學良、甘肅省主席劉郁芬、前江蘇省省長韓國鈞、我國駐法公使顧維鈞……。

報告竣事，蒞臨觀禮的親友、嘉賓，各機關團體代表，一批批的趨前魚貫行禮，杜月笙則帶著他的子女在一旁答謝，行過禮的客人，再去向他熱烈的道賀。吳鐵城、許世英、杜錫珪、張弧、李思浩、陳希曾、張公權、徐寄廎、劉志陸、上海金融工商界重要份子如錢新之、吳蘊齋、宋子良、胡筆江、林康侯、秦潤卿、潘家瑞等幾已到齊。外國人來行禮的，尤有法國駐滬總領事甘格林、警務處總監費沃里等，及日本人坂西將軍、總領事村井夫婦、領事三浦夫婦、副領事白井、商工議會會長米里紋吉，還有紡聯董事土井等人。

48 報章競載不厭其詳

由於六月九日各地嘉賓毫無限制的湧來，蓆棚劇場，險險乎為之爆炸。於是從六月十日一早開始，採取緊急措施，所有從上海到高橋參與盛會的賀客，一律到法租界外灘太古碼頭，乘杜公館特備的輪船，滿載後立即啟椗，駛赴高橋。

賀客太多，又不能憑票上船，照這個辦法，仍還是漫無限制，於是由辦招待的人，想出了一個補救之策，他們等客人上船啟椗以後，方始一一查詢。事先，將逐日的禮簿，抄錄下來，按送禮的機關團體，府宅人名，編印來賓錄。查詢的時候，便以來賓錄為根據，請賀客在來賓錄簽名，當場發給紀念徽章一枚。船到高橋，坐汽車或坐人力車，赴宴看戲，到處遊覽，都得憑這枚論證章，始可接受杜公館的招待，否則的話，因場地和設備之所限：「恕難允准進入杜祠。」

限制得這麼嚴格，作用卻並不太大，上海人誰不想去軋這一場鬧猛，杜公館的專輪上面要檢查，他們便不搭杜公館的船，不坐杜公館的車，邀三朋四友，帶一家老小，自備交通工具，或者步行八華里，專誠一遊杜氏家祠。所以，在六月十日那一天，由高橋到杜祠，那八華里的「杜高路」，從早到晚，直如山陰道上，賀客遊人絡繹不絕，人潮裏住了汽車隊和黃包車隊，扶老攜幼，說說笑笑：「不速之客」們，祇當是出來郊遊遠足，彷彿不到杜祠，失之交臂，便錯過了此生難再的好機會。

於是，六月十日，從上海專程去遊杜祠，軋鬧猛的，又達一萬多人。

杜月笙一生服務社會，敬重朋友，他幫過許多人的忙，但若他有事需要人手，笥直用不著他自家開口，六月九日是頭一天，賀客超過預算兩三倍，使一大群的人員手忙腳亂，可能招待不週。十號這天便有幾位大亨，自動出來調度指揮，接待貴賓，如虞洽卿，如王曉籟，如袁履登諸人，自晨及晚在人叢中跑來跑去，忙個不停。

警備司令部派一個中隊，公安局派了幾百名警察，此外駐紮在上海的海軍、陸軍、水陸警察，南市閘北保衛團、緝私營、偵緝隊、救火會、紅十字會、藍十字會，統統派有專人，到高橋來幫杜氏家祠維持秩序。——因為，總計九、十、十一，三天之內到杜祠的賀客，數逾十萬！猗歟盛哉，民國二十年的杜月笙，建一座祠堂，唱三天名伶名票會串的平劇，一人有慶，萬人為之空巷，此一不可思議，令人嘆為觀止的大轟動，看在當時中國新聞記者的眼裡，由於這件事直接與杜月笙有所關連，自是理所當然，不足為奇，但是就上海的外國記者看來，似乎難免大為駭異。這三天裡外國記者紛紛出動，實地採訪杜月笙開祠堂的盛況，而且新聞、花絮加照片，在他們的報紙上大登而特登，例如日文每新聞所作的標，意譯即為：

堂皇華貴之杜月笙氏家祠落成典禮

壯麗奪目

來賓雲集

另一家「日日新聞」則如此寫著：

「……國人（日本人）方面有……諸名士均行參加，祠堂從海關碼頭乘汽輪向下流，約駛一小時間至高橋碼頭，在八支里（支那里）之田園中，其中有特為杜氏宗祠修築之杜高路，可行汽車，足為一日之清遊。其宗祠之壯麗華貴，不待言矣！昨日並有梅蘭芳、程艷秋等名伶之演劇，且招待參觀者，饗以酒食。自朝至夜，八支里之道上，絡繹不絕，於此足以見杜氏聲譽之隆，可謂壯觀盛況矣！」

又一家「大陸報」說：

「……昨（十）日有兩萬人參加杜氏家祠盛典，各國名人，往賀者絡繹不絕，其盛況為上海多年來所罕覯。」

六月十三日英文的大陸晚報，以較保守的估計，作為標題：

八萬來賓恭祝杜祠落成盛典

大美晚報在新聞中敘述：

「浦東杜月笙君家祠落成紀念之三日大慶祝，業於星期四（六月十一日）晚間結束，來賓之參與盛典者，有政府大員，有當地鉅商，總計在『八萬』人以上，可謂上海有史以來空前盛舉！」

福爾摩斯報除了逐日刊載新聞，還有類似現代報紙「花絮」的所謂瑣記：

「……各界投贈，琳瑯滿目，上自國民政府主席，下至庶民，無不備禮申賀，登門晉謁者，更不止珠履三千之數。軍政商學諸聞人，亦親往襄理盛舉，京滬男女名伶，復登臺串戲，其盛況為空前所未有。非杜月笙君交遊廣闊，恩德感人，曷克臻此，而其孝思不匱，更足以勵末俗矣！」

事實上，六月十日開始發紀念徽章，請賀客憑徽章入祠，發到下午，便察覺有無數向無淵源的「遊人」，直截了當，利用送禮的方式，來換取這一枚難得到手的徽章。於是，又產生了婉言拒絕受禮的怪現象。一到最後一日，六月十二日早晨，局面已無法控制，執事者唯有正式宣告：「紀念徽章停發」。

中國報紙，更是連日長篇累牘，不厭其詳的大事報導「杜祠落成典禮」，如我國歷史最悠久的「申報」，如「早年規模最大」的新聞報，莫不皆然。中報還破例的登了「預誌」，將杜祠落成典禮的八大處組織和負責人選，招待的方式，儀仗之路由，堂會之戲目，——新聞報甚至將辦事處結束的情形，一一詳予揭櫫，乍看起來，像是杜月笙出錢登的廣告。

49

十萬隻洋設圖書館

其中日本每日新聞特別強調杜祠圖書館之設，認為「將來完成，益足以增江南之名勝」云云。嚴格說來，杜月笙開祠堂，「自國府主席以至庶民，無不備禮申賀」，誠然是他一生之中，最絢爛光輝的一筆，同樣的也是他置於平生最高巔峰狀態，不過，開祠堂僅祇是一家一姓之事，對於國家社會，關係究竟不大。杜月笙能花五十萬元建立家祠，而他的朋友和門人弟子，也能醵資十萬，在祠堂旁邊建立一座「浦東杜氏藏書樓」附設學塾，這才是真正的「錦上添花」，不但開風氣之先，而且做了一件極有意義，有益於國家社會的事。

建立這所藏書樓，當時曾有一篇序，指出在杜氏家祠之側「經始立學，並建藏書樓」，完全是出自杜月笙的一番宏願，杜月笙的一百二十五位朋友、門人和學生，則是「公贈圖書若十萬卷，以成月笙先生之志，抑亦東南文獻之盛事也」。由此可見，學塾和藏書樓是因杜月笙的一腔願望而籌設的。

一百二十五位贊助人中，包括王伯群、吳鐵城、楊虎、楊杰、劉蘆隱、湯漪、陳群、張翼樞、張頌椒、蘇嘉善、楊志雄、劉志陸、吳醒亞、汪嘯崖、李應生、王仲奇、張澹如、傅品圭、孫祥簋、朱如山、謝葆生、楊管北、趙君豪、唐世昌等，可以說都是跟他平素比較接近的一群，他們幫助杜月笙完成了一項盛舉。在民國二十年，拿十萬大洋去建一個圖書館，和一所學塾，其規模自非小可。

因此，當杜祠落成，前國民政府主席胡漢民，曾於落成典禮後四個月，親自執管，「因略抒所懷以遺之」，為杜月笙寫了一篇：「高橋杜氏家祠記」，凡一千三百餘字，他請中央黨部宣傳部長劉蘆隱工楷書就，製了一塊匾額，送給杜月笙。在這篇文章裡，胡漢民也是別具慧眼，特別讚揚杜月笙興學建館這一點，他說：

「……杜月笙先生，今之任俠人也，信言果行，重取與然諾，好急人之難，捐軀命以赴困阨，怡如也。大江南北，識與不識，咸重其義而慕其風。辛未（民國二十年）之夏，先生建家祠於海上浦東之高橋鄉，並附設學校及圖書館，上以崇先祖，下以啟後賢，不以遠遺，不以己私，其用意甚厚，其望於族人者甚巨且遠。詩曰：『豈無它人，莫如我同姓！』以余觀杜君之所為，蓋俠而儒者，其賢於朱家、郭解遠矣！果能秉此旨以逞國族基礎之確立與鞏固，固當在此！而民族獨立，民權普遍，民生發展三端，或將尤有賴焉！祠成，先生囑為之記，餘喜其能符於我黨總理之遺旨，且有裨於人心世道也，因略抒所懷以遺之。」

就在這一年的十一月，粵變和平解決，舉國上下，同心同德，共赴國難，汪精衛等自粵抵滬，國民黨三中全會通過恢復汪精衛、陳公博、俞作柏等三十四人的黨籍。十一月二十六日，汪精衛一時興起，援筆為杜月笙「謹撰」了一篇「高橋杜氏家祠記」，他在這篇親筆寫就的文章裡面也是這麼說：

「……中國數千年來，有一種民族精神隨時隨地，可以表現者，厥為報本，其大者祭祀天地，以其覆育萬物也，乃至一羹一飯之微，亦必先祭，始為飲食之人，此種風尚，窮鄉僻壤，野老耆舊間，猶往往遇之。夫人類之智慧與能力，乃無數心血所積累而成，故報本之義，不僅繼往，尤在開來，文化之日進有賴於是，而親親則報本之尤著者，庸可以宗法社會之觀念囿之歟？

「或又以為家族思想其量不弘，不知忠恕之道，在推己及人，惟能老吾老以及人之老，幼吾幼以及人之幼，乃能使人不獨親其親，不獨子其子也。

「杜君月笙，今之任俠人也，平日見義勇為，能急人之所急，重然諾，輕施與，於慈善教育多端，尤多所致力，聲名藉甚大江南北。二十年夏，建家祠於黃浦江東之高橋鄉，附設家塾及圖書館，蓋於報本反始之中，仍不忘樂育人才之意焉，此能以親親為基點，擴而充之，以及於仁民愛物者也，是可以風矣！愚既略知其始末，乃樂而為之記。中華民國二十年十一月二十六日汪兆銘謹撰。」

50 京朝名伶全部到齊

六月十一日，第三天的戲，開鑼是金碧玉、楊鼐儂、彭春珊、馬珮雲的「滿堂全紅」，接下去的小楊月樓、小奎官、蔣寶印「岳家莊」，言菊朋的「瓊林宴」，荀慧生、麒麟童、劉奎官、金仲仁「戰宛城」、馬連良、金少山「取滎陽」，高慶奎「取帥印」，徐碧雲「花木蘭」、尚小雲、龔雲甫、貫大元「馬蹄金」，劉宗楊「挑華車」，梅蘭芳、譚小培、金少山「二進宮」，李萬春、藍月春「夜奔」，雪艷琴、姜妙香、雪艷芳「弓硯緣」，李吉瑞「臥虎溝」，程艷秋、譚富英、王少樓「忠義節」，楊小樓、馬連良、劉硯亭「八大鎚」，梅蘭芳、荀慧生、雪艷琴、金少山、程艷秋、尚小雲、高慶奎的「五花洞」。大軸子戲最使黃、杜、張三大亨看了開懷過癮，斯為麒麟童、王英武、趙如泉、劉漢臣的「慶賞黃馬褂」。

三日盛會既畢，杜月笙誠惶誠恐，在各報刊登「杜鏞道歉」啟事，其末有云：「……遂使遠來賓客，及襄助職務諸公，或勞步行，或受饑餓，或缺睡眠，種種現狀，言之疚心，茲因萬分歉仄，……惟乞各方友好格外原諒其不週，無任惶悚禱荷之至。」

他說的非常誠懇，而且句句都是實情。

上海人所謂的「浦東」，泛指黃浦江東岸的區域，因此北自高橋起始，川沙、南匯、奉賢各縣，都屬於「浦東」的範圍。浦東人士僑寓上海的極多，經營工商，從事公務，成就照彰在人耳目，浦東幫在各行業中據有相當的地位，但是同鄉之間並無聯繫的機構，許多浦東人士認為成立「浦東同鄉會」殊有其必要，他們見到杜月笙家祠落成，開祠堂的盛況空前絕後，轟動全國，黃浦灘開埠以來，最熱鬧風光的一次盛典，居然是在浦東高橋鄉間舉行，此一鐵的事實，令浦東人士為之歡欣鼓舞，因此，他們希望杜月笙出而領導，趁此機會把「呼聲甚高」的浦東同鄉會先行組織起來。

杜月笙很樂意為桑梓服務，同時，這也是一個可能發揮巨大力量的民眾團體，將浦東人在上海的力量集合起來，作有效的運用，其成果必定可觀。他從這一年的七月開始著手籌備，他邀集了浦東旅滬同鄉中的名流學人、富商巨賈，如穆藕初、黃炎培、呂岳泉、沈夢蓮、張效良等，共同發起組織「浦東同鄉會」，在他的大力推動之下，浦東同鄉會乃得以顯赫的聲勢，壯大的陣容，儼然成為上海最有力量的同鄉組織之一。「浦東同鄉會」對於同鄉間的經濟結合，乃至浦東地方的種種建設，致力頗多。浦東銀行、恆大紗廠、浦東電氣公司、……一系列浦東人士所建立的事業，都是基礎穩固，規模龐大的工商組織。時至三十餘年後，浦東同鄉會在臺北仍然繼續為桑梓人士服務，是臺灣組織最完善、活動最頻繁的各地同鄉會之一。

51

維桑與梓必恭敬止

從民國七年大公司開張，到民國三十八年大陸淪陷，杜月笙拖家帶眷避亂香港，整整三十一年裡面，杜月笙對於他的故鄉浦東高橋，博施濟眾，憐老恤貧，修橋補路，捐資興學，他確實做了不少的好事，行過無數的義舉。儘管他十五歲前在家鄉形同野孩子，流浪兒，伶仃孤苦，末路窮途，而且還飽受白眼，但是他對家鄉的人與事，依然唯有敬愛之忱，決無怨懟之心，「維桑與梓，必恭敬止」，這一點他是完全做到了的。當他名氣一大，炙手可熱，也不知道有多少浦東同鄉，受過他的好處，得了他的提拔。就因為浦東出了個杜月笙，有很長久的一段時期，浦東腔居然也流行上海；最低限度，白相人朋友，還要故意學兩句浦東腔的打話，藉以炫耀，隱示杜門相關，「吾道不孤」。

民七開始，每年夏天施痧藥水，和雷允上行軍散，是他想起自己三歲那年，上海霍然亂猖獗，死者充斥街衢，杜月笙的母親便在當時病故，他一家自此步上更悲慘的命運。八年起，一年買一千套棉衣棉褲，北風一緊立刻運往鄉下，分致貧寒。九年，家鄉鰥寡孤獨難以自立的，一家發本摺子，按月到杜公館帳房間支領生活用度，十年花七千銀洋錢，翻造他兒時輒常小坐階上，晒過太陽的高橋沙港觀音堂，同時一口氣造了二十三座石橋。十一年起大舉施棺，從高橋家鄉陸續擴充到上海全市，凡是死者遺屬，貧苦無以殮喪，都可以請杜公館免費施送棺材衣衾。

也是在民國十一年創的例子，一年一度，臯田院裡的男女乞丐，在大年夜的那一天，扶老攜幼，成群結隊，跑到指定地點，由杜月笙派人發錢。四角大洋一個人，解決生活未必，兩肩擔一口，過個飽年確實沒有問題。

年關施捨是學的黃金榮，不過杜月笙由於身價愈高，手條子越來越大，他施起錢來是從高橋推及十里洋場。上海的叫花子個個曉得，杜先生施錢的地方，鐵定期在中法學堂，施錢的時間也有一定。到時候黃浦灘的叫花子全部到齊，少則一萬人，多則兩三萬，中法學堂大操場上密密層層，吵吵嚷嚷，都是身無長物，沿門乞食的伸手大將軍。人到齊了把鐵門一關，排好不知多少條長龍，依序去領四角錢，領一個放一個，一直要到全部發放完畢為止。這四角大洋到手太容易了，因此也有些「不肖之丐」，得了錢之後再翻牆頭進來，接連得個兩份、三份或四份，即使被管事的人見到，也不過笑著喝罵兩聲，罵人的不為已甚，受之者不以為恥，「同道」看見嘻嘻哈哈笑一陣；總而言之，那是一個皆大歡喜，一片祥和的場面。

民國二十年杜祠落成，杜月笙在家鄉高橋建一座美奐美輪的祠堂，又修了一條八華里長舖柏油的杜高路，設一爿圖書館，開一間家塾。杜祠落成三日慶典，使高橋這個濱江小鎮為之中外矚目，冠蓋雲集，親眼目覩者一生一世忘不了那三天的熱鬧風光。三年後，杜月笙更一口氣為高橋故里辦了兩件大事，建一所小學，辦一家醫院。

小學與「正始」中學同名，杜月笙請他的表弟，往後當選立法委員的朱文德擔任校長；朱文德便是杜月笙的老娘舅——朱揚聲的兒子，當其時，他這個校長很不容易做，因為杜月笙基於一種補償心理推己及人，他自己小時候由於家貧而失學，他便希望高橋故鄉每一個小孩子都能受教育。正始小學房子漂亮，設備新穎，老師認真負責，而且學生費用全免，校長老師到處勸小朋友入學堂，但是仍還不能達成杜月笙的「一律上學」目標。鄉間，往往人手就是本錢，讀書固然是好事，卻也有些人家七八上十歲的孩子，就要幫忙父母家人操作農事和家務，不要錢請他們去讀書，小孩子當然歡喜，可是父母家人還有推托；實在是抽不出空來。

即使是在這種情形之下，民國二十三年以後，正因為高橋有這麼一所全部免費的小學，小鎮高橋，恐怕要算是東南地區文盲最少的一處。

正始小學的校址，設在杜祠旁邊。早年的「杜家花園」，連同它週圍的幾十畝地，化做了一幢富麗堂皇的家祠，一棟兩層西式建築的圖書館、一爿杜氏家塾，一所正始小學。還有一點空地，杜月笙又攢一筆鈔票下去，開辦了一所濟群醫院。

濟群醫院請齊各科醫師，和許多護士小姐，他們的薪水很高，開出來的藥頗為名貴，卻是醫院從來不收鈔票。這所醫院也是施診施藥，不取分毫，全部經費由杜月笙一個人包了。

高橋鎮出了個杜月笙，不僅同鄉人引以為榮，而且身受其惠，高橋的小孩子讀書不必花錢，高橋人自有其藏書十萬卷的圖書館，貧寒孤苦，生老病死，都可以受到杜月笙的照顧；同鄉人想到外面去開天闢地，闖闖世界，杜月笙又是最好的靠山和門路，萬一出了什麼事情，也不要緊，「我們高橋還有個杜月笙呢！」杜月笙對於同鄉人的請託，簡直是百依百准。

這便是民國二十年左右的杜月笙，他的事業、聲譽和交遊，正向十八行省，海內海外迅速發展，同時他也贏得高橋同鄉的由衷敬佩，交口稱讚；他在力任繁劇，百事如麻的時候，須臾不忘家鄉建設與同鄉福祉，因此，在本書第三集中，我們行將見及杜月笙由上海一隅，邁上全國性的大舞台，風雲變色，奮袂而起，浦東杜月笙變成了上海杜月笙以後，猶如石壁峙立，大河盤束，一衝到禹鑿龍門，頓即山開峰闊，豁然奔放，他將以中國杜月笙的姿態登場了。

52

東北事變奮袂而起

二十年九月十八日，國民政府統一全國，勵精圖治的小康局面，面臨情勢嚴重的挑戰，日本關東軍進攻瀋陽北大營，實現其「武力侵略東三省」的陰謀，當時的東北最高軍政長官，——海陸空軍副總司令張學良適在北平，東北邊防軍參謀長榮臻向他請示，張學良訓令遵照他在九月七日致東北邊防公署的魚電辦理：「……對於日人，無論其如何尋事，我方務須萬分容忍，不可與之抵抗，致釀事端，即希迅速密令各屬切實注意為要。」於是，日軍在東三省境內鯨吞蠶食，縱橫無阻，到十二月二十九日，張學良下令放棄東北最後據點錦州，東北軍撤至長城之南。二十一年一月三日，日軍開入錦州城，在城樓上揚旗歡呼，東北三省全部淪亡。

當時國內的情勢，正所謂災患頻仍，千瘡百痍，長江中流的大水災，災民多達一億，江西剿赤，耗費了政府大部分的兵力與財力，蔣主席有重整軍備，抵禦外侮的決心，但是格於現實環境，必須爭取時間，以使計劃完成。尤其民國十九年汪兆銘勾結西北閻錫山、馮玉祥各軍通電叛變中央，兵連禍結的中原大戰方告解決；汪兆銘又在二十年五月二十八日偕唐紹儀、李宗仁、陳友仁等在廣州背叛黨國，成立「偽軍政府」，八九月間更唆使粵桂軍隊進窺湖南和江西。七月二十日又有馮玉祥舊部石友三在河北順德叛變，蔣主席南征北討，鞍馬倥傯，我國由於政治、經濟、軍事上的重重困難，實際上也是無法抵抗日軍的侵略狂飈。

但是全國士氣民心，卻是無比的高昂，尤其是上海的民眾，經過民國十四年的五卅慘案，和民國十七年五月三日，日軍在濟南阻撓我北伐大軍，殘殺我國軍民這兩重深仇大恨，對於日本軍閥的橫暴凶殘，無故構釁表示痛心疾首，新仇加上了舊憾，一時反日浪潮又像怒潮澎湃似的展開。

杜月笙在六月以前即曾挺身而出，公開支援民眾反日運動，他在五卅慘案中扮演過很重要的角色，六年後的「九一八」，他個人已在政治、金融、工商、社會事業各方面有了長足的進展，從而使他更有力量，更加堅強，於是他登高一呼，努力黽事，將上海人日漸高張的愛國熱潮，充份發揮無遺，上海人組織機構，跟日本軍閥從事正面的戰鬥。

日本軍閥侵略東北，在東北軍不抵抗主義下順利進軍，兵不血刃的席捲東北三省，他們一直到十一月五日，大隊日軍進至嫩江橋，新任黑龍江省主席馬占山率部奮起應戰，從五日到二十日，在這半個月裡他所倡組的東北義勇軍，浴血抵抗擁有飛機重砲的日軍大隊，日本關東軍總司令本莊繁為之親臨指揮。東北義勇軍英勇抗日的消息傳入關內，舉國為之興奮欲狂，義勇軍首領馬占山、蘇炳文，李杜、王德林等成了萬眾崇仰，全國人士引為無上希望的民族英雄。

杜月笙早在九一八事變變作之後，把握上海民心煥發，敵愾同仇的時機，邀同虞洽卿、王曉籟、王延松、陳霆洸，在國民黨上海市黨部的全力支援之下，組成了規模龐大，以上海三百萬市民為後盾的「上海市反日救國會」。

在第一次籌備會議席上，上海市黨部委員陶百川慷慨陳詞：

「我以為本會的名稱，應該改為『上海市抗日救國會』，因為抗日更積極，更能發揮我們的力量。」

他的意見獲得一致的支持，上海抗日救國會正式成立，推杜月笙、虞洽卿、王曉籟、王廷松、陳霆洸、陶百川等為常務委員，並互推陶百川擔任秘書長。

由於「反日」改成了「抗日」，上海市民的抗日情緒益見昂揚，杜月笙鑒於五卅運動的時候，對於英國人採取經濟抵制的策略極著功效，他再度建議從「禁止日貨」入手，迅速的在各衝要地點成立檢查所和保管所，籲請上海市民，全面拒買拒賣洋貨，檢查所人員並採取直接行動，到處搜查日本貨物，一旦有所發現，立即加以沒收，交給「保管所」去加以儲存。

「檢查所」和「保管所」需要大批的執行人員，抗日救國會除了召募愛國人士和學生義務擔任，主要的人力來源還得靠杜月笙發動群眾，並且，在愛國工人中遴選出大批的幹部。——陸京士在上海從事勞工運動多年，他是杜月笙和上海勞工之間的一座橋樑，他負責杜月笙和勞工大眾的聯繫，也是杜月笙處理勞工問題的最高顧問，私人代表。

對日經濟絕交，抵制日貨運動在黃浦灘上雷厲風行，各地檢查所，保管所紛紛成立。天后宮橋檢查所由郵務工會出身，杜月笙的門人于松喬負責，他和一位名叫劉心權的熱血青年，以「射人射馬，擒賊擒王」之勢，一上來便到「合昌祥」綢布莊抄出兩大箱日本棉布。于松喬吩咐跟去的檢查員，將這兩箱東洋貨充公，按照抗日救國會的規定，載送到「保管所」去暫行封存。

與此同時，于松喬和劉心權，也回到了天圯宮橋「保管所」，坐候好戲開鑼。——因為這兩箱東洋布大有來頭，它的物主，便是上海市紗布同業工會理事長，合昌祥的大老闆，在上海商場影響力極大的陳松源。

53 于松喬血濺抗救會

過不了多久，果不其然，一部轎車開到天后宮橋，陳松源昂昂然走進抗日救國會天后宮橋分所，在他的身後，還有兩名身胚結棍的保鑣。

「這裡是什麼人負責？」陳松源大喇喇的問道。

「是我，」于松喬挺身而出，自家通名報姓：「我叫于松喬！」

「久仰久仰，」陳松源鼻孔裡哼哼的冷笑：「方才貴所有人到小號合昌祥，取走了兩箱布匹，我恐怕這裏面一定是有所誤會了。」

「沒有誤會，」于松喬斬釘截鐵的回答：「合昌祥的兩箱東洋布，就是我親自去查出來充公的。」

陳松源呆住了，他從來不曾碰過這麼大的釘子，他摸不透于松喬是那一路的朋友，居然有眼不識泰山，連他陳松源都不認得？態度如此強硬，說話更是一副公事面孔，半點情面也不講。

兩名保鑣「食人之祿，忠人之事」，擠過來向于松喬發了話：

「喂，朋友，你不要有眼無珠啊，你曉不曉得這位先生是誰？」

「管他是誰！」于松喬挺一挺胸：「我只曉得公事公辦，在這種國難當頭的時候，還要販賣東洋貨，挑東洋人賺錢，造了槍砲子彈打中國，那是奸商，是漢奸，漢奸奸商販賣的東洋貨就得沒收！」

「什麼奸商不奸商？」保鑣的光了火：「你膽敢當眾辱罵我們陳理事長？」

「什麼陳理事長不陳理事長？」于松喬大義凜然，反唇相譏：「理事長要是販賣東洋貨，一樣的是奸商！」

至此，陳松源赫然震怒，兩名保鑣破口大罵。于松喬屹然不為所動，他直指陳松源的鼻尖說：

「我警告你，我們這裏是辦公事的地方，你要再這裏無理取鬧，我就……」

「你敢怎麼樣？」陳松源厲聲一喝，打斷了于松喬的話，接下去又是狺狺的罵，尤且，他竟指揮保鑣，乾脆點硬上：「你們進去給我搜，把我們的貨色搜出來，擡回店裏去！」

兩名保鑣聽了老闆的吩咐，惡狠狠的搶前一步，正待推開于松喬，直往保管所裡闖。于松喬早有防備，動作好快，他伸出手去一把捉牢陳鬆源的領口，使勁的拖他往裡頭走，一面走時一面叱喝：

「你敢帶人來搶我們保管所？好哇！我現在就把你關起來！」

保鏢的一看老闆被捉，又氣又急，兩個人不約而同的拔出手槍，對準了于松喬，大聲喝道：

「趕快放手！遲一步便請你們吃衛生丸！」

「你們敢？」于松喬身子跟陳松源一貼，緊拉住他倒退三步，他決心把這位布大亨，關進一間小房間裡。

兩名保鑣大跳大叫：

「再不放手，真開槍啦！」

于松喬已經把陳松源拖到小房門口了，他側過臉來高聲答道：

「有種，你開！」

砰的一聲槍響，—于松喬剛好把陳松源推進那間臨時拘留所，槍聲驚動了檢查所裡的工作人員，大家一湧而出，跑過來就要奪下保鑣手裏的槍，兩名保鑣一看大勢不好，掉轉身去便往外逃。

第二個回合終於平安無事的渡過，陳松源被關在小房間裡，頓足咆哮，猛力搥門。于松喬只當沒有聽見，他往房門口的地板上一坐，大聲的說：

「我今天是看牢你了！」

陳松源的保鑣，回陳家去報告，陳家立刻央人四出營救，紗布大亨陳松源被抗日救國會的人捉牢關起，消息隨即傳遍了黃浦灘，那真是人人吃驚，個個失色。紗布向為上海十大業之一，陳松源是紗布業公會的理事長，宜乎掀起轟動滬上的軒然大波。

於是，為時不久，天后宮橋抗日救國會的門前，車水馬龍，開始熱鬧了。

抗日救國會常務理事兼秘書長陶百川，和上海市黨部委員吳開先，聞訊趕到了天后宮橋，他們二位對於于松喬的不假情面，認真負責頗表嘉許，但是，陶百川婉轉的向他說明：

「抗日救國會不過是一個民眾團體，我們可以從事愛國運動，但卻不是權力機關，我們有什麼權力，用什麼罪名把人家捉來關起呢？所以于先生你扣押陳松源的事，在法律上是說不過去的，請你馬上把陳松源放出來，我們再商議解決這樁事體的辦法！」

于松喬依然坐在地上，擋住了羈押陳松源的那扇房門，他聲色不動，心平氣和的說：

「陶先生，你地位高，口才好，學問一等，我于松喬無論講地位，講口才，講學問，統統服貼你。不過今天的這件事情，不管我錯我對，我已經下定了決心，天王老子的話我也不聽。陳松源帶了保鑣，開手槍來搶所裡的東西，我非關他不可，假使有人想來拖開我，」他伸手指一指左側的鋼筋水泥牆壁：「我立刻就撞牆頭自殺！」

陶百川和吳開先一再的善言譬解，講道理給于松喬聽，于松喬偏偏不聽，陶、吳二人拿他毫無辦法，廢然的走了，另行設法。

門外汽車不停的從遠處開來，上海有身價，說得起話的大亨全來了，虞洽卿、王曉籟，……有人疾言厲色，有人娓娓動聽，什麼好話歹話都說盡，要于松喬釋放陳松源，他的回答只有一句話：

「啥人敢來拖我，我立刻撞壁自殺！」

54

巨商收押震撼上海

這邊事體鬧僵，外面卻風波越來越大，上海市商會為了抗議「抗日救國會非法拘留紗布公會陳理事長」，並圖加以營救，已在召開緊急會議。——天后宮橋抗日救國會裡，冠蓋雲集，亨字號人物著急焦躁，一大群人面對著于松喬束手無策，上海商界的壓力卻在不斷的傳來，再不釋放陳松源，商界即將如何如何，最後，是送來了哀的美敦書：陳檢源如果今晚仍不獲釋，從明天早晨起，上海各行各業，決定無限期的罷市，以示抗議。

于松喬還是坐地板上，紋風不動。

亂哄哄的，擠了一屋子人。抗日救改國會原為抗日禦侮的民眾團體，如今鬧得來將與上海商界全體為敵，兄弟鬩牆，徒使親痛而仇快，這將如何是好？人多，口雜，推推擠擠，吵吵嚷嚷，於是有人趁亂想把于松喬抱住拖起來，破了他這一道鐵衛，開門釋出陳松源。

當他們冒險的一動手，于松喬說話算話，劍及履及，他突如其來的奮身猛衝，向左首牆壁狠狠的撞去。砰然一響，眾人驚呼一聲：「哎呀！」再看于松喬時，他已撞破了頭，皮綻血流，彳亍而下，卻是他撞壁成傷以後，又飛快的退回小房門口，照樣端坐不動，只在氣呼呼的連聲說道：

「我就在這裏等死好了，我就在這裏等死好了！」

這麼一來，更加沒有人敢近他的身了。

真正到了無法可想的地步，陸京士，這位于松喬的同門弟兄，方才得到消息，匆匆的趕來，他挨近血流滿面的于松喬，不勝憂急的問：

「松喬，你自己身體要緊，你可否告訴我，你要那一位先生來說一句話，你才肯聽？」

于松喬已很虛弱，他揩揩臉上流著的血說：「唯有——杜先生。」

大家都聽到了，如釋重負，長長的吁口氣，陸京士趕緊打電話到華格臬路杜公館，杜月笙剛好在家，他聽到陸京士的報告，頓時便說：

「你去跟松喬講，他犯不著為這件事體犧牲性命。我立刻派車子來，接他到楓林橋骨科醫院治傷。」

陸京士又跑向于松喬的身邊，把杜月笙交代的話，一一說明。

于松喬仰起臉來問：

「杜先生的意思是叫我離開這裡？」

「當然是的。」

「不管陳松源了？」

「你快去治傷要緊。」

「好吧，」于松喬這才站起身來，目不斜視，跟陸京士擠出人叢，往外面走。——上海全體市民明天不必耽心會罷市了，于松喬進了醫院，上海紗布同業公會理事長陳松源也就「刑」期屆滿，宣告開釋。

在抗日救國的大前提下，陳松源自知理屈，于松喬的行動雖然超越範圍，但是他滿腔忠義，慷慨壯烈的精神，卻贏得了上海各色人等的一致讚佩，于松喬扣留陳松源的故事傳誦遐邇，他成為了抗日救國的英雄硬漢。這一個軒然大波由於陳松源的「不予追究」風平浪靜，卻為抗日救國工作做了很好的宣傳，一日之間，黃埔灘市面上的東洋貨一掃而空，並非檢查所的人員將它們全部沒收，而是經售的商家，私忖自家的「牌頭」不會比陳松源更硬，抗日救國會的人既然如此其鐵面無私，執行認真，商家避免貨色充公，虧損血本，多一半將之退回日本廠方或批銷機構，一小部分付過貨款買的現貨，則只好把它暗中藏到倉庫裡去。

東三省的日本關東軍節節推進，一路勢同破竹，由於東北軍的不抵抗主義，東三省外加上相繼被侵的熱河省，勢將被日本皇軍全部佔領。日本正向中國大陸「勝利進軍」，此一事實使所有旅華日人氣燄高漲，趾高氣揚，他們深信整個中國大陸俱將淪為日本的屬土，因此，當上海高揭抗日大纛，全面抵制日貨，大小商店爭先恐後的退回貨物，旅滬日人便覺得這是不可容忍的——弱者的挑戰，驕狂的氣燄使他們喪失理智，他們也迅速的組織起來，設法對抗，尤其凶殘橫暴的發動攻擊。——這便是一二八事變前夕的上海情況，中日兩國國民壁壘分明，敵意甚深，他們在從事淞滬之役爆發的前哨戰，中國人和日本僑民相互敵視，咒罵、打架、械鬥，甚至於破壞和暗殺、縱火、爆炸。

在這一場老百姓之間的鬥爭前期，中國人顯然是佔上風，不僅由於上海是中國的領土，在上海的日本僑民，為數不過中國人的幾百分之一，而且，上海抗日救國總會既由國民黨市黨部撐腰，同時，它更擁有杜月笙、虞洽卿、王曉籟等人的群眾力量，尤其是杜月笙，他所擁有的社會力量分為兩大主流：由他一手控制的清、洪兩幫弟兄，以及，通過陸京士、朱學範等可以運用裕如的廣大勞工階級，如果是要錢，或者必需其他方面的協助，上海金融、工商各界，對於杜先生的話，一向百分之百的支持。

我國勞工領袖之一，曾在抗戰時期被杜月笙推薦擔任上海地下工作首領的國大代表周學湘，在追憶他和杜月笙的往事時，一再的頌讚「杜先生夙有慧根」，杜月笙的慧根何在？他能觀達真理，「生一切功德以至成道」。如所週知，民國二十一年，四十五歲時的杜月笙，根本就沒有在中華民國的土地上居住過，十五歲以前他往在高橋鄉間，時在民國紀元前十年，十六歲起他便一直住在法租界，法蘭西的殖民地。照說，他可能全無國家民族觀念，不知抗日救國為何物？但是，正因為他「慧根天縱」，他偏由殖民地的順民激發出最強烈的愛國意識，杜月笙的愛國精神，正由於他得不著祖國的溫暖與庇護所激發，因此，杜月笙的愛國心是真摯的、純切的，不計報償，毫無條件，每當國家需要他的時候，他必定踴躍爭先，淩厲直前，傾家蕩產，捐軀捨生亦在所不惜。

周學湘指出：一二八淞滬之役前後的上海抗日救國會，雖然擁有二十五位常務委員，不過其間最主要的人物卻是杜月笙。陸京士、于松喬等許多當年躬與斯役的人士也異口同聲的說：「抗救會」係由上海市黨部作正確的指導，和必要的支持，它是決策與指揮的最高機構，當一切任務付諸執行，毫無疑問的，自以杜月笙為力量的根源。

當時以上海市黨部委員的身份，擔任上海抗日救國會秘書長的監察委員陶百川也說：「一二八事變前，民眾抗日情緒之高張，實在令人興奮，因此可以說當時是社會在領導黨部，而黨部所做的，不過是因勢利導而已。」

55

抗日救國戰鬥展開

被激怒的日本僑民，迅速而有效的自動組織起來，十月十二日，杜月笙在家裏得到消息，下午一點鐘，日本人將在北四川路日本小學，舉行「居留民大會」。於是，他開始做一連串必須的部署。

一點鐘，日人居留民大會準時集會，出席的日僑數逾四千之眾，會場情緒是衝動、激憤、驕狂與跋扈囂張，他們決議上電日本內閣總理、外相、陸相、海相和關東軍總司令，請求速用斷然、強硬而有效的手段，根本制止「不法而暴戾」的對日經濟絕交，並且徹底解決中日間諸懸案；會場日人群情洶湧的宣稱：「為達成上項目的，我居留民有忍受任何犧牲的覺悟！」

三點多鐘散會，賡即舉行示威遊行，大隊日僑沒北四川路迤邐向南，他們在行經美租界地段時，中國人默無一言，並無反應，但當他們遊行到了華界閘北白保羅路及虬江路一帶，遊行隊伍中的少數青年，再度跑出行列撕毀路旁的抗日標語，於是憤怒的中國青年立即高聲喝打，飛快的衝上去飽以老拳，而且在轉眼之間從兩側店舖裡衝出來更多的憤怒群眾，「打東洋人」的喊聲響徹雲霄。耀武揚威的日本人畏縮了，他們掉首逃回租界，被截留住的人則勉力招架，中國人已經得手，公安局的警察方始一湧而出，就地勸散。與此同時又有公共租界的巡捕趕來。這「事出偶然」的中日民眾第一仗，是日本遊行大隊遭到迎頭痛擊，四下潰逃作鳥獸散，而中國民眾則打了人又出了氣，最妙的是，英捕房巡捕以「保護」為名，捉去了三名日本青年。

東洋人逃回家中氣喘咻咻，徒呼負負，他們仍在接觸頻繁，計劃出動反擊，那裡想到第二天一早他們又挨了當頭一棒，全上海所有的米店和煤炭店，一律拒絕跟日本人做生意。買不到米和煤，使東洋人馬上面臨斷炊的危險，於是他們大起恐慌，而且氣忿難忍，但是他們卻又不敢動蠻，或竟與米、煤店老闆理論，因為他們看得出來，每家米煤店的附近，都有怒眉橫目的壯漢逡巡，如果他們不是勞工群中的英雄，便是白相地界裡的打手，他們的任務是對煤米店加以監視，同時制止日本人的吵鬧和糾纏。——當天日本駐上海總領事村井便去向上海市長張群抗議，要求市政府設法維持日本僑民的糧食，由此可知這一項打擊的嚴重。

從十月中旬開始，零星的鬥毆事件層出不窮，日本外交當局提出的抗議不絕如縷，閘北江灣一帶，對於僑民居住最多的日本人來說，幾已成為黑暗恐怖地界，倘若不是成群結隊，徒手的日本人簡直不敢外出。「打東洋人！」成為上海市民成天掛在嘴邊的興奮口號，連三尺童子也曉得「敵愾同仇」，「抗日救國」。有一天早晨九點多鐘，公共租界有一個騎腳踏車的日本人疾駛而過，路邊有一個小孩衝上來高喊：「打倒東洋人！」這名日本人憤極，下車一耳光將小孩甩倒在地，然後匆匆逸去，街心立刻麕集大批氣沖牛鬥的中國人，恰巧有一部汽車滿載日人而來，於是汽車被中國人攔住，車上的日人池魚遭殃，全部被中國人打得一身是傷。

浦東方面，抗日救國運動如火如荼的在進行，十月二十八日，浦東申新紗廠秘密向日本新井洋行購辦耐火磚瓦一萬四千六百餘件，日本人保證使用海軍和陸戰隊士兵護送貨物，但是「抗救會」

浦東檢查所迅即獲得廠內工友告密，廿八日這批磚瓦將要分裝五艘駁船，由安宅軍艦護航運送。檢查所為此訂定了精密的計劃。

於是新井洋行的磚瓦剛要裝船，檢查所人員突然掩至，磚瓦笨重而且體積甚大，但是他們依然迅速的加以沒收充公，全部搬走，正在搬進保管所的貨棧，日本海軍老羞成怒，全體武裝登陸，持槍衝鋒，中國人見了東洋兵毫無懼色，雙方隨起一場激烈的械鬥。中國人有七名受傷，東洋兵方始奪回了一部份磚頭。

日本人開設的工廠和商店貨物堆積如山，一件也買不出去，因為「抗救會」的封鎖越來越緊，他們握有任何一處的情報線索，東洋貨「一見天日」莫不迅遭沒收，中國商人沒有一個膽敢販賣日貨，當他們的資敵行為被發現，他們會被罰金、沒收財產，並且本人要穿上印有「賣國賊」字樣的囚服，立在站籠裡供人參觀或辱罵。在「抗救會」嚴格執行全面經濟制裁的過程中，日本工廠商店唯有宣告關門大吉，老闆們躲在裡面宛如置身孤島，他們裝置無線電話，和其他日人保持聯絡。

除了跟日本人進行持續不斷的鬥爭，杜月笙更運用他在其它方面的影響力，使上海金融工商各界慷慨解囊，踴躍輸將，為馬占山的義勇軍，和流離失所，相繼逃抵關內餐風露宿的東北難民，雪中送炭的募集了很大的款項。

當馬占山將軍在黑龍江英勇抗日的消息南來，杜月笙大為興奮，他自動邀集一批朋友，說明東北義勇軍孤軍奮鬥，喋血抗戰，後方民眾應該給予精神鼓舞和物質上的支援，大家聽了非常贊成，經過這一批朋友出錢出力，他們第一筆便募到了十萬大洋，匯到黑龍江去慰勞前方將士。杜月笙當時還有心繼續勸募，尤想派人親赴黑龍江，慰勞義勇軍，並且看看他們能幫什麼忙。這個計劃後來因為本莊繁全面進攻，馬占山的東北義勇軍被迫退到海倫，後來通過俄國的西伯利亞，轉進西北邊陲新疆，杜月笙方始怏怏作罷。

對於援救大批入關的東北難民，杜月笙由於辦理長江水災賑濟舉行平劇義演，獲得輝煌的成就，因此他會同有關方面，組織了一個「東北難民救濟遊藝會」，假座新世界劇場，邀集名伶名票，各種遊藝雜耍的演員，義務演出，同時更舉辦轟動一時的「名媛選舉」，前後歷時整整一月，杜月笙每天都準時到場，親自指點一切。這為期一月的募捐公演，一共籌得二十萬餘元的賑款，杜月笙將之悉數解交賑濟委員會，匯到北方去救濟難民。當時此一及時援助之舉，不知救活了多少不願做亡國奴的忠貞東北同胞。

上海舉辦遊藝會，募款接濟東北災民，演出期間，盛況空前。杭州市長周象賢，亟思傚法，請杜月笙、張嘯林代邀滬上名伶名票名流，赴杭州演出十天。杜月笙二人乃約了梅蘭芳的班子，加上趙培鑫、孫蘭亭、邵景甫、沈田莘等助陣，虞洽卿、王曉籟等同行，一行人馬，二百餘眾，浩浩蕩蕩的開到西子湖上。

由於杭州市民的愛國熱誠，踴躍捐輸，票價每張高達五元，仍然場場客滿，座無虛席，唱到第七天，周象賢說要把票價提高一倍，請梅蘭芳唱三天霸王別姬。

梅蘭芳和杜、張商量，班子裡單少楚霸王，於是張嘯林命司機到上海去接金少山來。這便是梅蘭芳、金少山合作，當年紅遍半爿天的「霸王別姬」演出之始，十元票價，三天場場爆滿。最後一日，上海名票名伶「情商串演」一齣大趴踖廟，杜月笙的黃天霸，金少山的金大刀，張嘯林的費德恭，邵景甫的張佩蘭。杜月笙唱了一半，吃不消了，央梅蘭芳代他唱完了事。

56
日僑肆虐互有死傷

既要暗中指揮上海抗救會從事對抗日人的鬥爭，又得僕僕滬杭道上，主持義演募捐，杜月笙在這一段時期，食少事繁，辛苦萬分，難免有昧於大義的手底下人勸他節勞，問他何苦這樣不顧性命的忙碌緊張，杜月笙聽後，雙目炯炯的瞪住他說：

「若不如此，我們便死在這裡！」

日軍亟於進犯上海，最主要的原因，是為國府蔣主席為促進國內團結，希望粵方「偽府」幡然憬悟，共赴國難，因而毅然辭職，以致中樞無主，日人決意趁此機會，擴大侵略。他們的攻勢有如箭在弦上，不得不發。到了廿一年元月份，日本外交當局為抗議「抗救會」行動的官文書，業已堆積如山，抗救會不屈不撓，繼續杯葛旅滬日僑，一月十八日，重大的衝突於焉爆發，成為一二八淞滬之役的前奏。

座落在華界江灣馬玉山路的三友實業社，元月十八日下午四時有五個日本和尚從門前經過，三友工人群起而攻之，將之毆成重傷。三天後，廿一日凌晨兩點半，三友社突然失火，英租界巡捕出動馳救，發現了三四十名日本浪人，他們阻止巡捕嗚鐘告警，雙方發生衝突，互有死傷。

中國工人打傷東洋和尚，日本浪人縱火焚三友社，於是中日雙方同時提出嚴重抗議，外交戰在一月廿三日掀起最高潮，日方由日本艦隊司令出面，向上海市政府提出哀的美敦書，要求立刻制止抗日運動，並且解放各抗日團體，否則日本海軍即將開始「自由行動」。

上海市長吳鐵城方於元月七日就任新職，他接獲日本艦隊司令的最後通牒，立即向中央執行委員會和外交部請示，同時，他因為戰禍業已迫在眉睫，抗日救國會的態度他急需瞭解，尤其他和杜月笙公誼私交，關係極夠；——在此半年以前，杜祠落成，吳鐵城不但送匾，捐款興建杜氏藏書樓，而且他更親臨致祭，道賀。所以，他在元月廿八日上午，將與日本駐滬總領事村井作最後談判之前，自他法租界海格路望廬私宅，打了一個電話給杜月笙，告訴他說：

「情勢很緊張了，日本第一先遣部隊開到了黃浦江裏，村井約我在十二點鐘最後談判，為了避免戰禍糜爛地方，日方的要求，我們可能會得答應。」

杜月笙電話中問：

「市長的意思是答應制止抗日運動，解散抗日團體？」

「是的。」

沉吟了一下，杜月笙的最後決定，仍然還是顧全大局，相忍為國，他說：

「假使市長決意如此，我想，抗日救國會暫時宣告解散，便利官方辦理對日本的交涉，大家多半可以諒解的。」

吳鐵城卻說：

「不，問題不在這裡？」

「市長是說……?」

「宣告解散抗日團體不成問題，問題在於制止抗日運動這一點。」

吳鐵城說得不錯，制止抗日運動才是令人為之棘手的難題，民眾抗日情緒，正因三友實業社被焚事件，洶湧澎湃，憤慨激昂，上海的民眾團體，已經組織了後援會，要求政府向日方嚴重抗議，索取賠償。而就在吳鐵城、杜月笙通電話的時候，閘北、虹口兩區的民眾，不約而同的放棄了自己的家園，挈帶細軟，扶老攜幼，像浪潮般的擁入蘇州河南的英租界，兩區街市，十室九空。這些不願做日本順民的上海居民，他們破釜沈舟的表現，適以說明他們對日本人是有著「不共戴天」的仇恨心理。其他方面的反日行動一概不提，單說在那盡棄所有，決不事敵的紊亂行列，如果出現了一個日本人，將會發生什麼樣的後果，誠屬任何人所不敢想像。

如何控制上海市民的情緒，制止一切所可能發生的「抗日行動」，在抗日怒潮高張至極的時候，莫說上海市長沒有把握，即令出動全上海的軍警，彈壓疏解，祇怕也是枉然，因此，當吳鐵城說明了當前困難癥結之所在，連黃浦灘上以「閑話一句」馳譽於世的杜月笙，不禁也為之躊躇遲疑，不敢承諾。他考慮了半晌，也只好委婉的答覆吳鐵城說：

「這一件事，在此刻這種局面之下，能否絕對做到，我想隨便那一位也無法打包票。不過，我答應市長，從放下電話聽筒開始，我總千方百計，畫力而為就是。」

得到杜月笙這樣的答覆，吳鐵城已經很滿意了，二十年後，他撰文哀悼杜月笙之逝，往事如煙，而他記憶猶新，他在紀念文中寫著：

「……民廿十一年，余長滬市之初，即遘一二八之變，當時日牒之答復，後方之應付，以及停戰之協定，地方與政府意見一致，合作無間，因應適宜，實出（杜月笙）先生之助。」

一月二十八日正午，吳鐵城獲得杜月笙的承諾以後，胸有成竹，滿懷欣喜的去和日本駐滬總領事村井倉松，從事最後談判。這一次談判持續一個多鐘頭，為了取信於日方，既已取得抗日救國會實際主持人杜月笙的諒解，他即席下令上海公安局：

「查本市各界抗日救國委員會有『越軌違法』行為，本市長本諸法治精神，仰該局即將該會取消，以維法紀，切切此令。」

吳鐵城的誠懇坦白，決斷明快，使村井倉松為之愕然，對於他那張滔滔不絕，刁鑽非難的嘴巴，吳鐵城的劍及履及，斬釘截鐵，無異猛伸一拳將它抵住。村井倉松「所願」已遂，無話可說，再提出五名受傷東洋和尚的醫藥、撫慰等幾點雞毛蒜皮的要求以後，雙方隨即達成協議。村井倉松辭出上海市政府，吳鐵城用最快的速度，完成了「答覆日本總領事抗議書」，列載協議各點，他請市府秘書長俞鴻鈞，親賷面遞村井。俞鴻鈞驅車疾駛，趕在下午一點四十五分，將答覆書送交村井倉松，並且得到村井滿意的表示，日方祇是敦促上海市政府切實執行而已。一天風雲，仿佛已成過去，俞鴻鈞匆匆趕回市府，向吳鐵城覆命，吳鐵城當即拍發「勘未一」「限即刻到」的電報，將交涉經過，分呈南京中央執行委員會，和行政院，然後，吳鐵城心頭一鬆，拖著疲乏的身體，回家休息。

全上海的新聞記者，只有「時報」的金雄白，事先探悉吳鐵城「一二八」中午要接見村井倉松，作最後的談判，因此他獨自在海格路望廬吳公館坐候，兩點鐘敲後，吳鐵城滿臉疲容的回來一見到金雄白，他開口便說：

「對日交涉已經順利取得協議，戰禍可望避免。」

吳鐵城的這兩句話，字字皆有所本：對日交涉不但取得協議，而且村井倉松已經接受了我方的答覆書，日方唯一堅持的條件，取消「抗救會」，停止抗日行動，吳鐵城尚且在交涉之前，就跟杜月笙獲致協調，杜月笙顧全大局，當時即已在全力疏導之中。

但是，金雄白還有點不能置信，他率直的追問吳鐵城一句：

「真的順利解決了嗎？」

吳鐵城怫然不悅，他厲聲的說：

「我是市長，又是辦理交涉的負責人，不信我的話，就不必來問我。」

金雄白肅然而退，當天下午，上海「時報」以巨大木刻紅字標題，發佈此一獨家消息。時報出了號外：中日問題和平解決。全上海人緊緊繃著的心弦，豁然鬆動，業已遷往上海租界的閘北、虹口兩區民眾，心中篤定，現出笑容，又在通往虹口閘北的通衢大道，組成長龍，仗不打了，大家放心大膽的回家。

57

「一二八」恐怖之夜

跟吳鐵城通過電話以後的杜月笙，戒慎戒懼，誠惶誠恐，真把化除敵意，嚴禁衝突的日方要求，遵照吳鐵城的意思，當作一件大事辦理。兩個多月以前，發動勞工大眾，幫會弟兄，奮不顧身，自帶便當去從事抗日救國的是杜月笙，如今面臨大戰，必須緊急剎車，要全體市民停止抗日運動的這個話，吳市長仍還是要借重他的金口。出爾反爾，何以自圓其說？杜月笙最感躊躇難決的便是這一點。當他掛上電話聽筒，跑到隔壁去和張嘯林一商量，事急矣，不管說不說得過去，還是趕緊採取行動，以免稍一遲延，誤了大局。

於是杜門中人全體出動，分赴上海各區，剴切陳詞，並且留下來擔任監視，他們傳達杜月笙的吩咐，務必保持冷靜，盡量避免中日之間的敵對行為，至於這一緊急變化葫蘆裏賣的是甚麼膏藥？目前天機不可洩露，事後則大家不問可知。

由於「時報」號外揭佈了吳鐵城市長的談話，再加上馬路消息，耳語新聞儘在傳播著杜先生說如何如何，上海市民動動腦筋據以判斷，至少在這一兩天內，大上海可保平安無事。

這是大風來臨之前，上海半日之寧謐。

正值上海抗日救國會以全民力量，對抗日本軍閥的侵略，在黃浦灘上，租界華界犬牙交錯地區，從事抵制與抗衡的戰鬥時期，有一支中國軍隊，悄然的從江西剿赤前線，奉命警衛首都，被調到京滬鐵路沿線各地來。他們的總部便設置於上海。

這便是在二十世紀三十年代，大名鼎鼎，出盡風頭的十九路軍，十九路軍的高級將領都是當年的風雲人物，杜月笙的要好朋友，其中包括總指揮蔣光鼐，軍長蔡廷鍇，參謀長趙一肩。十九路軍下轄三師，第六十師長沈光漢，六十一師師長毛維壽，七十八師師長區壽年。

十九路軍初到上海，他們頭戴草笠，赤腳穿著草鞋，一襲黯灰軍裝，膚色黧黑，神情倦怠，檢閱他們的武器，只有步槍和手榴彈，此外最具威力的重武器也只不過是輕機關槍而已。

蔡廷鍇的指揮部設在真茹，駐紮上海的十九路軍，他們的營房設在閘北，閘北和虹口近在密邇，如所週知，虹口是廣東人的麕集之地，亦即所謂老廣的勢力範圍區，基於同鄉的關係，十九路軍和虹口居民聲應氣求，相處得非常之融洽。

然而虹口亦為日本僑民叢集之所，日本人和廣東人在這一地區經常爆發權力衝突，廣東人因同鄉隊伍十九路軍之進駐而得意洋洋，引為奧援，而日本人則對這支其貌不揚，打赤腳穿草鞋的部隊十分藐視，因此他們大言不慚的說：「日本皇軍一旦發動攻勢，保証在四個小時之內，佔領閘北。」

於是，在一月二十八日午夜十一時二十分，縱使日本駐滬總領事村井倉松業已接受了上海市政府的「答覆書」，時報號外發表了大篇令人釋然的「中日問題和平解決」的好消息，日本海軍陸戰隊指揮官鮫島，卻罔顧國際間的道義，以及日本外務省的立場，他狂妄驕橫，不計一切後果的下令，海軍陸戰隊兵分三路，向我十九路軍陣地開始攻擊。

日本海軍陸戰隊分為三個大隊（團），共約三千餘人，武器精良，配備得有輕重機槍、野砲、曲射砲和裝甲軍隊，在鮫島以為如此優勢的火力和兵力，再加上日本皇軍的赫赫聲威，一定可以不戰而屈我之兵，把穿草鞋，打赤腳的十九路軍嚇得節節後退，不敢抵抗。誰想「驕兵必敗」，他這個算盤打錯了。扼守寶山路——寶興路一線的十九路軍奮起還擊，死守陣地不退，這些忠勇無比的草鞋兵一面沉著應戰，一面打電話到真茹指揮所，把業已就寢的蔡廷鍇「喊」起床來。

蔡廷鍇一驚而醒，他聽清楚了日軍業已大舉進攻，不暇思索的，他下達了第一道命令，正與前敵指揮官的意旨不謀而合，那便是動人心弦的一句話：

「誓死抵抗，寸土必爭！」

一月二十八日午夜閘北槍聲大作，砲火喧天，全上海的居民方始心情輕鬆的渡過一個晚上，待槍砲之聲震醒了他們，人人驚惶失措，相顧愕然。——「怎麼又會打起來了呢？」

中日大戰一開始，日軍絲毫佔不到便宜，閘北地區街道狹窄，里弄縱橫，以北四川路六三花園、和日本小學為根據地的日本海軍陸戰隊一個師，展開攻擊的初期顯然不甚得利，日軍的重武器在巷戰中無從發揮其威力，當他們的裝甲車如龐然巨獸衝到了寶興路，十九路軍的弟兄置生死於度外，他們冒險攀登裝甲車上，揭開車蓋便將冒煙的手榴彈丟進去，於是轟然一聲車毀人亡，便這樣，我軍陣地之前接連炸毀了幾輛裝甲車。

天崩地坼的一番惡戰，日軍傷亡慘重，陸續增兵，他們前後使用了陸軍十一萬、軍艦十餘艘、飛機數百架，而我方固守陣線的只有十九路軍三個師，兵力三萬，以及稍後中央增援的第五軍及其他部隊，我國以陋舊武器、劣勢火力抵禦頑敵，總兵力始終不到八萬人，居然能扼守防線，誓死不退，達一個月之久，從此「皇軍無敵」，暨「四小時佔領閘北」的日軍狂言，為之粉碎。國軍的英勇表現，益使國人沮喪失望、消極、悲觀的情緒，不然一變，當前線捷報頻傳，日軍損兵折將的消息傳到後方，於是舉國歡騰，民心振奮，對於祖國確有抵禦外侮的力量，我國同胞的反應是驚喜交集，如癡如狂。

杜月笙在一月二十八日深夜，被閘北傳來的槍砲聲，自夢中驚醒，他披衣起床，出外探視，但見正北一片火光，烈燄騰霄，紅光映亮了半爿天，這便是日機轟炸，所引起的閘北大火。大戰果然爆發了，他痛恨日本人的欺詐伎倆，詭譎手段，外交言和，軍事進攻，同時，他更擔心閘北戰區那些慘遭屠戮，家破人亡的同胞，他憂急交併，喃喃自語的反覆說道：

「那邊的人怎麼辦啊？怎麼辦啊？想想他們現在是多麼的著急！」

——這是杜月笙對於一二八事變的初步反應。

當夜，和吳市長、蔡廷鍇軍長，通過了電話，瞭解實際情況，並且向這兩位在滬最高軍政長官，自動請纓，杜月笙慨然發出壯語：

「但有用得著我杜某人的地方，萬死不辭！」

58

挺胸而出支持聖戰

翌晨，他便開始奔走，糾合上海的名流、士紳、各界領袖，利用「抗日救國會」的原有基礎，予以擴大，迅即成立了「上海市抗敵後援會」，他推舉上海申報主人，著名的企業家史量才為會長，表示這一個民間國體地位超然，不屬於任何派系，而是上海全體老百姓的組合。籌備會議席上，杜月笙除了堅持這一主張，他並且拒絕擔任副會長的職務，聲稱不論辦任何事他負責跑在前面，擔任名義，則任何人都應該比他優先。有人問他為甚麼要這樣做？杜月笙的答覆很簡單：

「我只曉得我自己一定會盡心盡力的辦事，擔不擔任名義，沒有關係。而我把名義給別人，別人要想不做事體，就不行了。」

但是，會場中幾乎人人都認為杜先生必須名義實際一道來，一致公推他為副會長，他無法推卸，只好應允，卻又提議增設副會長一名，——由上海市商會會長王曉籟充任。

全上海市民對於十九路軍奮勇抵抗日軍，「拿血肉和敵人的槍砲拼」由而所激發的愛國熱忱，乃已臻及瘋狂的程度，杜月笙乃對這種心理，通過其服務新聞界的門人，發動上海各報、各電台，競以最大的篇幅，最長的時間，全面報導十九路軍對抗日軍瘋狂攻勢的新聞，報紙長篇累牘，電台日夜不休，宣揚十九路軍的壯烈事蹟，英勇表現，全上海大眾傳播事業同心齊力從事抗日宣傳，歌頌讚美十九路軍，於是，當報紙或電臺提出勞軍的呼籲，要求後方同胞支援前線，上海人作了空前熱烈的響應，從百萬富翁到人力車夫，捐錢的捐錢，捐獻實物的捐獻實物，大眾傳播工具使前方後方打成一片，由杜月笙實際領導責任的抗敵後援會溝通前方和後方，使之結為一體，前方將士視大後方為自己的家庭，後方同胞把前方將士當作家人父子，前方需要甚麼？自醫藥、寢具、食物、交通器材及至於砂包蔴袋、磚瓦木石、只要報上登載，電台廣播出來，聽到消息的人，必會將罄其所有，爭先恐後的往「抗敵後援會」送；「抗敵後援會」在街頭巷尾勸募，——正確點說，應該謂為收取勞軍捐款，娘姨大姐會脫下唯一的財產，金鐲金戒，黃包車伕、碼頭苦工往往忘記了一家大小在等他回去買米下鍋，慨然的將一日所得全部獻出，集腋成裘，聚沙為塔，上海市民捐獻的勞軍存款多得用不完，各式各樣的物品堆積如山，抗敵後援會借用的倉庫實在裝不下了，報紙電臺經常代替該會發出籲請：

「昨天本報（或電臺）說十九路軍需要××，頃據抗敵後援會負責人鄭重表示，以各界同胞捐贈數量太多，早已超過實際需要，該會亦無地代為保管，請大家從現在起不要再捐了！」

與杜月笙關係密切的上海市總工會，當一二八戰役序幕揭開，立即聯合上海工界成立戰地服務團，戰地服務團按照軍隊「團」的編制，前後成立第一、二兩團各為一千餘人。第一團團長由杜月笙的學生朱學範擔任，第二團團長則為對杜月笙素極景仰的周學湘。

十九路軍在前線殺敵致果，戰地服務團則作為前方與後方的橋樑，兩者的任務同樣艱鉅辛勞，冒險犯難，但是十九路軍持有武器，戰地服務團赤手空拳，他們所憑恃的僅祇是愛國熱忱，血氣之勇，經常穿越槍林彈雨之間，他們負責救護傷兵、運送彈藥、慰勞品和食物，倘若遇有戰區擴大，人們更得冒著生命危險，搶救難胞，護送災民，他們竭盡所能的為前方將士服務，並且分勞任事，以使將士們能夠專心一志，努力殺敵。

戰地服務第一、二兩團有一個特殊作風：不分團長團員，一概捲起衣袖上最前方從事服務工作，任勞任怨，蹈險履危，他們之中因為中流彈，被俘殺，慷慨捐軀的日有所聞，但是上海有八十多萬工人，志願參加而挨不上的人多得很，所以團員補充不虞匱令，成仁取義，前仆後繼，一二八事變停戰以後，抗敵後援會曾在上海北站碑，鐫刻殉難員工名單，那便是他們所獲得的唯一報酬。

愛國熱潮在黃浦灘上泛濫，幾乎每一位市民，每一位勞工大眾都貢獻了或多或少的力量，上海勞工在支持抗日禦侮的戰火中，寫下了無數可歌可泣的故事。民國二十六年抗戰之前全國中小學國文教科書上都有如下的一篇課文：一位上海貨車司機胡阿毛，在外灘被日本軍隊拉差，載運滿車日軍馳援閘北前線，他默默無語的駕駛汽車，臨到黃浦江畔，他突的開足馬力，向前猛衝，於是，那滿車日軍和他自己，一齊沈於江底，永為波臣。——全國一致推崇胡阿毛是民族英雄。

杜月笙忙碌緊張，風塵僕僕的領頭幹，抗敵後援會和戰地服務團對於一二八之戰的貢獻越來越多，越來越大，同時他們的許多表現，尤能激發全國同胞的愛國情緒，一二八淞滬之役不是上海一地的戰事，全中國人都覺醒了，淞滬之役關係國家民族的存亡續絕。

十九路軍和中央第五軍的力禦強侮，鼓舞了全國軍隊的士氣，使全國將士如夢初醒，沒有飛機兵艦和重武器，中國軍照樣打得過日本人，此一鼓舞對於民國二十六年七月七日的全面抗戰產生了無法估計的重大作用。上海抗敵後援會的工作表現，則為軍民合作，後方支援前方，禦侮戰爭人人有責開了先河和範例，五年後的「七七」、「八一三」於是加以翻版，改進，獲致了莫大的功能。日本倘若有高瞻遠矚、目光遠大的政治家或軍事家，他們自會發現「一二八」的無目的侵略，將是何等的愚不可及。

由國防研究院暨中華大典編印會合作編輯的「抗日戰史」，第二章「緒戰」中第二節「一二八淞滬抗戰」末段有謂：

「由於淞滬抗戰史實，證明唯有抵抗，始可制止侵略，並證明我國民心士氣之不可侮，啟發抗戰之信心者至大。同時國軍能與日軍相持，互有勝負，調解者始易於著手，國聯之決議方可生效力。假如我淞滬駐軍仍不抵抗，則日本佔領上海必成事實，更必加速日本軍閥侵略我國的進展，中日全面戰爭，將等不到蘆溝橋事變之發生。」

旨哉斯言，允稱的當，凡是在民國二十年一二八淞滬抗戰之役中，證明過「我國民心士氣之不可侮」者，如杜月笙之愛國決不後人，盡心盡力，支援抗日禦侮，對於六年以後的全面抗戰其貢獻自屬相當重大。

59 國際交涉捱上一角

和杜月笙同庚的吳鐵城，從民國二十一年元月七日，到二十六年春轉任廣東省政府主席，當了五年多的上海市長。由於他和杜月笙聲應氣求，通力合作，應付國際戰爭，從事大上海建設，推行政府設施，維持地方治安，五年多的時間裡，吳、杜敬愛既同，情理兼到，使吳鐵城對於杜月笙的性格和為人，益增瞭解，倍感欽敬。因此，他一向對杜月笙交口讚譽，推崇備至。他曾說杜月笙這個人「獨有其至性至德，良知良能」、「品德自高，聲望持重」、「實篤古之人而上之」、「超倫逸群，非常人所可及」！

吳鐵城當上海市長，市政府秘書長是往後做到行政院長的俞鴻鈞，吳鐵城手下另有四位秘書：那便是追隨吳氏甚久，卓著勞績的耿嘉基、黃劍芬、王長春與王紹齊。這四大秘書，為便於聯繫，經常身為杜門座中客。

民國二十年以後的上海市政府，設在滬西楓林橋，舊滬海道尹衙門，跟法租界僅僅隔著一條界濱小河。而吳市長的私宅，尤在公共租界海格路上，因此，遇有緊急重要的事情，雙方必須直接聯繫，也是非常的方便。

一二八事變的當天，下午兩三點鐘，上海時報「中日交涉解決，戰禍可望避免」的號外發出，成千成萬逃到租界的難民，歡天喜地，放心大膽的回返虹口、閘北家中。但是當天夜晚戰事一起，火線附近居民家破人亡，妻離子散，他們在心摧膽裂之餘，又復匯成人潮，拚命的再逃回租界來。當其時，他們冒著風雪，露宿街頭，在饑寒交迫中，處境極為險惡。賑濟委員會委員長許世英為難民請命，到華格臬路專誠拜訪杜月笙，希望他攘臂一呼，邀集上海慈善人士成立組織募款救濟。杜月笙當時正為「抗敵後援會」的工作日夜奔走，席不暇暖，但他仍然一口答應，而且以最快速度，成立「上海各慈善團體戰區難民救濟委員會」，親自擔任職責最艱巨的籌募組長。

自從這個組織展開工作，麕集租界街頭的難民衣食供應，和戰區災民的搶救疏運，便得到順利解決；總計在一二八之役前後三十五天中，戰區難民經由該會救濟，得免於砲火轟擊或輾轉溝渠的，共達四十萬人。三月二十四日國聯調查團團長李頓到了上海，他檢視「難民救濟委員會」的圖冊，發現淞滬之役上海市民受戰爭損失的計為十六萬戶，經「難委會」救濟安置的即逾四十萬人時，他不禁矍然而起的：

「試看上海民間捍患救災，工作進展如此神速，日本怎可以誣指中國是無組織的國家！」

前上海市長吳鐵城撰文，揭露一二八事件的停戰協定，也曾得過杜月笙的助力，那是因為淞滬之戰雖已爆發，中日之間的外交談判之門並未關閉。戰事開端，吳鐵城便向上海領事團提出抗議，領事團乃推由英美兩國駐滬總領事出面調停。

有一項鮮少為外間所知的秘密，一二八之戰初起，日本海軍陸戰隊遭我十九路軍張君嵩團迎頭痛擊，犧牲慘重。當時，亟於停火休戰的，不是毫無抗禦外侮準備的我方，而竟是日軍指揮官海軍中將野村。

野村是繼一二八事件禍首，日本第一先遣艦隊司令鹽澤少將之後，出任日軍指揮官的。他亟欲停火的原因有二，一是日本海軍陸戰隊兵微將寡，經過連日苦戰，迭遭敗績，再打下去，唯恐兵力不繼，因而他想用緩兵之計，暫時停火，而請國內陸軍增援。第二則係一二八夜襲，原係恫嚇性質，妄想不戰而屈我之兵，以與關東軍兵不血刃，垂手而攫東北相媲「美」，日本駐滬海軍，實際上並不曾獲得日本大本營在上海燃起大戰的訓令。而當時「一二八」之役關東軍擅自攻擊北大營，業已備受國內指責，野村一舉不獲得逞，便色厲內荏，心裏發慌，生怕重蹈關東軍總司令本莊繁的覆轍。

另一方面，雖然英美兩國，已經公開出面調停，但是日本外交慣伎，一向不贊成第三國介人，同時野村更恐當眾「示弱」（強橫不起來），有失日本海軍顏面，畫虎不成反類犬。故所以，他寧願採取秘密途徑，透過強有力的民間人士，試探我方的「和平意願」。

在他的心目中，杜月笙是最佳人選，一則，杜月笙是支持一二八抗戰最有力量的社會領袖，其次，則杜月笙和我方在上海的軍政領袖吳鐵城、俞鴻鈞、蔡廷鍇等都很熟悉，同時，他在中央處理滬局的大員如孔祥熙、宋子文、顧維鈞等人的面前，也有說話的資格。

還有第三層原因，日本人對於杜月笙崛起市井，顯赫滬濱，早已寄予密切的注意，民國十六年四月十二日清黨之役後，日人即已千方百計，企圖拉攏杜月笙。在杜月笙的週圍，做好手腳，下過功夫，他們不惜派些北洋政府的失意政客，挾資巨萬，以「投其所好」的方式，設法跟他接近。

於是，在杜月笙所參加，或由他所邀約的賭局中，便常時會有鮮衣怒馬，出手闊綽的北方人物出現，如名氣響亮，曾為民初政壇活躍角色的李老六李立閣，以及他的本家弟弟，排行十一，愛打大麻將，一輸十萬八萬，了無吝色的李擇一。在華格臬路杜公館，在辣斐德坊姚氏夫人的香閨，李氏兄弟經常為座上豪客。民國二十年、二十一年之交，姚氏夫人的香閨非常熱鬧，杜月笙每天晚上在她那邊，最低限度有一桌麻將，一桌牌九，呼盧喝雉，通宵達旦，姚氏夫人曾說：

「就算夜裡戒嚴，上我們那兒賭錢的朋友都沒人需要通行證；因為，每天賭完散場，準定是天亮以後啦。」

李擇一跟日本人很熟，說一口流利的日本話，他曾在民國十年，擔任我國出席華盛頓會議代表團最高顧問周自齊的隨員，赴華盛頓出席那一次重要的會議；民國廿二年五月，黃郛出任「行政院整理華北政務委員會」委員長，李擇一尤為辦理中日交涉時，穿針引線，頗為重要的幕僚。二十二年冬閩變初起，他又奉中央電令調往臺灣，與當時日本駐臺總督松井石根，有所洽談。後來他長住上海，和杜月笙結為好友，杜月笙在上海從賭場鴉片幹到金融工商，他交遊廣闊，頭緒極多，跟東洋人打交道，機會也不在少。李擇一滿口日文，一副東洋腔調，跟日本駐上海的外交官、特務機關、金融工商各界的日僑，都有來往，都有私交。因此，在「日本事務」方面，他由於和杜月笙非常接近，自然而然成為杜月笙的顧問，有時候居間介紹，代為聯絡，傳傳話，遞遞信件，他都很樂意為杜月笙効勞。認真說來，他幫杜月笙的忙，實在不小。中日淞滬大戰激烈進行期中，由於日本駐上海的海陸空軍總指揮官野村中將，亟於邀約杜月笙，作投石問路式的私人接觸，其所談的問題，赫然與中日兩國的未來前途有關，日本軍方要試探停火談和的可能性，因此野村一找便找到了杜月笙的朋友李擇一，他命李擇一去跟杜月笙接洽，李澤一很容易的見到了杜月笙，寒暄已過，開口便說：

「日本軍方認為中日間的問題，應該面對面的自行解決，他們不贊成有第三國參與其間，反而多生枝節。假使杜先生能以抗敵後援會的身份，蘄求避免上海人民生命財產的損失，而想從中玉成的活，兄弟可以想個法子，約一位野村中將的高級幕僚來談一談。從他的談吐之中，也許摸得出他們的停火方案。」

玩味李擇一的這一番話，杜月笙胸中瞭然，李擇一說的並非他自己的意見，最低限度，他是得到日本軍方同意而來的。心裡雖然十分歡喜，但是他仍在表面上裝做聲色不動的回答：

「這件事情，就算對我個人來講，也是極嚴重的，你可否讓我考慮一下。」

李擇一懂得玆事體大，杜月笙必須事先徵得中國官方的同意，方可應允跟日本軍要晤面，因此他連忙應允，說是：

「當然可以。杜先生什麼時候考慮好了，務請賜我一個電話。」

「一定，一定。」

送過了客，杜月笙自已先沉思默想，李擇一的話是真是假？有否不良的用心？日本人真想停火嗎？還有，為甚麼要找上他？將這幾點全想過了，有了幾分把握，認為這件事情得一試，他方始邀集他的那幾位好朋友、學生子，亦即他的高級智囊團，前來商議。通常，設有任何重大政治，外交問題，他都要跟他們詳細研討過後，方始自家下判斷，做決定。

杜月笙向在座諸人敘述李擇一來訪的經過，其人的略歷及其背景，然後，他說出自己深思長考，所作的初步結論：至少對於他個人，這裏面不至於有甚麼圈套，他認為這件事值得向官方一提，因為閘北、虹口幾成一片瓦礫，中國百姓正遭日軍的殘暴屠殺，十九路軍未必能夠盡殲日軍，達成全面勝利。仗在中國地界打，多拖一天，就不知道要遭到多大的損失，最要緊的，他判斷中央可能不願在此時此地，和日本付諸決戰。

一介平民杜月笙，居然能夠廁身國際交涉，成為居間交通，打破僵局的重要角色。這個消息使座中各人大為興奮。於是大家踴躍發言，貢獻意見，大多數人贊成杜月笙的主張，認為他應該盡量促成中日停火的實現。他這樣做不但對國家社會有重大的貢獻，而且足以解民倒懸，對於杜月笙個人聲望與地位的增長與提高，這更是千載難逢的良機。

不過也有人持相反的論調，日本軍閥最不容易打交道，一二八那天日本軍方和外交當局分道揚鑣，各行其是，臉上微笑，手下動刀，便是最好的例證。日本軍方的野村中將，想找杜月笙居間或斡旋，他們準定是不打好主意。——持此論調的人反覆陳詞，侃侃而談的時候，無意之間觸發了靈感，有人猜中了日方的秘密，於是當即有人歡聲大叫：

「對啦，東洋軍這兩天損失很大，這一定是他們要增援了，在用緩兵之計？」

「這個」杜月笙微微的笑：「我起先也曾料到。只不過後來我又在想，東洋人想緩兵，我們自己是不是也需要緩兵呢？還有一層，即使東洋人想緩兵待援，而我們卻用不著緩它，那麼，野村通過李擇一跑來送秋波，這個消息，我們也需要通知吳市長和蔡軍長，要請東洋人吃敗仗，這不正是好機會嗎？」

一番分析，說得頭頭是道，入情入理，智囊團諸人深感滿意，而且一致贊成，打消異議，同意杜月笙自家提出的此一結論，應該先把初步接觸經過通知官方，請官方指示究將如何處理。

官方接到杜月笙以私人身份所作的報告和說明，他們沒有理由不相信；——話是從杜月笙嘴裏說出來的，自屬千真萬確，一絲不假。不過這件事情來得突然，而且蹊蹺，他們間大概也經過長時期的研判和討論，其最後結論顯而易見：官方對此保持極審慎的態度，不介入杜月笙和日方私人間的接觸，發免又中日方的詭計，答覆同樣的是以朋友資格在做忠告，必須謹慎小心，步步為營，自己先立定腳根，需不需要和日本軍方人員會晤，這個問題應該由杜月笙自己決定。

心領神會，杜月笙懂了，他不再請示官方，私下部署會晤日本軍方的事。

60

一語相侵痛斥日將

先到法國總領事館，跟駐滬總領事甘格林接席密談，得到甘格林慨然答應：一定充份合作。

得了甘格林的承諾，杜月笙不打電話，他派人去把李擇一請來，當面告訴他說：

「你上次所談的事情，我考慮過了，你的話說得很對，我想不妨一試。只不過有一點，會面的地點可否就在法國總領事館，並且由我去邀約甘格林總領事到場參加？」

「這個，——」李擇一頓了頓，然後陪著笑臉問：「杜先生可不可以見示，你為甚麼要做這樣的安排呢？」

杜月笙笑吟吟的反問：

「是你要問，還是東洋人必須曉得？」

「是我在請問，」李擇一忙說：「杜先生你不要忘記，我李某也是中國人啊。」

打了個哈哈，杜月笙答道：

「這個道理很簡單，我有我的立場，我的名譽地位必須有所保障。甘格林和我公誼私交都夠得上。他答應過我：萬一將來事情弄僵，對於我有不好的影響，甘格林可以挺身而出，代我洗雪。」

「但是，」李擇一困惑不解的問：「甘格林是法國人呀，他怎麼能夠……」

「大概是你忘記了吧，」杜月笙莞爾一笑：「甘格林兼任法租界公董局總董。我呢，從民國十六年起，承蒙法界各位朋友的錯愛，直到今天，我擔任公董局華董，和華人納稅會會長，已經有五年了。」

以子之矛，攻子之盾。李擇一這才恍然，杜月笙實在不愧黃金榮交口贊譽他的「聰明絕頂」。野村中將想利用他「上海抗敵後援會」負責人的地位，但是杜月笙實具有多種不同的身份，他和日本軍方代表在法國領事館見面，請甘格林以法租界總董身份參加，那麼，必要的時候，他可以請甘格林出而證明：杜月笙在某月某日某時，確係以法租界華董，華人納稅會長的立場，與日本軍官某人唔談，某日本軍官意圖試探向華方謀取暫時停火的可能。日方並不是向「上海抗敵後援會」常委一份子的杜月笙威脅恫嚇，面致哀的美敦書，而是在籲求第三國的外交官員（甘格林又是總領事）、官方人士代為向中國傳達意願。

換言之，照杜月笙的安排，野村中將的代表，屆時便算是在請求第三國出面，向華方提出停火要求。

李擇一畢竟還是個中國人，他深信日本人情報工作做得再好，也搞不清楚杜月笙的多重身份可以巧妙運用，「拔一根毫毛又變出一個孫悟空來」，他毫不猶疑的去還報野村，同時更下了點「功夫」，說服野村派遣代表赴法國總領事館，會唔杜月笙與甘格林，為暫時停火的可能性初步交換意見。

到了約定時間，杜月笙一襲狐裘，兩部包車，滿載保鑣、秘書和自備日文翻譯，準時駛抵法國總領事館，進入甘格林的大辦公室，兩人略一寒喧。不久，李擇一便陪著幾位身著便服，西裝大衣的日本軍官來到，由李擇一負責逐一介紹。

談話開始，日本代表趾高氣揚，板起面孔，一開口便用中國話訓杜月笙：

「一二八戰爭的爆發，完全是你們的十九路軍不遵守撤退命令，因而引起。由此可見，你們支那是一個沒有組織，沒有紀律的國家！」

杜月笙並不是一個心浮氣盛，有仇必報的人，相反的，他一生最大的長處之一，便是「忍人之所不能忍」，從而才能「相忍為安，任重道遠」，但是，當著甘格林，這位日軍代表聲勢洶洶，擺出「嚴詞呵責」的姿態，卻使杜月笙火冒三千丈，——他的民族正氣是歷經辛酸血淚而來，因而特別的強固凜烈，不容侵犯，他寧可在中國人面前讓步，決不向外國人低頭，而外國人之中尤以東洋人為最。所以，當日軍代表怒目橫眉，說了那幾句重話，杜月笙頓即氣湧如山，勃然大怒，他抗聲而答：

「十九路軍該不該撤退，我是老百姓，我不清楚！不過你們的關東軍司令本莊繁，不得你們政府的准許，就下命令砲轟北大營，佔領中國的瀋陽和東三省，倒是各國報紙上都登得有的。日本有這麼亂七八糟的關東軍，難道也算是有組織、有紀律的國家？」

這一席話不但說得慷慨激昂，義正詞嚴，而且，針對日本海軍方面的心理弱點，用關東軍的備受指責，直搗日軍代表的心臟，折衝尊俎，攻心為上，也許這便是杜月笙無師自通的外交天才。總而言之，斯語一出，使日軍代表為之語塞氣沮。李擇一連忙出來打圓場，他陪著笑臉向杜月笙說：

「杜先生，今天談的事情很多，讓我們坐下來，從長計議，好嗎？」

杜月笙卻仍然不假辭色，避而不答，他注視日軍代表的反應，直到那幾名便衣軍官，全部面現尷尬，無可奈何的先坐下去。他才傍著法國總領事甘格林，和日軍代表隔著一張會議桌，面對面坐著。

日本軍官的臉色，宛如島國多變的氣候，他們疾顏厲色唬不倒杜月笙，反被杜月笙抹下臉來訓斥一頓，隨即變為謙遜恭順，杜月笙不是初次和東洋人交手，他懂得他們的心理，李擇一是土肥原系下的角色，他比杜月笙更為了然。於是，他不吝越俎代庖，站在中間人的立場，說了一大堆話，用意在彌補一碰即僵的局面，重新挑起話題。

當雙方以緘默表示同意，杜月笙是以上海市民生命財產為重，勉為其難，當仁不讓，到法國領事館來會晤日軍代表，聽一聽日方停戰的意向，然後以私人友誼，代為轉知上海軍政當局，「試探」一下可否藉此重開恢復談判之門。——李擇一長篇大論，侃侃然的說完了這一大段話，頓一頓，見日軍代表並無不懌的反應，和駁斥的表示。杜月笙方面他不必考慮，因為這一席話正是為了杜月笙所說的。於是，李擇一先請杜月笙發表意見。

「我今天只帶了耳朵來，」杜月笙語驚四座，不疾不徐的說：「我就跟李先生說的一樣，我是來聽聽日方有沒有誠心停火的。」

李擇一搶著回答：「當然有，當然有，否則的話，他們這幾位代表就不會來了。」

日軍首席代表又趕緊補充一句：

「不過，日方停火是有條件的。」

杜月笙機警的一語不發，他彷彿不曾聽見。

甘格林眼看場面又要鬧僵，他命翻譯為他傳言：

「杜先生方才說過，他今天來此，就是為了聽取日方的意見，貴方如有條件，請提出來，讓杜先生衡量一下，可否代為向華方轉達。」

61

兩項情報三天休戰

於是日軍代表又施展他們慣用的伎倆，極盡威脅利誘之能事，一連串的提出許多停火方案。首先，日軍代表要求華方「遵照」日本海軍司令部，在一月二十八日深夜十一時二十分，向市政府和公安局所致送的最後通牒，請十九路軍撤出上海，以免肇致兩國軍事衝突。杜月笙聽了，哈哈大笑，他說：

「衝突老早造成功了，結果是日本軍隊傷亡不小，飛機被打下來，鐵甲車也被十九路軍活捉，現在要避免衝突，照說應該是日本海軍撤出上海吧。」

日軍代表老羞成怒，怫然色變，悍然的說：

「日本海軍陸戰隊的行動完全合法，我們在事先曾經獲得上海各國防軍的諒解，進駐閘北，保護經常受到攻擊的日本僑民」

杜月笙別轉臉去問甘格林：

「這倒是新鮮事了，閘北是中國地界，各國防軍有權准許日本軍隊進駐？」

甘格林笑著搖了搖頭。

於是杜月笙冷冷的說：

「這就是了，依我說，還是日本軍隊開回公共租界去算啦。」

「華方也要撤兵，」日軍代表強詞奪理：「否則，那就不公平。」

「華方撤兵，」杜月笙高聲的問：「閘北地方秩序，由啥人來維持？」

日軍代表抗聲答覆：

「可以商請中立國家，如法國、英國、美國派軍警暫時駐防。」

「包括日本皇軍現已佔領的華界地區，和十九路軍駐守的防線。」

杜月笙再進一步的問：

「包括那些地區呀？」

「這便是日方的條件嗎？」

「最低限度的條件。」

日軍代表回答得斬釘截鐵，使杜月笙很生氣，他站起來以手作勢的說：

「日本人強占了中國的地方，立刻撤退是應該的，中國軍隊在自己的地方上駐防，為甚麼也要撤退呢？再說，日本軍隊在打仗之前已經進駐越界築路區域，再加上戰後佔的華界，拿這一大塊地方請法、英、美軍隊暫時維持秩序，把中國和日本的軍隊分開，難道還嫌不夠呀？為啥還要把十九路軍的防線也讓出來？」

李擇一不等日軍代表開口，岔嘴進來說：

「杜先生令天會見日軍代表，主要是為了傳達日方的願望，方才日軍代表已經把這一點說得很清楚了，」他委婉的提醒杜月笙：「杜先生是否可以跟關係方面商量過後，再由官方採取外交途徑解決？」

與此同時，甘格林也附和的說：

「李先生說得不錯，正式的交涉，原應由官方辦理。」

至此，杜月笙無話可說，祇得應允。日軍代表辭去，他匆匆回到家裡，耿嘉基和王長春已在客廳裡等候，他很詳盡的把交涉經過告訴了他們，耿、王二人回楓林橋市政府向吳鐵城覆命。

當天，吳鐵城採取兩項行動，其一，是下午在英國領事館召開調停戰事的會議，他改變初衷，派員出席，當著各國領事的面，質問日本領事：

「日軍進攻閘北，是否獲得上海租界各國防軍委員會的諒解？而且是根據這一個委員會的防務會議擬訂計劃而為的？」

日本領事不防有此一問，眾目睽睽，無法抵賴也不能撒謊，他只能坦白承認：

「日軍進入華界，並非防務會議的原議，而是日方為了保護閘北地區的僑民安全，所採取的自由行動。」

上海市政府代表根據日本領事的答覆，立即質問：

「對於日本軍隊的此一自由行動，日本政府是否願負完全責任？」

那位日本領事三浦板下臉來大喝一聲：

「當然負責！」

由於這一段對答，日方蓄意侵略，昭然若揭，在道理上，先已站不住腳，這是外交戰上的一大勝利，我方代表回市政府，將經過一一陳明。吳鐵城非常高興，他立刻打限三十分鐘到的急電給南京外交部，請外交部電知我國駐國際聯盟代表顏惠慶，向國聯提出陳述。

當日的會議席上，市政府代表曾經根據杜月笙所提供的情報，正式提請日軍退入租界範圍，至於他們所讓出的越界築路及其附近地帶，則交由英、法、美軍暫時維持。日本領事當時對於軍方試探停火已有所聞，祇是不曉得內容，再加上法、英、美領事一片附議之聲，他不便擅作主張，答以請示村井倉松總領事以後，再作定奪。

杜月笙事後聽到消息，歡聲大叫：

「好哇！捉牢他們一條小辮子了！」

吳鐵城以情理揆度，認為日方確有謀合誠意，至少談判之門業已敞開，所以便在那緊張而又漫長的一日，採取第二項行動，通知杜月笙，轉請法國駐滬總領事甘格林，就他已知的日軍意向，勸促英美總領事迅即召開第二次會議。吳鐵城並且透露：他將邀同十九路軍的高級將領出席，因此極可能籍由一次談判，戢止戰火。

各國總領事最怕的便是戰火蔓延，波及租界，同時也深遠的影響各國在華利益。由於本身的利害關係，列強中沒有一個願見日本併吞中國。所以，甘格林的發起迅即獲得支持。二月一日傍晚，英國領事館又有盛會，吳鐵城，十九路軍七十八師師長區壽年，日本總領事村井倉松，海軍第一先遣艦隊司令官鹽澤少將，一體出席；英、美、法防軍司令，公共租界工部局和法租界公董局總董列席參加。在這個中日代表面對面談的會議席上，最初擬議日軍退回租界線內，我軍撤到維持日軍佔領地區的二千碼後，日本人先表示反對，接著又揚言電呈日本政府請示。但是，會議終於決定，自二月二日起，雙方互不攻擊，停火三天。

這三天之內，雙方只有小規模的接觸，吳淞砲台和日本軍艦砲戰兩小時，有十二架日機轟炸南北砲台。閘北、虹口，風平浪靜，匕鬯不驚，也就在這休戰的三天，戰區百姓，得以搬遷一空，他們有的逃進租界，有的流浪異鄉。但是無論如何，有這三天從容撤退的機會，真不知道救了多少生靈。

停戰屆滿的前幾個鐘頭，日本皇軍又罔顧信用，提前開火，下午三點鐘向我閘北開砲，飛機更在青雲路、寶興路、新疆路、寶通路等處投擲炸彈。雙方協議，乃由日軍片面撕毀，即將赴援的一師陸軍，已奉日本內閣批准，正在登輪駛滬途中，中日大戰，至此面臨新的高潮。淞滬浩劫，又是難免。

不過，也就在這停火的三天之內，我國國軍精銳，第八十七師王敬久部，和第八十八師孫元良，亦已順利開抵戰場。此外國民政府更調集了兵精械足的稅警總團，和中央教導隊，擔任江灣、廟行、大場一線的防務，奠定了往後苦戰三十餘天，誓死不退，大舉殲滅日軍的光榮勝利基礎。日本人的援軍第九師團，混成第二十七旅團，則到二月七日方行開始投入戰場，自二月四日至二十四日，是為一二八之役第二階段，日方的司令官，也換了陸軍第九師團長植田謙吉中將。

二月二十四日以後，國軍屢挫敵鋒，日方迫不得已，再換白川義則大將出任司令官，又增派第十一、第十四兩個師團，這上海淞滬之戰的第三階段，一直打到三月三日雙方進入半休戰狀態，然後延展到五月五日，停戰協定成立為止。

62

二小時內毀滅租界

就在中日淞滬之戰第二階段，杜月笙以其強大的群眾力量為後盾，又得著機會，使他在外交場合作獅子吼，碰檯拍桌，霹靂一聲，大大的出了一次風頭。

日本軍隊攻擊我方陣地，自始至終，都以公共租界為基地，公共租界也有日本人的一份，租界當局似乎無話可說。但是我國外交當局，卻仍一再的向英美公使，提出措詞強硬的抗議。二月二十二、三兩日，國軍對於日軍以租界為庇護所，逋逃數，深感忍無可忍，他們曾經發砲攻擊逃入租界的日軍，當英、美、德等領事館向我方提抗議的照會，我們的外交當局，立即不假辭色，堂堂正正的回答他們：

「請即採取必要步驟，防止日軍在公共租界登陸，並利用該租界為軍事行為之根據地點，使此一狀態不再存在。因為，公共租界附近流血之爭鬪，正由於該項狀態而使然！」

然則，二月二十四日以後，日軍新任司令官白川義則大將親自指揮，以江灣跑馬廳為砲兵陣地，集中兵力，包圍我十九路軍第六十一師的江灣陣地，展開最猛烈的攻擊。自江灣陣地一線到廟行小鎮，接連打了九天（序幕戰從二月二十一日即已開始），我軍誓死不退，寸土必爭，十九路軍名將，一位旅長翁照垣喊出了口號：「沒有槍，用刀，沒有刀，用牙齒咬！」而日本軍人奉為最高光榮，英勇事例的「肉戰三勇士」故事，也是在這一段時期之內，於江灣、廟行前線演出。

在部署這一次大規模的攻擊以前，日本皇軍的計劃，原想假道法租界，由真如和彭浦，側擊大場，直拊江灣、廟行一線我軍的後路。這個計劃果若成功，淞滬之戰即可早日結束，不但我軍英勇壯烈的事蹟無法表現，而且，在往後的停戰協定上，我們還不知道要吃多大的虧。

幸有杜月笙及時偵悉：在二月二十四、五、六日那三天，前後共有好幾千名日軍，乘黑夜登岸，潛往法租界的辣斐德路、祁齊路一帶，他們分散開來，住進日本僑民開設的商店，及其所有的住宅。杜月笙並且得到消息，這數千日軍企圖由法租界衝入滬西，抄襲江灣、廟行我軍的右翼。

他馬上通知吳鐵城和蔡廷鍇，十九路軍緊急加強江灣、廟行後側的防務，吳鐵城則十萬火急呈報外交部。二月二十七日，我國外交部便照會法國公使，請他轉飭駐滬總領事和法租界當局「嚴重注意」，「迅將潛伏界內的日軍立予驅逐」，「嗣後務須嚴密防範，勿使潛入，以免肇成禍端」。

杜月笙不等外交部的照會抵達，他先跑去跟甘格林辦交涉，當面質問：有沒有這個事情？甘格林明曉得杜月笙已有所聞，說不定還掌握得有證據，否則他便不會無的放矢，跑來大興問罪之師。所以他坦然承認確有其事，不過接下來他又婉轉解釋，日本軍人素稱橫蠻，尤其近來氣燄高漲，不可一世，潛入法租界的日軍有數千人之多，而且武器裝備一應俱全，倘若租界當局採取強硬行動，因激生變，那麼，日本皇軍固然驅逐不了，說不定法租界這彈丸之地，可能為之糜爛。

杜月笙聽了，氣憤填膺，他正色的告訴甘格林說：

「中日之戰，國際聯盟已經在譴責日本。法國政府的立場，即使跟國際聯盟不一樣，最低限度也要守中立！如今你聽任日本軍隊混入法租界，而且我聽說他們還要利用法租界做攻擊中國軍隊的根據地。中國軍隊為了自衛，假使跟前幾天公共租界發生的砲轟事件，照樣的『上』你一記，試問總領事，你對法租界居民的生命財產又那能個保障法？」

甘格林被他質問得無詞以應，只好支吾其詞的回答：

「我想，中國軍隊不至於這樣冒昧從事砲轟法租界，同時，日本軍隊在租界上也不會耽擱得太久！」杜月笙一挺胸說：

「我是法租界公董局的華董，又是華人納稅會會長，保護居民生命財產的安全，我也有一份。日軍混入法界，要出大事體了，不能再拖，我請你明天一早，邀請各國領事，和中日雙方的高級代表，開一次會，大家商量商量，並且徹底解決這一大問題。」

甘格林發急了，大聲的問：

「你一定要把這件事情全部公開？」

「公開了好得多喲。」杜月笙再進忠告：「否則一定會出大事體啊！」

紙包不住火，杜月笙已經偵知日軍潛入法界，他必定已經通知了中國軍政當局，甘格林迫於無奈，唯有點了點頭，答應召集會議。

當日，法國總領事館冠蓋雲集，各國駐滬總領事全體到齊，中國方面因為情勢緊急，問題嚴重，特由上海市政府秘書長俞鴻鈞親自出席，杜月笙是法租界華董的首腦，他準時趕來參加。

時間一到，甘格林宣告開會。

以主人身份，他首先說明召集這次會議的目的，日方認為他們有權在租界駐軍，中國政府則指控日軍利用租界庇護，向華軍發動攻擊。因此租界當局變成了助紂為惡，他坦白的指出：這一個問題必須澄清，租界可否任由日軍駐紮或通過，領事團應該有所決斷，免得徒滋糾紛。

甘格林將領事團諱疾忌醫的一大問題予以直接揭發，公開提付討論，並且促使領事團表明態度。對於中國來說，他是幫了大忙，然而，日本總領事村井倉松卻不勝憤恚。他搶先起立，大放厥詞，威脅恫嚇的語句，從他「憤怒」的聲調中像湍流急瀑般噴濺出來，他那種凶橫野蠻的態度，使在座各國領事為之愕然。這是很嚴重的一個問題，沒有人敢於保證村井的恫嚇威脅不會成為事實，會議席上的情勢對於我國相當不利，甘格林提議將之公開化的重大問題，倘若即刻加以表決，可能會達成相反的結果，——使日軍利用租界為軍事根據地變為公開、合法。

村井在厲聲咆哮，各國領事噤若寒蟬，大家暗暗的在擔心，萬萬沒有料到這時杜月笙光了大火，他猛的一拍桌子。——二十年來杜月笙歷經磨煉，爐火純青，幾乎就不曾有人看見他當眾發過脾氣，唯獨這一次，他在各國領事之前，攘臂揮拳，高聲喝道：

「好，東洋兵可以進租界，住租界，利用租界打中國人。你們儘管通過這個議案，不過，我杜月笙要說一句話：只要議案通過，我請日本軍隊儘量的開來，外國朋友一個也不要走，我杜月笙要在兩個鐘頭以內，將租界全部毀滅！我們大家一道死在這裡！」

晴天霹靂，震得與會各國領事目瞪口呆，舌撟不下，日本外交官可以討價還價，杜月笙卻以「閑話一句」為其金字招牌。租界面積不大，人口密度至少冠於亞細亞。杜月笙在上海能掌握多少群眾，在座的人沒有一個心裏不明白，只要他一聲令下，自有為他拼命効死的人，毀滅租界，從杜月笙的嘴裏說出來那就不是炎炎狂言，空口白話。當時，杜月笙便在全場震驚，一時無從反應的那一瞬間，一個轉身，大踏步離開會場。

杜月笙動了真火，嚇得高高在上，趾高氣揚的各國領事，一個個就像泥塑木雕的菩薩，開不了口也動彈不得。杜月笙帶來等在外面的一幫弟兄，連同保鏢司機，和司機助手刻仍在臺灣開車的鍾錫良在內，得意洋洋，歡天喜地，簇擁著杜月笙回家。芮慶榮毛焦火躁，說聲風便是雨，他一路大談其如何邀集各路人馬，甩炸彈縱火放手槍，要把寸土寸金的租界，搞成斷垣殘瓦，屍山血海。高鑫寶在笑他憨，顧嘉棠心直口快，啐了芮慶榮一口說：

「呸！月笙哥擺得下千斤重擔，你怕外國赤佬真的敢挑？說說罷了，你們放心，外國赤佬絕對不會再提東洋兵利用租界的事啦。」

這一點倒是給他料中了，當天領事團開會的結果雖然是不了了之，可是日本軍隊從此以後就不曾借道租界，同時白川大將兩路夾攻廟行——江灣國軍的計劃宣告胎死腹中。當夜，潛伏在法租界的數千日軍，「怎麼來，怎麼去」，他們趁夜摸黑，悄然撤離。

63 十九路軍犒勞多少

杜月笙在一二八淞滬之役前後，迭曾親赴前線，慰勞浴血抗戰的前方將士。他第一次勞軍之行，時在一月二十七日上午，九點鐘，他跟上海市商會會長王曉籟等一行數人，分乘兩部汽車，到蔡廷鍇的司令部去慰問。杜月笙先代表上海市民，備致感激之忱，他說：

「貴軍保護上海數百萬人的生命財產，我們不勝欽佩，謹代表上海民眾敬申謝意。」

當時，外間傳說政府為了息事寧人，準備應允日方要求，撤退上海駐軍，又謂十九路軍有北上抗日的消息，杜月笙很關切的以此見問，蔡廷鍇回答說：

「實不相瞞，我是有這個計劃，想組織西南國民義勇軍，到東北去抗日。而且我已經在本軍志願報名參加者中間，挑選了六千名弟兄，隨我北上。如果政府決定撤退上海駐軍，我便將在本月底下月初啟程。目前所感到困難的，只在於備辦寒衣，和籌措四個月的薪餉，倘能達成，我將以國民資格組軍出發。」

杜月笙聽了，甚為動容，他義形於色的說：

「蔡軍長，你有這個壯志雄心，兄弟非常佩服。籌餉和購辦冬衣，只要有用得著兄弟的地方，兄弟一定盡力而為，決不推諉。」然後，他又向王曉籟等人解釋的說：「蔡軍長和我是老朋友了，民國十八年蔡軍長還在當六十師師長，他到上海來考察，住在滄州飯店。嘯天哥請他吃飯，約我作陪，那一天晚上，我們就談得十分投機。」

蔡廷鍇大笑，他說：

「杜月笙先生記性真好，其實，那天晚上我們不但談得投機，而且玩得也很痛快啊。」

原來，楊虎和蔡廷鍇，早在廣東相識，蔡廷鍇是行伍出身，後來在廣東講武堂畢業，前後隸屬於革命先烈鄧鏗，和粵軍將領陳銘樞的部下，民初廣東各役，他都曾建立戰功。民國十八年他到平津京滬各地考察，楊虎設宴歡迎，約杜月笙作陪，席間鶯鶯燕燕，叫了不少上海名妓的局，執壺侑觴，九點鐘吃好晚飯，楊虎一時興起，和杜月笙兩個，把蔡廷鍇拖到外國堂子去白相，金髮碧眼，西洋嬌娃，身姿婀娜，笑靨迎人，卻是蔡師長語言不通，興緻索然，坐了一會便就回去。

談起當年趣事，相與拊掌歡笑，杜月笙又主動提起，蔡廷鍇已在愛麥虞限路金菊村打了公館，他的鄉下髮妻也搬了來。蔡公館和他辣斐德坊姚氏夫人住宅相距不遠，杜月笙約他們夫婦去玩，倘使有事，可以隨時聯絡。蔡廷鍇又再三稱謝。

這第一次勞軍，蔡、杜二人暢談了一個多小時，融洽無比，賓主兩歡。辭出後，王曉籟對隨行人員，又驚又羡的說道：

「隨便那一路的朋友，要找一個跟杜先生沒有交情的，真是太不容易了。」

十九路軍在淞滬抗日，英勇壯烈，舉世同欽。但當這一支部隊剛剛奉命調到京滬一帶，歸京滬衛戍司令長官陳銘樞指揮時，他們正在江西剿赤，捷報頻傳，戰績輝煌。十九路軍開到京滬，正值蔣總司令下野，改組派的人物分居中樞要津，陳銘樞、汪兆銘先後出任行政院長，大有五日京兆，茫然無主之概。十九路軍官兵餉銀欠了好幾個月，二十年十二月連伙食費都沒有著落。蔡廷鍇風塵僕僕，奔走交涉，十二月中旬好不容易領到伙食費二十餘萬元，——不是現款，而是軍需署打的期票，其結果，居然全部空頭。

抗戰一起，杜月笙等人登高一呼，抗敵後援會成立，上海人悉索敝賦，踴躍輸將，真是要錢有錢，要啥有啥。二月一日，杜月笙又起了一個大早，偕王曉籟、黃炎培等十幾個人，冒著砲火，到蔡廷鍇的司令部慰勞。他們帶去了大批的捐款、食米、罐頭和日常用品，當時，杜月笙曾經慨然的說：

「十九路軍保衛國家，在前方殺敵，物質方面有所需要，上海老百姓絕對負責供應。」

蔡廷鍇十分感動，向他們一行道了謝，杜月笙又說：

「前方要甚麼，只管通知我們，我們一定照辦。現在後方同胞捐款捐用品的已經很多了，我建議貴軍，最好設立一個機構，專門和我們聯絡。」

「好極了，」蔡廷鍇很高興的回答：「我一定盡快辦好這一件事」

二月六日，十九路軍上海辦事處即已在法租界成立，蔡廷鍇派范志陸為主任，葉少泉、鄧瑞人、楊建平、莊偉剛等副之。范志陸是蔡廷鍇最要好的朋友，他這個駐滬辦事處，組織相當龐大，人手允稱眾多，但是忙於接受捐款捐物，整天還是忙不過來。到了四月下旬，十九路軍收到捐款的數額業已為數可觀，於是，四月二十七日蔡廷鍇召集高級軍官會議，當場決定，從民國二十年八月，到二十一年四月，全十九路軍欠發的薪餉九個月，由上海辦事處所收的勞軍捐款中，撥出一部份，全部予以發清。

上海市民，和全國各地，以及海外僑胞，究竟為十九路軍捐了多少錢？蔡廷鍇在滬戰結束，十九路軍調往福建以後，請范志陸開出賬目，現款一共有九百餘萬，實物無算。這一筆鉅額款項的收支明細，經過蔣光鼐、戴戟和蔡廷鍇等親自審查清楚，他們發表過徵信錄，同時也發出了「感謝書」。九百餘萬現大洋，在民國廿一年前後實在是筆大數字，十九路軍事實上用不完（連已清發的九個月欠餉在內），剩下大量的節餘，有一部份存在上海國華銀行，僅此若干分之一的一筆，即已引起當時的物議，有謂國華銀行便是十九路軍開的。一葉知秋，以小覘大，當年上海人是如何的熱烈支持抗日禦侮戰事，慷慨解囊，竭力奉獻，即此一端，已可想見。

支援前線形成了熱潮，地不分東西南北，人不分男女老幼，全上海的老百姓都動員了起來，三十五年前陶百川在上海市黨部擔任委員，他膺選抗敵後援會常務委員兼總幹事，他自謙的說當時他年紀還輕，大家乃將這繁重冗難的事務性工作交給他辦。在那一份千頭萬緒、職責重大的工作中，他表現得極其突出而有條不紊，除了財務部門他請上海的名會計師徐永祚負責，其他一切事務他都事必躬親，杜月笙十分賞識他的才華，這是他和杜月笙的訂交之始。

一二八之役進行期中，當時的中樞首要雲集杭州，敦促蔣主席回京主持大計；一月三十一日國民政府開始遷往洛陽辦公，以示全國全民長期抗戰的決心，蔣主席毅然入京奮赴國難，號召全國將士枕戈待命，誓與暴日週旋。二月六日國民政府軍事委員會成立，三月六日蔣主席出任軍委會委員長，日本軍閥終因蔣委員長出山，全國擁護，深知他們已無侵略得逞的希望，於是開始休戰。五月五日，經過國際聯盟的調處，中日雙方正式簽訂停戰協定，淞滬之戰遂而宣告結束。

64 京杭國道嚇了一跳

三十五天的戰爭，給上海華界帶來空前未有的重大損失，這是上海開埠以來第一次正式戰爭。民國二十一年三月十二日，據上海市社會局發表，我方在滬戰中的損失高達十四億元，在工業方面，華界工廠被損燬的共為九百六十三家，殉難、死亡、失蹤、失業的工人達一萬另二百八十六人，直接、間接損失的金錢，據估計為六千九百八十一萬四千餘元。因此，大戰以後最普遍的現象是工廠停工、工人失業，成千上萬的上海市民無家可歸，三餐不繼。這一個嚴重而又迫切的問題，自非政府單方面的力量所可以解決，於是杜月笙等地方領袖又毅然挑起此一沈重的巨擔，他們把「抗敵後援會」改組為「上海市地方維持會」，而以這一個民間組織作為主體，請上海市社會局出而領導，邀集全上海的有關機關團體，組織規模龐大，實力雄厚的救濟會，協助工廠復業，介紹失業工人獲得工作，維持失業者最低限度的生活，同時，資遣剩餘勞力回到他們的故鄉，千頭萬緒，一片亂蔴中，總算群策群力的將此一棘手問題妥為解決。時任上海市政府秘書長的俞鴻鈞述及一二八淞滬戰，便曾明確指出：

「一二八淞滬戰役，我軍激於義憤，倉卒應戰，諸凡一切軍需供應、軍民救護、失業救濟等問題，在在需要地方協助。是時（杜月笙）先生擔任上海市地方協會會長，曾竭其全力，協助政府，解除困難。」

俞鴻鈞為什麼要大書特書這些往事，誠然，「國家興亡，匹夫有責」，杜月笙一介租界平民，他是匹夫，不居官常，並無職守。正其如此，他在一二八事變時各方面的表現，洵屬難能可貴。

「一二八」滬戰已了，但卻給多難的國家留下來許多問題，最嚴重的是外侮方興未艾不絕如縷，政府正在朝向統一、進步、建設的途徑埋頭進軍，唯恐天下不亂的共產黨，卻利用抗日情緒之高昂，煽動挑撥，不斷的製造事端，他們想引導愛國熱誠演為盲目衝動，製造混亂局面，好讓他們趁火打劫，漁翁得利，分散中央政府的注意，減輕國軍剿赤，幾將使他們犁庭掃穴的壓力。

共產黨在上海利用「著作者抗日會」，反對「中國當局的不抵抗政策」，煽動學生罷課、請願、組織志願軍，鬧得雞犬不寧，烏煙瘴氣，社會秩序因而大亂。他們的陰謀極為險毒，他們的所作所為，反而挑起窮兵黷武的日本軍閥，製造步步進逼中國的藉口，使得國家局勢更加顯得動盪不安，風雨飄搖。中央政府內外受敵，窮於應付。

十九路軍成了抗日英雄，萬人爭相膜拜的偶像，中央軍光榮壯烈的戰績全被埋沒。十九路軍是廣東部隊，和蔣主席辭職後出任行政院長兼交通部長的粵系將領陳銘樞關係密切。共產黨便唆使他們的同路人王禮錫，拿陳銘樞的錢，在上海開設「神州國光社」出版「讀書雜志」，竭力鼓吹抗日，後來更成立「國際反帝反戰大會」、「中國民族武裝自衛會」、「國民禦侮自救會」，在「抗日」的掩護之下，使上海共黨組織死灰復燃，並且公然進行反政府宣傳。他們欺騙純潔的青年，使為他們的工具，共產黨及同路人說：

「你們並不是在反政府，而是反對政府的『不抵抗主義』！」

學潮越演越烈，共產黨徒又在向上海集中。政府面臨新的嚴重局勢，滿腔無法公開表示的苦衷，卻又要疏導青年學生的激烈行動；必須甘冒壓制反日的罪名，取締並肅清危害國家、民族、社會的共產黨徒。

應付這種複雜的局面，杜月笙本著愛國家的熱忱，時常往返奔走京滬道上，由於其中一次旅程，可以想見當時京滬之間的情形混亂。

某一次杜月笙、錢新之到南京去晉見蔣委員長，他乘坐私家汽車，由京杭國道轉趨南京，除了司機保鑣，他還帶著萬墨林同行。

汽車駛抵宜興，該用午餐了，杜月笙一行信步走進一家飯館，很湊巧，一向最賞識他的黨國元老張靜江居然在座。杜月笙十分歡喜的上前招呼，張靜江也很高興，匆匆的談了幾句話，張靜江因為有緊急要公，他已吃飽了飯，為了爭取時間，告辭先走，臨行的時候他說：

「我一到南京，就會通知官邸派人來接你。我們南京再見。」

當日下午杜月笙、錢新之到了湯山，委員長官邸果然派了一部汽車來迎，於是兩部車子一同駛入南京城，杜月笙一行下榻中央飯店。

晉謁過了委員長，杜月笙遄返上海，仍舊循京杭國道走，將抵溧陽，遠遠的看見公路上守好一堆人，他們之間有人手拉著手，排成一線，攔住了杜月笙的座車。

杜月笙在汽車裡很緊張的吩咐司機不可開門，他說：

「糟了，溧陽是出強盜的地方，我們一定是遇見強盜了！」

外面的人將汽車團團圍住，拉不開汽車門，便乒乒乓乓猛敲玻璃窗。

保鑣陸桂才說：

「杜先生，這樣下去不行，即使是強盜，也得下去一個人，跟他們講講斤頭。」

杜月笙卻在後座再三叮嚀的說：「要小心啊，強盜無非要幾文錢而已，我們給了錢趕路要緊，千萬不可發生衝突。」

陸桂才答應一聲：「曉得了」，推門下車，和車外的人談了幾句，笑吟吟的回車內，告訴杜月笙說：

「杜先生，不要緊的，外面都是決心抗日的學生，他們想募捐抗日經費。」

「啊！那就好了。」杜月笙心中一寬，顯得頗為高興，他轉臉吩咐萬墨林：「捐兩千洋細給他們。」

「學生」們得了兩千元鉅款，謝了又謝，歡呼雀躍的離去。

移時，杜月笙便發生了許多疑竇：學生為什麼不在課堂上讀書，跑到荒郊野外攔路募捐？還有，當時並沒有戰爭，要抗日經費何用？以及，他們捐到手的錢，究竟是繳給誰的？

65 刺宋巨案偵騎四出

民國二十一、二年之交，十九路軍是民族英雄，天之驕子，政府為了國防部署，並且為使十九路軍獲得整編補充，將他們調到福建。詎料十九路軍在上海這花花世界，克享盛名，普遍的受人尊敬慣了，他們竟樂不思南，有不少人私自脫離隊伍，在上海留了下來，由於共黨份子，和西南方面的挑撥利用，他們之間有幾個人，竟做下了轟動全國的一樁大暗殺案，——埋伏在上海北站，用手榴彈行刺財政部長宋子文，使宋氏的秘書唐腴廬，在北站月臺中彈殞命。

民國二十三年以前，上海有一個亡命之徒，職業兇手，被人稱為「殺人公司」老闆的王亞樵。王亞樵號擎宇，別稱九光，有身價的喊他王老九，輩份低、道行淺的則尊一聲王九爺。他是安徽合肥人，世代務農，家境小康。王亞樵自小膽大妄為，精明強悍，鄉間父老目他為「搗亂黨」。民國八年，便隻身來滬，靠徽幫朋友的幫助，赤手空拳，在上海市面打天下。不久以後，連黃、杜、張三大亨，對他都是久聞大名，偶有交往了。

王亞樵不怕死，肯玩命，他曾邀集幾千位安徽同鄉，找合肥相國李鴻章的後裔「算賬」，硬把李家獨資建造的「安徽旅滬同鄉會」渠渠華屋搶過來，由他負責管理。民國十一年，他開始暗殺生涯，第一砲，便受浙江督軍盧永祥之命，把江蘇督軍齊燮元系的大將，上海警察廳長徐國樑，親手擊斃於溫泉浴室門口。由於這一樁暗殺案，終於挑起了齊盧構釁，肇成翌年的江浙之戰。

緊接下來，他的暗殺「傑作」又有槍殺安徽建設廳長張秋白，因而嚇走了安徽省主席陳調元；刺殺招商局督辦趙鐵橋。十八年冬，他和汪兆銘搭上關係，成為汪系的特務首腦。二十一年一二八事變，他更組織敢死隊，以他的學生余立奎任團長，參加十九路軍，也正由於這一層因緣，王亞樵又跟西南地方軍政長官們建立關係。一二八事變平息，滬戰告終，十九路軍調到福建，王亞樵便留在上海，受西南方面的指使，密謀暗殺國民政府的重要人物行政院副院長兼財政部長、兼黃河水災救濟委員會長宋子文。

兇手一共有十幾個人，為首者四名，李楷擔任「指揮」，劉剛、劉文成負責下手，蕭佩韋充當眼線，偵查宋子文的行蹤。這四個人都是貴州籍，在一二八事變時加入過十九路軍，當過連排長基層幹部，和王亞樵密切相關，能夠執行他的「命令」，赴湯蹈火，萬死不辭。

蕭佩韋打聽好了，宋子文將在十月下旬某日，由南京乘特別快車赴上海公幹，於是便由李楷指揮劉剛、劉文成等十餘名兇手，分別佈置在月臺附近，負責下手行兇的劉剛、劉文成和李楷，都扮做接客的人，暗藏兇器，站在隔斷月臺的鐵柵欄後，憑欄眺望，作等人狀。

當時，王亞樵配備給他們的武器，有駁殼槍（俗稱盒子砲，可連發二十粒子彈）、手槍，以及十九路軍使用的手榴彈。

列車準時抵達，宋子文下車稍遲，當時月臺上的旅客，都已經進入北站大廳，或已乘車離去。宋子文從頭等車上下來，他的秘書唐腴廬，和他並肩而行，身後有兩名手執手提機關槍的衛士。

宋子文和唐腴廬，年齡相當，服飾相仿，都是頭戴巴拿馬白草帽，身著西裝，兩個人步伐一致，同樣有著高大的身材，瀟灑的儀表。

李楷一看目標顯著，自以為萬無一失，他向身旁的劉剛、劉文正遞個暗號，當宋子文一行走過火車末節車廂，距離月臺越來越近，他和劉文成兩個，悶聲不響，右手一揚，兩枚手榴彈一齊拋了出去。

由於心慌，兩枚炸彈都拋歪了，轟然巨響，月臺上硝煙陡起，彈片四濺。宋子文的衛士很機警，他們立刻臥倒，用手提機關槍掃射。與此同時，劉文成、劉剛手中的駁殼槍也猛烈開火，上海北站驚呼駭喊，秩序大亂，月臺前後，成了短兵相接的戰場。

宋子文的反應更快，手榴彈一爆炸，頓時眼前煙霧迷漫，他便在爆炸發生的同時，一縱身跳下月臺，身體緊緊抵住月臺基石，他選擇了一個對方射擊的死角，安然蹲著不動。

唐腴廬慢了一步，當場中彈身亡。最後，是兇手四散逃逸。

宋子文在北站被刺，消息傳出，京滬震動，由於宋子文方自國外載譽歸來，是舉國欽重的青年政治家，人們想不出他遇刺的原因，而偏偏在此一時期，張嘯林張大帥忽然動了北上一遊，遍訪故舊之念，帶了陳效沂、翁左青一干人馬，悄然的離開上海，去了北平。於是風風雨雨，耳語傳聞，居然有人說是宋子文之遇刺，實與滬上三大亨有關。

杜月笙方在誠心結交宋子文，他曾為了歡迎他自海外遨遊歸來，莅臨上海，特將大達輪步公司碼頭四週，立起了鐵柵欄，整理佈置，煥然一新。他又發動大規模的上海市民歡迎會，人山人海，歡迎宋子文，這一切的一切都是向宋子文有所表現，然而為時不及兩月，竟會有三大亨主謀行刺宋子文的謠言傳自滬上，怎不叫他痛心疾首，著急得像是熱鍋螞蟻。

於是杜月笙傳令各路英雄好漢，眾家弟兄，不惜任何犧牲代價，非得把刺宋一案查個水落石出不可。

於是，旋不久杜月笙便已有所聞，確定刺宋一案又是王亞樵「殺人公司」的傑作，他立即電知國民政府，請國府通令全國軍政機關，一例嚴予緝拿王亞樵等人歸案。

杜月笙協助治安當局，在上海緝拿凶犯不遺餘力，李楷、劉剛、劉文成無所遁形，先後被捕。王亞樵沒有抓到，但卻逮獲了他的介弟，在上海執業律師小有名氣的王述樵，還有「暗殺公司」的黨羽，刺宋幫凶的宣熾章、洪耀豐、洪東夷等人，這一干人犯統統集中在淞滬警備司令部羈押。

審判結果：李楷、劉剛、劉文成罪證確鑿，處死，其餘從犯判處徒刑，王述樵和蕭佩韋十分僥倖，他們以罪證不足，終獲開釋。刺宋一案，真相於焉大白。

66
年關難過辦隻學堂

大開祠堂以後的杜月笙，經濟情形並不怎麼好，他對於積兩鈿、置點產業，留些子孫福田，依舊興緻缺缺。民國二十年秋天，他卻誠心誠意，有條有理，開辦了一所正始中學。

學校設在善鐘路，地點就在法租界，鬧中取靜，交通方便。陳老八閑著沒事，他請他擔任校長，負責籌備，決定之夜，他告訴陳群說：

「老八，辦學堂不是做生意，我有這個決心多賠兩鈿進去，你要用錢，只管來問我要。我只希望正始中學辦起來，可以培植一些有用的人才。學校能不能夠辦好，那就完全依靠你了。」

接下來他又以「全部外行」的立場，說明他辦正始中學的原則，老師要請頂好的，待遇必須最優厚，學生素質要高，只要小孩子有天份、有志氣，將來可能有成就，繳不起學費的免學費，買不起書本的送書本，家庭環境清苦的供給食宿。——「總而言之，無論如何，不能叫肯讀書的學生沒有書讀。」

詞簡意賅，杜月笙小時候只讀過四個月的書，他一向以此為終生憾事。因此，他興學的目的便彰彰明甚。

陳群當正始中學校長，認真負責，鐵面無私，他聘請的老師，集一時之選，所有老師的束脩，比其他的學校，超過了好幾倍。但是陳群陳校長有個條件，務請專心任教，心無旁騖，把全部心力放在學生身上。

學生挑根底最好的，家中有錢各費照繳，倘若貧苦，連衣食住行都由學校包辦。學生管理極為嚴格，校規由陳群親手訂定，由於他是東洋留學生，照日本規矩，入學之初必須剃光頭。中國中學生剃光頭的「苛政」，可能便由正始中學為始作俑者。

因為學生剃光頭的硬性規定，鬧出了一則趣聞，杜月笙的大兒杜維藩，是在正始中學讀的高中，他並未能照杜月笙是學校創辦人、大老闆的牌頭，進學堂照剃光頭不誤。第一學期大考他功課準備不充份，怕繳白卷，被老師當場訓斥，那就未免太難堪了，於是他約了一位姓顧的同學，公然逃考。

詎料老師察覺立刻報告校長，而陳家叔叔更是毫不容情，一隻電話通知杜月笙。當天下午放學，杜維藩坐了私家汽車，帶了兩名保鑣回家，一見他父親，杜月笙甩手便是一巴掌，然後高聲喝罵：「我辦正始中學，你們去讀書，就該格外的守規矩，給所有的同學做榜樣。再說，你們三兄弟進正始，你是我的長子，你又該做榜樣給你兩個兄弟看。你居然敢逃考？這還得了！」

從此以後杜維藩、維垣、維屏三兄弟便恪遵校規，一舉一動如有十目所視，十手所指，絲毫不敢輕舉妄動。杜維垣有時候還搗個小亂，杜維藩、杜維屏則始終是頂老實的學生，尤其杜維藩，他要做小兄弟的榜樣，還要成為全體同學的模範，校長和老師，嚴厲的目光，直盯在他身上轉。

十九歲那年，杜維藩讀到高中三，他奉父母之命結婚，杜月笙為他長子辦喜事，包下了整幢新新公司，光是堂會戲便有兩台。梅蘭芳、高慶奎等名角一律到齊，有這麼大的場面，新郎倌是個和尚頭，未免不好意思，但是陳群決不容許學生犯規，連杜老闆的大少爺要結婚也不例外。杜維藩無奈，只好稟過父母，求准校長，讓他告兩個多月的事假，請了家庭教師在家補習，把頭髮留到相當的長度，找一位高手理髮師，勉勉強強的梳成西裝頭，然後結婚如儀。婚假一滿，立刻刮去三千煩惱青絲，照樣光頭去上學堂。

陳群風雨無阻，逐日到校，他除了主持校務，還兼「三民主義」的課程，有一次他發寒熱，仍舊力疾授課，使正始學生大受感動。民國二十年時中學生要受軍訓，大概也是他從東洋搬過來的，正始學生每個星期都有兩小時的軍訓課程。

辦這樣一所中學，每個月經費需要四五千元，一年便是五六萬塊現大洋。民國二十一、二年上海受到長江水災和抗日戰役的影響，市面很不景氣。二十二年的陰曆年，杜月笙開支龐大，入不敷出，差點兒頭寸軋不平，向銀行借了一筆鉅款，方始順利過關。將近大年夜的一天晚上，深夜一點鐘了，杜月笙一隻電話打給楊志雄，請他過來談談。

楊志雄驅車前往華格臬路，沒有客人，杜月笙歪在榻上，瞑目休息，聽見楊志雄在走進來，他立刻翻身坐起，笑了笑說：「你請坐，楊老雄。」接下去又歎了一口氣：

「唉！今年的難關總算過了，這都是你們幾位的大力。」

楊志雄邊忙遜謝，打了個哈哈說：

「笑話，笑話！」

「我今天請老兄來，是要跟你商量一件事情，」杜月笙沉吟俄頃，方道：「就是我辦的那個正始中學，一年要用洋鈿五六萬，實在吃不消了。我想把它結束，你老兄的意下如何？」

楊志雄心想，倘使杜月笙真要結束正始中學，那他就用不著找自己商量，結束正始商量的對象應該是陳群。如今他不找陳群而找楊志雄，杜月笙的原意恐怕還是如何擴充，或甚至於給正始中學籌一些固定的財源，因此他當時便說：

「月笙哥，我覺得你不但不應該結束正始，反而要把它擴大。這個道理很簡單，我們這一班朋友都尊敬你，認為你不但是上海的大好佬，而且是中國了不起的人物。但是千秋萬世以後，又有誰曉得你哩？老實不客氣說，就講造一座銅像吧，旁的地方沒有法子擺，要擺就祇有擺在正始中學。」

杜月笙搖頭苦笑道：

「老兄，這個辦學堂的銅鈿，是你出還是我出啊？」

楊志雄莞爾一笑道：

「月笙哥和我，誰也不必出。」

杜月笙忙問：

「你找得到出錢接辦的人？」

楊志雄一拍胸脯：

「包在我身上。」

67

胡文虎報恩捐筆款

第二天，楊志雄去看徐寄廎，開門見山，說明來意：杜先生的正始中學，經費浩大，又是永久性的事業，由他獨力負擔，難期長遠。他希望用徐寄廎的名義，邀一批金融工商界的朋友，籌募一筆基金。

徐寄廎問：

「目標大概是多少？」

「十萬元左右。」

「那沒有問題，」徐寄廎一口答應，「我可以百分之百的辦到，祇不過，我有一個條件。」

「什麼條件？」

「朋友由我出面來邀，但是，到時候杜先生一定要到場。」

「那當然，」楊志雄代杜月笙做了主：「本來就是他的事情嘍？」

徐寄廎飛符召將，大家心領神會。翌日下午，假國際大飯店舉行茶會，虞洽卿、王曉籟、張公權、周作民、唐壽民……大亨雲集。開起會來，杜月笙、楊志雄列席，徐寄廎則擔任發言人，十萬元基金的數目方出口，與座諸大亨異口同聲的說：

「興學是社會大眾的事，人人都該盡力。這一點錢，毫無問題，由我們這幾位朋友分攤了便是。」

十萬元籌足，杜月笙又覺得不過意，他雅不欲掠人之美，於是發出一批聘書，將出錢捐助正始中學的朋友，一概聘為校董。

楊志雄辦好了這一件事，再跟杜月笙建議：

「十萬隻洋拿到正始中學去用，充其量不過維持兩年。開源的路子走過了，回轉頭來就該研究節流。月笙哥你看是否請陳校長來商量一下，學堂的經費可否節省一點。」

杜月笙深以為然，當下便說：

「說做就做，我立刻派人去請老八。」

夜已深沈，陳群早睡了，他從被窩裡被拖出來，坐汽車到杜公館。三個人坐下來一商量，楊志雄直話直講，先作說明：

「這些時來杜先生經濟情況不好，天天都在過年三十，今年過了關，祇怕明年還有問題。正始中學這個包袱背在身上，負擔很重，就不曉得在經常開銷方面，阿有什麼可以撙節的地方？」

陳群坦然的回答：

「當然有。老實不客氣說，因為經費充裕，所以才有今天的做法。老師的薪水高得嚇人，學生的伙食好得過份。現在一個月的開銷是四千多，就算減少一半，再去掉零頭，有兩千隻洋用也可以綽有餘裕。」

「好極了，」杜月笙一躍而起的說：「那麼就這樣辦，我們細水長流，才好把學校永久辦下去。

今後開銷便照老八的說法，兩千隻洋一個號頭。」

早年南洋華僑巨子，當以胡文虎、陳嘉庚財勢絕倫，富可敵國，這兩位富豪都在南洋起家、致富、發財，擁有龐大的財產與事業，而且同樣的是雄心萬丈，壯志凌雲，想當南洋僑領第一人。兩雄不能相並，於是明爭暗鬥，歷有年所。國內人士，咸以為他們二位在南洋異域，創業不易，自相火拚的結果，唯有力量分散、對銷，對於華僑經濟，實具嚴重影響。

因為胡文虎是杜月笙的拜把兄弟，於是杜月笙挺身而出邀了賑濟委員會委員長許世英，出面調停。起先，雙方都有點意氣用事，相持不下，後來，經過杜月笙苦口婆心，不折不撓，再三勸請他們不必兄弟鬩牆，以免鬧得兩敗俱傷，徒使親痛而仇快。漸漸的，胡文虎、陳嘉慶都為他一片誠心所感動，握手言歡，並肩合作。

由於這一次大力調停，使胡文虎深蒙其益，他也是個慷慨俠義，豪邁坦爽的人物，深感大恩不報，不得心安，但是他又不敢冒昧的對杜月笙有所贈與。因而有一段時期，他到處打聽，他能否做一件杜月笙樂予接受，而且大有裨益的事情。

當時，恰值正始中學迅速擴充，善鐘路的校址不敷使用，而附近又沒有合適的房屋和地皮，杜月笙乃將正始的高中部，遷往靠近法租界的法華鎮上。就在法華鎮分校的緊鄰，有一座觀音寺，多出五十畝空地，杜月笙很想把它租下來，作為擴充校舍之用。

胡文虎得到消息，大喜，他有的是錢，乾脆，替正始中學買下了這塊地皮，興建圖書館、實驗室、學生宿舍，然後杭不啷送給正始中學，算是他知恩圖報，在向杜月笙表示謝意。

要照杜月笙的老規矩，他為人斡旋調停，事成之後，決不收取禮物或贈與，但是胡文虎這筆重禮是為捐資興學，名義上並非送給杜月笙的。

正始中學是杜月笙的終生事業之一，他為這間學校賠了無數的錢，盡了極大的力，但是，他也有值得安慰之處，在陳群殫智竭慮，鞠躬盡瘁的主持之下，正始中學一向是黃浦灘上著名的學府之一。這所學校前後辦了十八年，一直到抗戰勝利，大陸淪陷，方始被共產黨接收。正始中學為國家造就不少的人才，而且在上海私立中學中，素為出類拔萃的佼佼者，上海市舉行第一、第二兩屆會考，都是正始中學獲得第一名。

68

郵基罷工中外轟動

民國二十一年初夏，五月間，由上海郵務工會首先發難，掀起了轟動中外的「護郵運動」，亦即所謂的「郵基大罷工」。

幸虧有這一次郵政員工為了郵政制度和業務及其前途，慷慨激昂，據理力爭，最後被迫付之於全國罷工的手段，方使我國郵政始終保持其優良的傳統，穩健的作風，時至今日，仍為最健全的公用事業之一，和歐美先進國家比較，但有過之而無不及。

自民國十八年，國民政府成立交通部，到二十一年為止，三年之間郵政局繳了八百四十二萬九的盈餘，還有一千二百萬的存款。

但是當汪兆銘在當行政院長、陳銘樞做交通部長、陳公博當實業部長的時期，交通部不顧郵政局的財務狀況，任意撥用郵政局的公帑，南京薩家灣造交通部大樓要了兩百萬，開辦滬蓉航空撥款一百萬，成立中國航空公司又支兩百萬，然後是歐亞航空公司開張又五十萬，……虛糜郵款的結果，竟使只賺不賠的郵政局，開始有了虧累。因此交通部根據郵政局二十一年度概算營業虧空九百餘萬元的事實，通令全國，郵資加價，上漲的幅度，從百分之五十到百分之三百。

於是輿論譁然，各界反對，指責的砲口，對準了郵政局方面。

這一個局面，使得郵政員工為之群情洶湧，激烈抗議，為保持中華郵政的光榮傳統，並鞏固郵政基礎，實力強大的郵務工會，推派了四名代表，到南京去向政府各部院會請願。

他們上交通部去算賬，從民國十一年到二十一年，十年之間郵政局自立更生，以郵養郵，由於全體員工的努力，郵政局在增設了一萬二千三百五十餘處分局分所，開闢了八十五萬二千六百里郵路以外，算下來還有二千三百二十萬六千元的盈餘，平均每年要賺二百三十二萬多，誰說郵政賠了錢？為什麼要利用郵政賠累的口實，遽爾提高郵資？

他們的要求很簡單，暫時維持原訂郵資，不得加價。

五月一日政府公佈郵資加價，四代表立即上了南京，請願請到八日，毫無結果，尤其交通部次長陳孚木態度倨傲，大打官腔，把四代表氣回了上海。上海郵務工會和職工會十分憤懣，因而採取行動，他們呈文交通部，發表告各界書，公宴各界人士，說明郵政員工跟大眾立場一致，反對調整郵資。十六日陳銘樞和交通部郵電司長龍達夫到了上海，他們又派代表前往晉謁，當上海郵務工會立場堅定，活動頻繁，郵政大罷工即將實現的謠諑，同時盛傳滬上。於是，上海市長吳鐵城，社會局長吳醒亞，和市黨部主管工運人員，一致出來疏導勸阻，把陸京士、朱學範、傅德衛、張克昌等工會主要份子約去談話。

吳鐵城費盡唇舌，勸郵政工會領袖以大局為重，疏導郵政員工憤激的情緒，切勿採取罷工的手段，陸京士他們則將員工最低限度的要求，撰為書面文件，送給吳鐵城參考，同時，他們又聽說中央黨部電令上海市黨部，必須「制止」郵政罷工，工會方面也向市黨部發出了同樣的公函。

罷工從五月二十二日上午五點鐘開始，郵務工會發表宣言，向全國同胞說明他們罷工的動機，僅只為了鞏固郵基，使郵政業務正常發展，為民服務。他們的行動純粹基於愛護郵政、愛護國家的心理，跟謀取工人自身利益的罷工不可同日而語。

罷工的目的是什麼呢?第一、裁併郵滙局，節省不必要的浪費。二、停止航空公司一切津貼。三、維持郵政人事制度，除局長一人由交通部委派，副局長以次員工必須經過郵政考試。四、以郵養郵，會計獨立。

這四項目的，都是在為鞏固郵基、改善業務著想，照說，應該由官方有所構想而予以提出。如今反而成了員工要求改進，提出四大方案，官方不准，於是郵工罷工，倒因為果，本末易置，簡直是個大笑話。

陸京士、張克昌、朱學範、王宜聲、曹家秀等領導的郵務總工會，團結、進步、核心力量強固，實力不可輕侮。二十二日上海宣告罷工，前一天還唯恐事態擴大，下令各地郵局暫緩採取行動。可是到了翌日，全國十八行省，各地郵局，除了汕頭、廈門、蚌埠、南寧等地以外，居然一致熱烈擁擴，不約而同的參與了罷工的行列。

從此，中華郵政，全面癱瘓，釀成中國勞工史上史無先例，空前未有的軒然大波。

汪兆銘、陳銘樞，一味強硬，交通部長陳銘樞在五月二十四日招待記者，駁斥郵政員工的四大要求。行政院長汪兆銘呢，他電令各省市政府，限各地郵局在二十四小時之內復工，逾限一律開革，同時，他又要各地電局、商會、公安局或其他機關，組織臨時收寄郵件機構，郵工如有「不法行為」、

「影響治安」，立刻嚴予「對付」。

公文書上強硬無比，實際上，他們另行採取步驟，電召上海市黨部的潘公展、吳開先到南京，商討「補救辦法」。潘、王和陸京士很熟，瞭解郵務工會的願望，他們向汪兆銘建議兩點：一、取銷儲匯局應向立法院請願，二、津貼航空公司，最好定個數額。

汪兆銘表示贊成，他派一名代表，隨同潘、王返滬，私下進行勸導，——總算打開了初步斡旋之門。

69

何以解決請杜月笙

政府的達官顯要之中，唯有上海市長吳鐵城，人瞭解工人運動心理，也找得到打開僵局的鑰匙，他以私人身份，去找杜月笙商量——郵務總工會的負責人，如陸京士、如朱學範、如張克昌……，都是杜門高足，因此他勸杜月笙何不登高一呼，出面調解，作官民間的橋樑，幫忙政府，打開這個前所未有的大僵局。

杜月笙聽了，哈哈大笑，一十八省郵政員工，幾萬人群情激動，這種大罷工豈是我杜某人出面說幾名風涼話，就可以解決得了的？吳市長，你也未免把我杜某人捧得太高了吧！

吳鐵城說：這不是我捧你，而是就人論事，有此可能。他再三敦促杜月笙勉力一試，杜月笙卻不過，只好答應試一試看，不過，他希望多找幾位雅負時望的社會領袖、大力人士，和他一道出而疏導、調解。同時，他更堅持：郵政員工愛護郵政、愛護國家，他們提出的條件，在在都是為國家、為郵政業設想，政府在可能範圍之內，應該而且必須採納，尤其重要的是，郵政員工智識水準相當的高，紙老虎嚇不倒他們，因此，他覺得有關當局不該一味的打官腔、潑冷水，總得拿出點和藹的態度來。

十分贊成杜月笙所提的意見，吳鐵城答應由他負責向行政院和交通部協調，另外，則兩人商量著開了一紙調解人名單：虞洽卿、王曉籟、史量才、林康侯、張嘉璈、杜月笙和官方的潘公展。

上海市政府的動作很快，二十四日下午三時，召集會議，調停人和郵務工會八位代表陸京士、朱學范、傅德衛、史貽堂、趙樹聲、張克昌、林卓午、勞傑明等全體出席，同時，中央也派實業部長陳公博，專程來滬——不採高壓手段，相機進行疏導。

因此，二十四日的調停會議，氣氛和諧無比，當場決定了三條解決方案，外加一項附註：

一、原則接受，轉向政府請願。

二、即日復工，同時組織「郵政經濟制度研究委員會」，研究鞏固郵政基礎方案實施辦法，郵政工職兩會得派代表列席。

三、委員會的研究結果，由陳公博、吳鐵城，及地方領袖（調停人）負責請政府實施。

附註：以上辦法，經陳部長公博、吳市長鐵城同意。

陸京士等八位代表，帶了上列三項決定回去，分別疏導員工，二十六日獲得一致贊成，上午八時再開正式調停會議，三條文中僅祇委員會名稱改為「鞏固郵基方案實施研究委員會」，以切實際，雙方咸表同意。杜月笙說復工越快越好，免得全國民眾都不方便，於是，潘公展權充書記，當眾揮毫，親筆繕寫方案草案兩份，調停人、代表、和同意者——陳公博、吳鐵城逐一簽字。當天下午一點鐘，上海郵局宣告復工，次日上午，全國各地郵局照常上班，驚天動地的護郵運動工潮，於焉圓滿收場。

這一次護郵工潮，當時報章揭載，舉世矚目，杜月笙、陸京士等的大名，又是不脛而走。尤其，經過此次大罷工後，鞏固郵基，維持具有優良傳統的制度，以及「以郵養郵」，會計獨立，俱告逐一實現，凡此，對於中國郵政，實有不可磨滅的貢獻，撫今追昔，飲水思源，迄今中華郵政的聲譽卓著，有口皆碑，跟這次「護郵運動」，確有莫大的關聯。

70 創立恆社搞個組織

事業擴充，聲譽日隆，因水漲而船高，杜月笙交遊的範圍，越來越廣，朋友和學生，越來越多。即以「學生子」而論，各以其所屬階層來分，約可析為三類：

一、小八股黨中的楊啟棠、黃家豐、侯泉根、姚志生各有事業，往來較疏。顧嘉棠、高鑫寶、葉焯山、芮慶榮則多年過從，交誼密切，這八位弟兄，俱曾在民國十四年通譜結義，約為弟兄。杜月笙在清洪兩幫的徒眾，清幫多一半由顧、高、葉、芮所掌握，洪幫外有漢口三山之一，楊慶山楊大爺，以及楊虎等代為聯絡，內則有恆社弟子張志廉為之調度。真正拜在杜月笙門下的，並不為多，但卻不是沒有，但凡以這層因緣在杜公館行走者，不說關係不同，就講同甘苦，共患難，也是大有歷史淵源，尤其，杜月笙隨時都有重用他們的地方。

二、國民革命軍北伐成功，上海市政府、市黨部……各級軍政機構次第成立，同時在國民黨保護勞工政策之下，工人運動風起雲湧，許多智識青年有志從事工運，加入了各個工會組織。國民黨的青年幹部博學多能，有為有守，使杜月笙見了一新耳目，既愛且羨，於是處心積慮設法結交、進而羅致。但是這班青年起初對他印象並不為佳，道不同不相與謀，有人想「上」他一記，有人敬而遠之。杜月笙看準他們的才幹器識，如果樂與合作，將是他最珍貴的人事資源，所以他拿出極大的耐心，無比的誠懇，千方百計，徐圖接近，他對他們待之以禮，處之以義，終使百煉鋼化做了繞指柔，漸漸心悅誠服；激發雄心，懷著導引之、匡正之、輔佐之、善用之的心情，甘於拜師入門，成了他的學生。這些學生無可否認的有其目的，在他們的內心裡，師生、入門僅是一種形式，實際上他們對於杜月笙，卻是想要作之君、作之親、作之師的，利用他為工具，達成他們自認為共同理想的目標，杜月笙也真能受教，待他們如師如友，敬之以禮，於是儒與俠竝，經驗與理想結合，匯為一股巨大的力量，凌厲直前，所向披靡；使他們彼此受益，完成了赫赫事功。

三、上海的工商業者，富家子弟，明星紅伶，名流聞人，輩份淺一點的，年紀小一把者，既不能與杜先生分庭抗禮，兄弟相稱。而在上海這個五花八門的大千世界混混，就不能不借重借重杜月笙的牌頭和勢力，他們自願拜門，在杜月笙赤手空拳打出來的江山裡，謀一席地，分一杯羹，最低限度也可以收保護作用。

杜月笙為什麼在門下三千客中，獨獨對陸京士別具青睞，那正是他知人善任，看得出陸京士天生組織長才，公正無私，還有忠肝義膽，他想給為數甚多的門人弟子理出一個頭緒，結為一個團體，以使他自已能夠提綱挈領，運用裕如，他便不能不把陸京士視作他的大弟子。

陸京士對杜月笙第一個貢獻，是替他掌握上海勞工群眾，第二個貢獻則為倡議籌組「恆社」，一項絕妙的主張，將杜月笙的門生弟子納入可塑性的組織，要辦事業，恆社是力量的源泉，要交朋友，恆社是滬上精英薈萃之所，聲應氣求，誼切金蘭。想玩，不論吃喝嫖賭，恆社都是黃浦灘上的高級俱樂部。

恆社成立於民國二十二年，五月，一應規章制度，精神立意，全由陸京士等三五人負責籌劃，並由杜月笙指定了十九位發起人，在民國二十二年間那真是一紙聲勢顯赫的名單：包括陸京士、朱學範一對工運巨子、上海吳淞商團團長、商會負責人唐承宗、匯豐銀行買辦徐懋棠、上海新聞界的唐世昌、社會局的王先青、許也夫、張秉輝，逸園跑狗場總經理東雲龍、名律師鄂森、還有學運健將後為律師的周孝伯、富商孫祥簋及傅瑞銓、招商局船務科長洪雁賓、四明銀行經理張頌椒、富商黃振東、買辦蔡福棠—至於杜月笙開山門的徒弟，大世界總經理江肇銘，還是杜月笙特地關照，挨進一腳去的。

恆社最初設在愛多亞路，杜月笙是名譽理事長，但是他實在太忙，除開收學生或有重大事項，平素是不大來的，但是他卻關照萬墨林：

「墨林，你要每天替我去走一趟，看看有什麼事情，能夠辦的立刻就辦了，否則隨時回來通知我。」

加入恆社，先決條件必須是杜月笙的學生，恆社的經費有一個惠而不費的辦法：凡是拜杜月笙為師的，一概奉呈贄敬，這筆贄敬便移作恆社基金，統統存起來，利息撥為恆在的經常開銷。恆社弟兄之中倘遇天災人禍，重大事故需要經濟支援，可以動用基金或由杜月笙代為籌措款項，及時濟助。所以參加恆社的人，可獲師門的庇蔭，同門弟兄的合作協助，同時還有應付緩急之需的便利，一舉三得，在事業或人生旅途中，多了一層有力的保障。

每天晚上，恆社固定開一桌飯，恆社同人可以隨意食用，人多的時候，另外再叫，飯桌上笑語殷殷，歡聲陣陣，同門弟兄的情誼藉此益更親密。飯後大廳上燈火輝煌，人來人往，談天的談天，下棋的下棋，談事體的談事體，隔壁一間大廳則鑼鼓喧天，清唱平劇，萬墨林笑嘻嘻的跑來跑去，他在杜月笙和恆社弟予之間擔任連繫。

抗戰之前，恆社弟子共有八百多人，士農工商，各界人士都有。在這八百餘弟子裡面，經常在杜公館走動的衹有一百人左右。事實上杜月笙對於這許多人並非個個認得，他把領導之責放在陸京士的肩上，事務工作則責成萬墨林，因此他常常頗為得意說：

「學生子實在太多了，我也認不清楚，反正只要京士和墨林認得便是。」

抗戰前，恆社曾經兩徒其址，起先是愛多亞路，然後又遷往馬浪路，在這一段時期，此一充滿和諧歡樂氣氛的高級俱樂部，每天晚上都有恆社子弟賭博為戲，賭伴是同門弟兄，巡捕房也不敢來取締，場合非常理想。當恆社的經常費用不敷，賭桌上抽的頭錢正好作為挹注。但是陸京士對於這一點很不贊成，抗戰勝利後恆社在福履理路買了房子，重訂恆社規章時，他便極力主張，懸賭博為厲禁。

71

八百弟子三匹野馬

恆社八百弟子中，各色各樣的人物都有，其共同特色為智識份子居絕大多數，人人擁有身家或事業。杜月笙知人善任，能使他們各抒所長，分別負起各方聯絡交往之責，譬如說駱清華運籌帷幄，臆則必中，陸京士、朱學範在政治和工人運動上可謂杜月笙的代表，工商業方面則恆社弟子裡另有不少出類拔萃的人物樂為馳騁。除上述發起人中若干青年工商巨子外，杜月笙帳下還有國信銀行經理王叔和、安樂紡織廠長王得民、中華銅廠總經理余中南、祥生交通公司總經理周祥生、復興實業公司總經理侯國華、英商電車公司買辦胡于興、鼎新染織廠總經理姚義璋、鮑利造紙廠總經理徐大統、協大祥總經理孫照明、杭州紗廠董事長張文魁、海新企業公司經理章劍慧、中華造船機器廠總經理兼廠長楊俊生、俊大華行和大華造紙廠總經理葉蔭三，凡此俱為經常接近的核心人物，他們在上海工商界是引人矚目的新銳工商業家，各自建有雄厚的事業基礎，而他們所掌握的龐大事業，便構成了杜月笙的衛星組織。

杜月笙常說他的學生子中有三匹野馬，他自已拉不住他們的韁，自非任何人所可以驅策駕馭，他常為這三匹野馬的所作所為，一言一行搖頭歎氣，大呼「頭疼！」事實上則其言若憾焉，而心實喜之；因為這三匹野馬大有乃師之風，他能從這三個學生子的身上，看到若干年前的他自已。

這三匹野馬有一共同特點，即為野心奇大，勇氣無匹，一張嘴巴能夠說得天花亂墜，頑石點頭，任什麼人任什麼事，他們都能搭上趟頭——亦即從毫無關係變成關係密切。吹牛皮的本領一等一，出鋒頭的機會他們要擱落三姆一把抓。天份高，門檻精，但是決不損人利己，凡事都講究一個義氣。最令人稱奇的是氣派大得嚇壞人，卻是決不做十三點鐘禮拜九（相當烏有先生、無是公）。三匹野馬的若干表現，有時候連師門杜月笙都為之自嘆弗如。

三匹野馬跟杜月笙都很親近，杜月笙要擺場面，辦大事，真還少不了他們。譬如洪雁賓，這位招商局的船務科長，根據杜月笙的說法：「洪雁賓的法道比我還要大！」「勁道十足，高山大海都擋伊不住，」「橫衝直闖，阿像是部無軌電車？」話雖然這麼說，但是，洪雁賓仍舊是他最著重，最歡喜的學生之一，他有事務長才，能將一團亂蔴理得清清楚楚，任何煩難的事情，到了他的手上，莫不迎刃而解。因此，杜月笙乃將當年黃老闆誇他的「絕頂聰明」轉送給洪雁賓，隱然指他是自己的衣缽傳人。杜祠落成他派洪雁賓當總務主任，民國二十四年杜月笙的大兒子杜維藩結婚，那麼大的場面，也是洪雁賓當總幹事。

張志廉是上海三星棉鐵廠的小老闆，三星棉鐵廠是多年老店，座落大馬路，做棉花與鐵的生意，這個字號老上海無人不知，無人不曉。但是有了「吹牛大王」張志廉這位少東，「三星」反而其名不彰，光芒都被張志廉個人佔盡了。張志廉不在洪幫，卻能替杜月笙擔任洪幫人物的聯絡者，僅此一點，可見張志廉的噱頭不是一眼眼。

本事最大、手面最濶（尤能超過乃師杜月笙），上海人講究的三頭：噱頭、苗頭、派頭一概佔全的，首推杜月笙的愛徒，恆社中堅份子章榮初。

章榮初大來大去，鶻起鶻落，進了杜門之後，曾經有過五次崛起、五度翻倒的驚人紀錄。然後他和一位錢莊小開軋上朋友。那位小開對他佩服得五體投地，一天到晚生怕章榮初不開口拿錢，如此不到兩年，他用了小開三百萬大洋，一爿歷史悠久，信譽卓著，真正資金雄厚的錢莊，硬叫倒了下來給這一對難兄難弟看。

一拍胸脯，章榮初說：

「從今以後，你們一家跟我章某人過日子，吃喝玩樂，儘管開口。有朝一日，時來運轉，我自會賺一爿錢莊還你。」

杜月笙曉得了，他頓足太息，憾恨無窮的說：

「章榮初這小伙子，我想盡方法都拉伊不住，真正叫我頭疼已極！」

話傳到章榮初的耳朵裡，他果然不敢再去謁見師尊，撥一隻電話，把萬墨林拖出來商量對策。

「聽說先生一見我就頭疼？」他問。

萬墨林望著他笑：

「說過不知多少次啦。」

「這麼說，」神情有點無可奈何：「我最近不能去見他老人家囉。」

萬墨林老老實實的回答：

「頂好歇個一段時期。」

「不，」忽然興高采烈起來了：「我有辦法！先生見我頭疼，我不敢去見他，但是我要送先生一樣東西，使先生天天見到這件東西就會想起我。」

「只怕不太容易啊，」萬墨林提醒他說：「杜先生什麼東西沒有？那能你送他一件東西，他會天天使用。」

「你不要管，」章榮初若有所得，神秘的一笑：「耶穌自有道理。」

又過了兩天，章榮初再把萬墨林拖出來，欣欣然的告訴他說：

「我打定主意了，我要到美國最大的汽車廠，去訂造一部名牌保險汽車，防彈玻璃，鐵甲鋼板，牌子指定卡迪來克 Caldelaco 而且要在司機座位後面，嵌上一塊銅牌，上面刻『夫子大人賜存，生章榮初敬贈』，先生天天坐這部車子出去，從上車到下車之間，一定會看到銅牌上刻著我的名字。」

「慢點，慢點，」萬墨林打斷了他的話問：「造這樣一部車子要多少價錢啊？你打聽過了沒有？」

「打聽過了，車子造價是一萬美金。」

「一萬美金？」萬墨林嚇了一跳：「目前你正在翻倒的時候，你到那裡去借這麼一筆大數目？」

章榮初聳聳肩膀回答：

「五千美金的定洋，我已經匯出去了。」

72 保險汽車孝敬師門

真正是隻野馬，如此窘迫困難的時候，他會花一萬美金訂造一部車，敬獻師門，——萬墨林煞費躊躇了，杜月笙萬一拒絕接受，那章榮初又將如何是好？此時此境，——一萬美金對於章榮初，確實比山還重。倒是要給他想個法子，莫讓他的一片誠心走了油，想來想去，自己擔不起這副重擔，他只好說：

「你去找顧家叔叔商量商量看。」

於是，章榮初去見了顧嘉棠，口若懸河，陳說種種。顧嘉棠靜靜的等他把話說完，方始開口問他：

「你是一片孝心，要送先生一部鐵甲汽車？」

「是的。」

「又怕他不肯收？」

「就是怕這一點，所以先來求教顧家叔叔。到時候，萬一先生不肯，只有顧家叔叔可以幫我美言兩句。」

「話不要說得這麼多，」顧嘉棠打開天窗說亮話：「先生若不肯收，自有我顧家叔叔在。不過，你得先拿五千美金給我。」

「是是，三天之內，我一定籌來交給顧家叔叔。」

於是，顧嘉棠揮揮手，叫他嘸沒事體好去嘞。然而，章榮初走到房門口，顧嘉棠又把他喊回來，特地聲明的說：

「章榮初你不要弄錯，這五千美金不是我要你的啊。」

「曉得，顧家叔叔，」章榮初笑眯眯的回答：「顧家叔叔是怕我跑馬、搭漿，付了定洋付不出尾款，弄不好要我先生自掏腰包墊出來，所以叫我先把銅鈿存好在顧家叔叔這裡。」

「你曉得就好，」顧嘉棠掌不住也笑了：「小鬼，五千隻洋美金，在你先生都是一筆大數目啊。」

一年以後，特別定製的卡迪拉克裝甲汽車，方始分箱運來，在上海裝配完竣，往杜公館門口一開，真正轟動了黃浦灘。卡迪拉克保險汽車，一向是外國皇帝，美國總統，世界聞名的王公富豪坐的。——杜月笙當時正因樹大招風，最忌招搖，難怪他一見便光了火，恨聲不絕的說：

「我憑什麼坐保險汽車？我又為什麼要坐保險汽車？難道我杜某人得罪了啥人？我怕誰來『做』我？」

事體果然弄僵了，幸有顧嘉棠，受人之託，忠人之事，再三再四的苦勸：

「月笙哥，你是有身家地位的人，黃浦灘上除了你，誰有資格坐這部車？」

不坐，買都買來了，杜月笙無奈，只好收下這位野馬愛徒的重禮，開始啟用新車。他把他那部照會「七七七七」的雪佛蘭轎車，給了陳氏夫人，命人去領了一個容易辨認的照會：「一一七一一」。

抗戰初起，章榮初帶了他的四位太太，兒女親眷傭人四十八名，浩浩蕩蕩，開回湖州家鄉。國軍撤退，戰火已過，他又挈領全家重返上海。一文不名，兩手空空，他還是先跟師門連絡，找到了奉杜月笙之命留在上海，料理一應公私事務的萬墨林，他開門見山的說：

「墨林，我現在要做事業了。」

萬墨林聽來倒也蠻有興趣，問他：

「怎麼樣個做法？」

「有一片中央印染廠，要出盤，可以立刻開工。你想辦法籌十幾二十萬塊錢給我。」杜月笙行前關照過的，要用大筆的錢，必須諮詢徐采丞，因此萬墨林跑過去一問，徐采丞倒很欣賞章榮初，說了聲：「可以。」萬墨林將錢送去，章榮初買下了中央印染廠，才一年，廠房機器設備擴充到了價值三十餘萬。借來的本錢，尤且按照規定如期歸清。

又一日，他再來找萬墨林，要了兩萬元，買下八十臺織布機，兩年後，變成兩百臺。又一日，再來找萬墨林商量，他想買下五千紗錠，在大西路八十四號（戰後改為中正西路七十四號），開一爿榮豐紗廠。中央印染廠賣掉，得了四十萬，不足之數，他請萬墨林設法墊出，當時他說：

「我負責在一夜之內，將五千紗錠變成一萬，二百臺佈機歸併過去，變為四百臺。」

「你又不是孫悟空，」萬墨林將信將疑的問：「怎麼個變法呢？」

「容易得很，」章榮初聳肩一笑：「人家日間開工，我多雇些工人，分作日夜兩班。」

萬墨林相信他有這個幹勁，有這個能耐，卻是，杜月笙命令他在上海掩護、並且支援地下工作，開銷大，金錢來源日蹙，他已沒有力量再幫章榮初的忙。當萬墨林婉轉說明，章榮初卻爽快的答道：

「不要緊，墨林，我自家另外去找一條門路。不過，將來這爿紗廠辦成功，我還是尊先生為董事長。」

他找門路，要找就找「巨頭」，汪偽政權的「中央儲備銀行副總裁」錢大魁，鴉片癮大，經常通宵不眠，橫陳煙榻，一抽便抽到天亮，白天裡他不上班，公事在鴉片煙榻上辦，長夜漫漫，無人作伴，甚感寂寞無聊。於是，章榮初尋一個機會，夤緣結織，自家犧牲睡眠，夜夜陪錢「副總裁」抽煙聊天，錢大魁辦公事，他有時候也借箸代籌，出出主意。一兩個月下來，錢大魁眼中，口裡，心上，就只有一個章榮初；對他言所計從，百依百順，除了章榮初以外，他連自已老婆兒女的話都不肯聽。

有了這麼紮硬的後臺，他要借貸，予取予求，不幾個月，榮豐紗廠開成功了，他劍及履及，言而有信，將一切成果、收穫歸於師門，敵偽時期，杜月笙不便擔任名義，但是章榮初暗中尊他為董事長。徐采丞、徐寄廎，這兩位杜月笙在上海的好朋友，分任常務董事之職，萬墨林也成為榮豐董事。杜月笙勝利還鄉，榮豐紗廠便正式歸於他的龐大事業系列。

榮豐紗廠開業半年，紗錠增加四倍，計達兩萬錠之多，章榮初雄心勃勃，更上層樓，請萬墨林打電話給張慰如、沈長庚，批准榮豐的股票上市。榮豐股票上市在他非為目的，僅只是一種手段。因為他另外開設一爿買賣證券的號子，逢高拋出，逢低收進，左右逢源，兩頭賺錢。

野馬也有野馬的盤算，事業成功，鈔票賺得翻倒，他告訴萬墨林說：

「從現在起，開始積個蓄。」

73

積個蓄美金三百萬

野馬積蓄，聲勢不同凡響，他專派一個叫馬燮元的夥計，住在美國，收取他千方百計，輾轉撥來的款項，收一筆，存一筆。到了抗戰勝利，又過了三年紗廠的黃金時期，他存在美國的財產，已達三百萬美金之巨。

勝利之前，浙江海寧坍塘，亦即錢塘江的堤防潰決，海寧城廂，一片澤國，人畜損失無算，老百姓流離失所。汪偽政權財政支絀，不聞不問，報章輿論，頗有微詞。章榮初得到消息，又跑去找萬墨林：

「先生祖籍海寧，他從前說過：海寧還有他的祖墳，夜裡每每出現兩盞紅燈，當地人說：這正應了杜先生的發達。墨林，阿有這個掌故？」

「有是有的。」

「那很好，我今朝可以替先生做一件好事了。」

「做什麼好事？」萬墨林愕然的問。

「修塘。」

「報上說，修塘要四萬萬工程費，你那裡來這許多錢？」

「問偽政府要。」

「偽政府才不肯給哩。」

「我有辦法，叫他們心甘情願的給。」

他又去噓錢大魁，貸款四億，全部花在海寧修塘這一件事上。私人承擔這麼一件大事，錢大魁和汪兆銘、周佛海一商量，不但四億照借，尚且「明令」嘉獎。

當時，汪偽政權面臨財政危機，儲備券通貨膨脹，偽鈔價值天天在跌。四億借到手，工程完了一半，錢也差了一半，章榮初再接再厲，又借四億。八億鉅款用光，塘已修復，海寧人萬眾謳歌，額手稱慶，都說虧得海寧出了個杜月笙，他人在後方，還能「派」他的學生，捐出偌大款項，救了家鄉的大難。

有錢大魁替他當擋箭牌，章榮初借的這八億鉅款，拖之又拖，拖到非還不可，儲備券早已江河日下，跌得不成名堂。章榮初歸還本利，為數已不值幾何，他見了恆社老弟兄，沾沾自喜，一伸大拇指說：

「兄弟這樁事體辦得嶄極。我老早講過，汪偽政權敬酒不吃吃罰酒，修塘是件人命關天的大事，他們不做，挑我利用通貨膨脹，挖了他們的鈔票加以完成。錢由他們出，功勞歸於我，功德是先生的，然後，他們還要嘉獎、褒揚我哩！」

杜月笙自己幼年失學，發跡以後，對於捐資興學創辦文化事業，贊助鼓勵，不遺餘力。他辦了一所正始中學，章榮初秉承師訓，保持師門優良傳統，不過，他辦起學校來，規模尤且勝過乃師。敵偽時期，淪陷區的大學畢業生出國之門被堵塞，有志深造者無法成行，章榮初辦一所別開生面的學校，聘最權威的教授，買最齊全的設備，無限額的招收大學畢業生，繼續進修，埋頭研究。這在當時是很新穎的構想，抑且為切中時弊的好辦法，章榮初憑個人之力，造就了不少專門人才。

勝利了，師門凱旋，恆社同仁重又聚首一堂，正在熱烈慶祝，興奮狂歡，經濟漢奸放榜，章榮初赫然有名。這一個打擊未免太大，幸有杜月笙挺身而出，列舉章榮初在敵偽時期，對於國家社會的種種貢獻，果然大事化小，小事化無。章榮初雀躍三千，花了一百根金條，大請有關方面。

紅潮泛濫，金甌殘缺，章榮初「識時務者為俊傑」，他曾在民國三十六年，專程跑一趟臺灣，想把自已的龐大事業，移轉來臺。詎料抵臺不久便碰上二二八事件，把他嚇得回頭就跑。逃到香港，結識了李濟生，三十八年上海淪陷，他正四顧茫茫，無所適從，偏有共黨頭目李濟生對他百般引誘，保證共黨一定會保護「民族資本家」，他送了李濟生五萬港幣，決心留在上海不走，以為從此篤定泰山。

共產黨佔領上海一年多，猙獰面目顯現，三番五次的清算，把這位「民族資本家」搞得七葷八素，暈頭轉向，他曾一連四次跳黃浦江，都被別人拖了起來，自此生死不明，下落不知。許多人說：倘使他能逃到自由地區，以其三幾百萬美金的家當，及其對於師門的忠誠，或許杜月笙可以從他那兒得點孝敬，解決一下「坐吃山空，內憂外患」的煎迫，讓這一輩子都在為人著想，幫人家忙的上海大亨，多過幾年桑榆晚景。

杜月笙在抗戰八年期中，先後在港渝各地，又以「情不可卻」，收了不少的學生，因此，抗戰勝利以後，恆社子弟已逾兩千人。但是，以杜月笙如此堅決抗日，熱愛國家民族，他的學生子裡，畢竟也有失足落水，當了漢奸的，不過比率只有千分之一二而已，這是杜月笙平生最感痛心的事。

民國二十七年十二月十八日汪兆銘、曾仲鳴、陳公博、周佛海等從重慶潛往昆明轉赴河內，決意賣國投敵，消息傳出，舉國唾罵。就在汪兆銘他們出走後不久，杜月笙有三個學生子，秘密謁見，向他辭行，是為往後的汪偽政權要角汪曼雲、黃香谷和馮一先。

杜月笙早已曉得他們的去向和心意，苦苦相勸，不可一著錯，全盤輸，落了千秋萬世的罵名。但是汪曼雲他們其「志」已決，非走不可，於是大鼓如簧之舌，反過來想說服師門，讓他們去探一探虎穴，做一名刀口舔血的漢奸。這三個學生子都很會說話，當時曾與杜月笙舌辯滔滔，痛切陳詞：

「先生向來路路皆通，到處都安排得有人，淪陷區這麼一大塊地方，汪精衛投向日方多少能起一點作用。先生讓我們去，等於預先佈好的一著棋子，將來我們照樣可以為先生辦事體。」

這得歸咎於杜月笙太愛護他的恆社子弟了，不忍他們在向自已坦陳以後受阻，一個搞不好，便白白的送了性命三條。他只好裝個糊塗，佯作不知而縱之使去，汪曼雲等在向上海進發途中，他又不勝懊悔，密電知會萬墨林，叫他做後的努力，勸汪曼雲、馮一先、黃香谷懸崖勒馬，迷途知返，但是萬墨林那能說服得了這三位。汪、馮、黃的下水，使杜月笙悔恨交加，無以自解，勝利後他又基於私人感情因素，不惜對簿公庭，上法院作證，為汪曼雲開脫，總算又救了汪曼雲一命，不過當他私下談起這位「愛徒」的時候，他輒常恨聲不絕的說：「大自鳴鐘的臺，都叫他們坍完了！」

上海有三大自鳴鐘，杜月笙指的是法大馬路那一座，法大馬路大自鳴鐘之後，便是法大馬路巡捕房，黃金榮的發軔地，也是黃、杜、張三大亨打天下的起點，黃、杜、張三門子弟，都把這一座自鳴鐘視為基礎、根源。

74

天下之歌盡入斯社

恆社子弟以杜月笙的趨向為趨向，立場為立場，榮辱為榮辱，依歸為依歸，步伐一致，義無反顧；同時他們也以師門的興趣為興趣，嗜好為嗜好，亦步亦趨，——敏行訥言，俱嗣芳躅。杜月笙雅嗜皮簧，歡唱喜粉墨登場。姚玉蘭、孟小冬兩位京朝名伶，先後成為他的夫人，因之，形諸於恆社的另一特色，則為「天下之歌，盡入斯社」，除了姚孟二夫人外，杜張是名票，杜月笙的八兒三女，個個擅演能唱。家人親眷而外，恆社中精研皮簧，獨擅勝場的多如過江之鯽，誠所謂投鞭斷流，不可勝計。名伶如譚富英、馬連良、葉盛章、趙榮琛、高慶奎，名票如趙培鑫、楊畹農、王震歐、裘劍飛、郭倫倫、汪其俊、孫蘭亭等等，恆社子弟真是隨時都可以演出各宗各派的拿手好戲。

一二八之後，八一三之前，國家勵精圖治，埋頭建設，又復出現四海昇平的小康局面，堂會義務，賑災恤貧，以杜門為號召，拿恆社為中心的平劇演出，絡繹不絕，所在多有。民國二十四年長江黃河同告泛濫，災歉頻仍，遍地哀鴻，杜月笙又應賑濟委員會之請，迭在杭滬二地，舉行規模盛大的義演。這一次義演他別出心裁，將他的姚氏夫人姚玉蘭請出來，和伶王梅蘭芳搭配，姚氏夫人的鬚生，加上梅大相公的青衣，珠聯璧合，旗鼓相當，益顯恆社的堂堂陣容，赫赫班底。他們在杭州連滿一星期的座，再轉回上海，假座金廷蓀主持的黃金大戲院，又整整的「客滿」一個月。頭一天演出姚玉蘭唱「托兆碰碑」，孔祥熙夫人特地邀她的令妹蔣夫人去看姚玉蘭的戲，蔣夫人看見姚玉蘭在臺上藉由檢場之手喝了幾口茶，以為不免破壞了劇中的氣氛，姚玉蘭聽說之後頗以為然，翌晚她唱全本「穆柯寨」，真的一口茶都沒喝。

奉張（東北王張作霖）那邊，和張嘯林有點舊交情，但是隨著民國十七年皇姑屯那顆炸彈，轟到了九霄雲外。二十二年初春，張嘯林在上海諸事不遂，心情鬱悶，經過陳效沂、翁左青、金少山等人一慫恿，他連杜月笙都沒告訴，悄然的上北平、天津雲遊去了。大帥一走，杜月笙趁此機會，為免物議，莫再造孽，爽性把福煦路一八一號那爿豪華絕倫的賭場，宣告關門大吉。從此，杜月笙才算是跟煙賭兩檔，黑道上的關係，全部斷絕。九一八之役，東北淪亡，張學良備受國人苛責，朝野人士，對於他鮮少諒解。廿二年一月三日，山海關失陷，東北軍和華北部隊宋哲元等，還有三十餘萬之眾，佈防長城，扼守熱河，張學良則以北平綏靖主任、北平政務委員會常務委員等名義，在北平坐鎮指揮，當時將士抗敵情緒高張，又有全國怒潮澎湃般的同仇敵援，作為支援，照說，應該有些作為，然而二月二十七日，日軍開始攻擊熱河，三月一日，尤其猛攻赤峰，大會戰展開序幕。三日，熱河省主席湯玉麟也來了個不戰而退，熱河省會承德陷敵。蔣委員長和軍政部長何應欽，相繼北上，親自指揮抗日軍事，因而才有冷口、古北口、喜峰口的大捷，其中喜峰口的那一仗，二十九路軍大刀隊，急行軍六十華里，穿心攻擊日軍敵兵陣地，旅長趙登禹手刃日軍六十餘名，擄獲大砲十八門，五千餘名日軍，授首於我軍霍霍刀光之下。二十九路軍英名不朽，和十九路軍的死守淞滬相互輝映，基此，方使華北的局面有以穩定，日寇的凶燄又告遏阻。

三月七日，張學良電呈中央，引咎辭退。八日，國民政府明令通緝湯玉麟。

張學良電請辭退本兼各職後，便悄然南下，他的夫人于鳳至，密友趙四小姐，副官長譚海少將同行，尤有大批的參謀、副官和衛隊相隨，這大隊人馬自天津乘船抵達上海，沿途行蹤，非常秘密。因為張學良曉得他已無法見諒於國人，率土之濱，衛恨甚深，不知有多少熱血沸騰的愛國人士，想得他而匡甘心！

行蹤詭秘之外，到上海的住處，也煞費週章，大傷腦筋，居住條件得夠理想，禁衛尤須十分嚴密。張學良要找的居停主，不但需要有其身價，而且，必須為大有力的人士。

杜月笙和張學良並無深交，對於他坐失大好河山，和其他國人一樣的同聲憤慨，但是，英雄末路，徬徨海上，使他激起了俠骨柔腸，為張學良的際遇，頗表同情。於是他力排眾議，毅然宣佈，張學良寓滬時期，他將為張氏一行全體的居停主，而把福煦路一八一號那幢水木清華巨廈，佈置一新，請張學良下榻。

他決意這麼做，使不少人為之感佩，同時也令若干人士，對他極為不諒。張學良到了上海，住進福煦路一八一號，有感於杜月笙的慷慨俠義，隆情高誼，他曾挈同于鳳至，親詣華格臬路杜公館拜訪道謝。陽曆二月，春寒料峭，杜公館那天沒開暖氣，于鳳至的貂皮大衣一脫，裡面便祇有薄薄的綢衫，坐了許久，受寒忍凍，兩條玉臂竟凍成了青紫，杜家的娘姨，悄悄的在後面說笑，當于鳳至頻頻喊冷，她們便造了這麼一則諺語：「若要俏，凍得叫！」

75

張學良險乎吃炸彈

杜月笙招待張學良，慇懃誠懇，無微不至，他有心在強大寒流裹脅張學良一家門的時候，給他一些人情溫暖，寬慰開懷。他為張學良大開盛筵，甚至彩排演出精采的平劇堂會，張學良的家小，和杜月笙的內眷，迅速建立了親密的友誼。

正在盛會連連，賓主歡洽，突然之間，出了大亂子。福煦路一八一號的大門口，有人放下一枚取去引信不會爆發的炸彈，而且，在炸彈上附有警告信，信上略謂：「請張學良即日離開上海，否則的話，第二顆炸彈送來，保證爆炸。」

炸彈和信，經杜月笙派在附近的便衣保鑣，撿拾起來，原封不動的交給杜月笙。杜月笙一看，大驚失色，旋又赫然震怒，張學良在上海，由他負責招待，幾已成為公開的秘密，如今有人敢捋虎鬚，公然的丟放炸彈，留書警告，這就等於是跟杜月笙過不去。他既駭怕亡命之徒真的做出事來，又因為居然有人不買他的賬，顯顏色給他看，而感到怒不可抑。

他採取緊急行動，一方面吩咐他的手下，把這件事情瞞住，不使張學良他們曉得。另一方面，則派出大批人馬，秘密訪查，到底是那一路的那一位朋友，硬要叫杜月笙坍這個臺？

一連幾天，福煦路戒備森嚴，如臨大敵，杜公館人進人出，神秘緊張，炸彈來源終於查了個明白。原來，又是上海赫赫有名的殺人王、職業兇手、刺宋案幕後主角王亞樵，激於義憤，幹的好事。

王亞樵在上海時而是闊佬，時而當癟三（衣癟、肚癟、住癟，幾同窶人子也），當他「床頭黃金盡，壯士無顏色」，朋友倒跟了一大群，不得開交的時候，也曾托缽杜門，請杜月笙幫過錢忙。但是他既不在清，又不在洪，今朝革命，明日反動，沒有人摸得清他的底細，卻彷彿他背後總有點政治關係，尤其此人心黑手辣，行動飄忽，膽大於身，天不怕來地不怕。杜月笙有廣大的群眾力量，王亞樵則有隨時可以為他賣命，斧鉞在所不避的死黨，因此之故，連杜月笙對這個亡命之徒，都要忌憚三分。

迫不得已，派人去跟他講斤頭，倒要問個明白：這麼樣窮凶極惡，究竟意下如何？王亞樵的回答非常漂亮：我這麼做，不為什麼，祇因為張學良是國家民族的罪人，我是中華民國的國民，我要對他加以制裁。

就在找到炸彈來路，往返交涉談判的期間，張學良得到了消息，他問明白王亞樵是個什麼樣的人物，因之十分驚恐。他請來杜月笙，挽他出面調解，他並且提出，如果王亞樵的那個組織，需要活動經費，他願意盡力幫忙，予以接濟。

杜月笙笑了笑說：

「請少帥放心，我老早就在派人跟他們講斤頭了。即使要花點錢化解，你是我的客人，一切就該歸我，我斷乎不會使你破費。」

然而，癥結在於再多的錢也解決不了問題，王亞樵鄭重聲明，他此舉是為國家民族大義，立誓分文不取。他請杜月笙轉達張學良，提出三項條件：

一、馬上回到北方，重整兵馬，和日人決一死戰。

二、如不能戰，請返東北，自殺以謝國人。

三、既不願戰，也不肯死，那麼，請將全部財產交出，購買軍火，並且接濟關外的義勇軍。

三條路，他請張學良擇一而行，否則的話，他的第二顆炸彈就要摜下來了。

杜月笙代表張學良答覆，他說這樣不行，你們不能逼人太甚。張學良果若有罪，國家自有法律，你要私人採取行動，張學良是我杜某人的客人，我有保護之責，義不容辭，那麼我們便以私人對私人，行動對行動，你若傷了張學良的一根汗毛，我必將盡起上海清洪兩幫弟兄，管教你的徒子徒孫，一個也活不了。

攤了牌了，王亞樵開始軟化，三項條件合而為一：請張學良限期離開上海，以免他大言炎炎，話已出口而收不回頭，在外面混世界的講究言出必行，逼急了唯有性命相拼。杜月笙又叫人去說：你放心吧，張學良在委員長的教誨之下，已經在發奮振作，洗心革面了，他現在正請上海療養院的美國醫生米勒（Harry Wills miller）戒毒。戒毒完成，最多不出一個月，他即將出洋考察，上海這個是非之地，十里洋場，他已沒有興趣再住下去。

張學良是東北王張作霖的長子，張作霖崛起草莽，胸懷大志，為人機智深沉，勇敢坦率，他一心要張學良繼承他的事業，而張學良則比較富於文人氣質，他在他父親的手下當旅長，目覩戰爭殘酷，殺人如麻，內心惶懼不安，於是開始吸食鴉片，藉求麻醉。由於他的性格恣放，無法克制自己，他的煙癮越來越深，並且由鴉片而嗎啡，自服食到打針，他到上海的時候，幾乎每隔一個短時間，便得注射一針毒劑。他曾捲起自已的衣袖褲腳給杜月笙看，胳臂腿上，打針的瘢痕纍纍，肌肉鐵硬，有些地方連鋼針也戳不進去，連杜月笙見了，都不禁為之駭然，他把自已力戒鴉片，如今毒癮漸去，身體恢復健康的經過，告訴張學良，希望他也能倣傚而行，下定決心，把他這痛苦難熬的煙毒，徹底清除。

張學良聽後，頗為動心。宋子文、吳鐵城都是很愛護張學良的朋友，利用此一機會，苦苦勸促，於是由張學良自已報告委員長，決心戒煙，然後出國考察、休養，不久，張學良的澳籍好友兼顧問端納（W.H.Donald），便專誠拜訪上海療養院院長，美籍醫師米勒，正式請他替張少帥戒毒。

王亞樵得到杜月笙的最後答覆，他狡獪的不予置答，而對於張學良的「戒毒遠行」，採取密切注視的觀望態度。這一來，便使杜月笙相當的緊張、忙碌，他一面督促米勒醫生，克服一切困難，加速完成張學良的戒煙工作；此外，他還得加強福煦路一八一號的警衛，並且嚴密監視王亞樵的黨羽，以免偶一不慎，釀成嚴重事端。

76

請張少帥換隻床睡

福煦路一八一號水木清華，鳥革翬飛，但是由於王亞樵的為難作對，炸彈警告，於是危機四伏，如臨大敵。張學良在上海多住一天，杜月笙肩膀上的重擔，便一日不可脫卸。因此同輩朋友淘裡，有人背底下笑他「自討苦吃」，門人弟子中但凡激烈前進的也在苦諫何必「多此一舉」，卻是杜月笙屹然不為所動，他堅持保護張學良到煙毒盡去，自願離開上海為止，旁人問他何以非如此做不可，他答覆起來倒是很簡單的：

「我說過了這句話哩。」

張學良曉得了王亞樵揚言對他不利的消息，徬徨焦灼，進退維谷，形之於他的戒毒，益發顯得急切迫促，暴躁易怒。平心而論，以張學良當時的毒癮之深，平均每十五至二十分鐘便得注射一針，尤其他不靠注射還無法入眠或休息，在這種情形之下奢言戒絕，真是談何容易？除了醫師處方的生效，最重要的還是他本人堅強的毅力，不屈的鬪志，王亞樵的無風起浪，咄咄逼人，跟杜月笙的仗義援手，煩惱無窮，這兩者相生相激，匯成了一股相當巨大的壓力。這股壓力增加了張學良的內心負擔，他矢志非戒卻煙毒，早日放洋不可。

密勒醫生（Harry Wills Miller）是美國人，卻也是「老上海」，他生於公元一八七九年七月一日，美國教會醫藥學院畢業，公元一九〇三年時他才二十四歲，便飄洋過海的到達黃浦灘，轉赴內地，義務行醫，同時出版宣揚福音，歷史最久而散播最廣的時兆日報（Sign of Times），時在遜清光緒二十九年，癸卯。

民國十四年他重臨上海，十七年開辦上海療養院，成為黃浦灘上著名的外國醫生，因此，杜月笙和他一系列的人物，都跟米勒很熱。當張學良的澳洲顧問端納拜訪密勒，請他為張學良戒毒，此一醫師人選的確定，便出之於杜月笙和楊志雄的建議，密勒接受了這個委託，杜月笙更請楊志雄在暗中擔任他的顧問和參謀，同時他又派出了他的私人醫藥顧問龐京周，喊龐京周充任密勒的助手，杜月笙告訴張學良說：

「龐醫生對於戒煙相當拿手，我的鴉片煙癮，多一半是龐醫生負責執行，幫我戒絕的。」

張學良欣然道謝接受。

由於杜月笙是張學良在上海的居停主，杜張兩家交誼密切，一八一號裡又有杜公館派去的保鏢和傭人，上海張寓的一草一木，一舉一動，杜月笙隨時都有情報，可以說是摸得熟透熟透。因此當他全神貫注，協助少帥戒毒，他便不斷的向密勒提供意見，多方指導，有時候透過楊志雄或龐京周，有時候乾脆由他自已告訴密勒。

要不然，美國人密勒，對於張少帥的戒毒障礙，怎麼會瞭解得那麼清楚，清除得那麼徹底呢？問題由杜月笙發掘，意見由四人小組會商決定，要求則由主持人密勒公然提出。

首先密勒要求張學良的夫人于鳳至，和他的密友趙四小姐必須同時戒毒，然後他堅持他有指揮張學良衛隊和親隨的全權，接下來他更進一步驅散整天環繞在少帥身畔，專以解決少帥「痛苦」為能事的張氏私人醫師。

三項要求經過張學良同意照辦，密勒便先替少帥灌腸，請他吃麻醉藥，使他安靜的入睡。漫長的第一天過去了，竟然風平浪靜，張學良若無其事，密勒對他的毫無反應殊感駭異，而且頗有手足無措之苦，於是，第二天，他奉到杜月笙的指點：

「請張少帥換一隻床睡。」

密勒興奮的照辦，給張學良換了一張病床，他親自檢查舊床鋪，秘密發現了！被褥、床單、枕頭，隱秘的地方，到處散置含有毒物的藥片，這是張學良私人醫師的傑作，讓少帥在難熬的時候過關。

77 凡私遞藥物者「槍斃！」

夾帶破獲，忠心耿耿的私人醫生還不死心，他們已被隔離，卻在秘密聚議，如何透過封鎖線，再遞送毒物進去「解救」少帥，事為杜月笙偵悉，他深知事關戒毒成功與否，而他的種種防範措施，斷難絕對阻止走私漏洞。於是，他覺得必須採取緊急措施，請楊志雄去面陳宋部長，由宋部長下一道命令：「如果有人干涉密勒醫生的治療，或者私遞藥物，一經查獲，立予槍斃！」

宋部長當然沒有槍斃誰的權力，但是，作為嚇阻，這已經很夠了。張學良的私人醫師和護士，不敢以身試「法」，全部作鳥獸散。

於是，全面戒毒兩日以後，張學良的「痛苦」臻及高潮，他身心崩潰，大哭大叫，而且瘋狂暴躁，無法控制。當密勒照例的推門入內探視，張學良竟會給他兜胸一拳，用力之猛，竟將身強力壯的密勒，打成了內傷。

密勒明知道他所受的痛苦，那種億萬毒蟲咬噬般的燒灼與折磨，軀體和心靈同時被撕裂的劇疼。他為少帥難受，卻是無法使他避免這苦難的歷程，他停止使用鎮靜劑，麻醉藥，不惜和張學良從事打鬥和肉搏，迫使少帥精疲力竭，伏在床上，像個孩子般的哀哀哭泣，傾吐他內心中的苦悶與懺情。日復一日，他在極殘酷的執行任務。

終於挨到了民國二十二年四月，張學良苦盡甘來，毒癮全部戒絕，他迅速的恢復健康，重現多年前的精神抖擻，容光煥發；他參加杜月笙的慶賀宴，送了密勒醫生五萬塊錢。四月十日，張學良由上海療養院派的卡爾佛醫生（Raed Calvert）隨侍，帶著毒癮同告戒除的于鳳至和趙四小姐，跋涉重洋，遠遊歐洲。

直到這時，杜月笙肩荷的重擔，方始輕輕的放下，當他輾然微笑，如釋重負，他便漸漸的發覺，無分朝野，各界人士將他這一次的重然諾，尚義氣，居然大為讚賞，由衷佩服。他又成功了，如今，連廟堂人物都在頻頻頷首，開口誇道：

「杜月笙這個人倒是很夠義氣的！」

事隔多年，杜月笙方始向人透露，為張學良戒煙，幾乎釀成軒然大波，東北軍的將領，不明內幕，未悉底蘊，聽了好事之徒的挑撥，居然說為張學良戒毒，那正是在陰謀暗殺張少帥。流言最盛的時候，東北軍都派了代表來上海，揚言倘若發現情況不對，他們將以武力對付主其事的各人。

「當然，」他匿止笑意說：「凡是這些外來的阻撓，我為了使密勒他們不致分心，始終都是瞞著他們，而由我自己設法妥為應付的。」

杜月笙的收穫，除卻時論的揄揚，再有便是獲得張學良發乎內心的友情。戒毒成功，張學良心情極其輕鬆愉快，他在臨別之際，曾經向杜月笙懇摯而又熱切的表達他的謝意，他說：

「對於這一次的治療，我固然受了不少的痛苦，但是我也從此獲得了新生，杜先生，你為我所盡的心力，我統統知道，此時此刻，我祇能告訴你一句，我對你唯有萬分的感激！」

民國二十二年四月十日，張學良攜眷放洋，遨遊歐州。杜月笙親自送他到外國郵輪上，執手道別，不勝依依。

78 這個命就不必算了

到了民國二十二年十一月十五日，閩中生變，國民政府明令褫革陳銘樞、李濟琛、蔡廷鍇等本兼各職，蔣委員長親赴建甌，指揮中央軍進剿閩北叛軍。與此同時，江西剿赤大戰正在激烈進行，而華北方面，日偽軍業已開始大舉侵犯冀東，內憂外患，又是接踵而來，國家局勢非常嚴重。因此，蔣委員長在十二月十八日，打電報給方在義大利遊山玩水的張學良，召他立即回國任職，共赴國難。

張學良在二十三年元月匆匆返國，旋不久他便發表了豫鄂皖三省剿匪副總司令，當月二十日左右，杜月笙因為有事晉謁蔣委員長，也從上海到了南京，跟他同行的有王曉籟、胡筆江、錢新之、胡筠莊等人，萬墨林隨行照料，這大隊人馬一道住進了中央飯店，張學良雖然經常都在參加軍事會議，公務極為繁忙，但他仍然撥冗跟杜月笙見過了面，他很希望能抽出一天時間，陪杜月笙好好的玩一天，然而兩位好友湊來湊去，湊不在一處，因此，當張學良聽說杜月笙說二十四日便要回上海，他殊感惆悵，遂而建議的說：

「我剛置了一架波音式飛機，飛機師請的是德國人。二十四號杜先生回上海，就坐我這架飛機去，又快又穩當，你說好不好？」

盛意難卻，杜月笙祇好點點頭說：

「也好，我這就先謝謝張先生了。」

杜月笙每到南京，也像外國政要、國內封疆大吏、達官權要一樣，必定是住設備允稱第一的中央飯店，而他住中央飯店，又要比任何人更為方便；因為中央飯店的老闆，正是他的要好朋友江政卿。

江政卿曾經是黃浦灘上的風雲人物，清末民初，他便是上海民間自衛組織「商團」的主要份子，辛亥革命，他即揮舞大刀，高聲喊殺，攻打過清軍堡壘江南製造局，民國十三年他當上海警察廳長，下車伊始，杜月笙為了替老朋友賀一賀，一口氣送他兩部在當時視為新奇物事的小包車。江政卿手下最重要的一位司法科長劉春圃，便由於江政卿的介紹，和杜月笙成了生死刎頸之交。在民十三年以後，江政卿和劉春圃，還有緝私營統領何嘉祿，內河水上警察局長沈葆義字夢連小名阿妹，都是對於杜月笙幫助最大，交情最深的朋友。民國十六年北伐成功，江劉等人下臺一鞠躬，江政卿便別具慧眼，以拓廣交遊和爭取贏利為目的，到南京去開設了富麗堂皇的中央飯店，而劉春圃則出入杜門，成為杜月笙早期的智囊之一。

有這一層關係，杜月笙住中央飯店，就等於住在要好朋友家裡，江政卿不論怎樣忙法，但逢杜月笙一到，他總是成天到晚的奉陪。這一次杜月笙來南京，頭天晚上便問起江政卿：

「聽說南京有個朱瞎子，算命靈得很，南京的大好佬，爭先恐後的請他算哩。」

「不錯，這位朱瞎子現在紅得一塌糊塗，」江政卿笑了笑說：「他架子大來兮，規定一天只看幾號，故所以講他算命要事先登記，排好隊挨下來。怎麼樣？杜先生阿有興趣，請他來推算推算流年。」

「算了吧，」杜月笙搖搖頭說：「我這次到南京，住三天就走，我才沒有功夫去掛號排隊挨次序。」

「笑話！」江政卿大聲喊了起來：「杜先生要照顧朱瞎子，還要掛什麼號，排什麼隊？我去知會他一聲，叫他自已來。」

話說過了，杜月笙也就沒有再擺在心上，可是當天晚上他拜過了客，赴過了宴回右央飯店，江政卿果然已經把朱瞎子「喊」了來，坐在起居室裡，恭候大駕。

排好了八字掐指一算，朱瞎子把手放下，臉泛苦笑，輕緩搖頭。

「怎麼樣？」江政卿很緊張的問。

「這個命便不必算了。」

「為什麼呢？」連杜月笙都給他嚇了一跳。

「無非是好、好、好，一路好到底而已，」朱瞎子搖頭播腦的說：「這位先生名氣頂大，飛黃騰達，而且妻財子祿，無一不旺，現在是登峰造極，將來必定一帆風順。」

曉得瞎子看不見，杜月笙向江政卿搖頭冷笑，江政卿懂他的意思：江湖術士，胡吹瞎捧而已，他不相信。

於是江政卿順便把自已的八字開出來，也請教請教朱瞎子。

推算已畢，朱瞎子要言不煩的說：

「閣下一生財星都旺，卻是，不會積財，永遠在當過路財神。」

杜月笙自嘲的一笑，輕輕的說：

「這個言話，說我倒還差不多。」

79
波音專機下不了地

「杜先生，信不信由你。」朱瞎子突來驚人之筆：「眼面前，你有一次意外，不過福人天相，逢凶化吉；非但平安渡過，而且還可以造福社會，便利大眾。」

送走了朱瞎子，杜月笙一聳肩膀，嗤之以鼻：

「瞎三話四，天底下會有這種事體？」

元月二十三日杜月笙打電話通知張學良，他訂於當日下午晉謁過蔣委員長以後，便直接到明故宮飛機場，借張學良的波音專機，飛返上海。張學良在電話中問他：

「叫他們準備四點鐘起飛，好嗎？」

想了想，杜月笙答道：

「還是訂在五點鐘吧，訂早了恐怕來不及，就擱了他們各位的時間。」

午飯後，照好同行的各位朋友，專機下午五時起飛，各位有事，不妨自便，五點鐘以前，在明故宮機場集合。杜月笙驅車黃埔路委員長官邸，很不湊巧，委員長正召見一位德國顧問，商討很重大的問題，談話的時間一延再延，杜月笙祇好坐在外客聽裡等候。

四點半鐘，同行朋友紛紛回到中央飯店，準備動身，王曉籟一眼看見了江政卿，高聲大叫：

「政卿兄，一道回上海去白相。」

「不，」江政卿搖搖頭說：「我打算過兩天再回去的。」

「一道走嘛。」王曉籟素來愛熱鬧，他勸促的說：「坐飛機，不要你買票，又快又方便，再講，一路上大家還可以談談笑笑。」

推不脫，江政卿只好答應了，他說：

「好吧好吧，我就聽王二哥的話，跟你們各位同回上海。」

突然之間想起來，提前回家，唯恐上海家中不曉得，江政卿順便撥了隻長途電話，通知滬宅，當天下午五點鐘，他要跟杜先生、王曉籟等等等等，各位老朋友一道坐飛機到上海，五點鐘起飛，充其量一個鐘頭，便可以在龍華飛機場降落。

通過電話再回杜月笙的房間，名坤伶，杜月笙的過房女兒章遏雲，打扮得雍容華貴，帶了些南京土產，來給過房爺和眾家爺叔送行，而且除了她以外，還有送行的朋友繼續在來，大家都坐在杜月笙套房的起居室裡，談笑風生，興高采烈。

章遏雲鐵定元月二十七日起，在南京大戲院登臺演唱，她到南京之前，就由杜月笙跟江政卿打了個招呼：章遏雲來，務必照拂捧場。江政卿一拍胸脯，說是杜先生你言話一句，統統包在兄弟我身上了。但是章遏雲一到南京，消息才發出去，就有一張「中國日報」跟她「弗寫意」，無緣無故編排些事來罵她，江政卿見報覺得這不太好，使他在杜月笙面前坍臺，於是他託人遞話給中國日報，務請賣個面子，不許再罵。這場交涉還在進行之中，所以章遏雲一看到江政卿，便忙不迭的問他交涉結果如何。

又有王曉籟在打趣的說：

「江家爺叔不管妳的事體了，他今天跟我們一道回上海。」

章遏雲一聽便急了，她說江家爺叔你幫忙要幫到底，這個時候你不能走。

一房間人正在鬧哄哄的，夕陽西下，暮靄四合，不知不覺都快六點鐘了。杜月笙匆匆忙忙的趕回來，他一進門便著急的說：

「糟糕，糟糕，多躭擱時間了，我們得趕快動身。」

但是章遏雲的問題沒有解決，她拉住過房爺便「告狀」，杜月笙一心急著早早趕到飛機場，無可奈何的對江政卿說：

「政卿哥，那麼你還是照你的原定計劃，晏兩天再回上海去！」

「好嘞。」江政卿爽快的一攤手說：「杜先生都關照過，還有啥閑話好講！」

一大群人分乘幾部汽車，電掣風馳的到了明故宮機場，財政部長宋子文等達官顯要都在機場相送，杜月笙派人去跟德國飛機師道歉，說明遲到的原因。德國飛機師說這有什麼關係，我們今天反正只有送杜先生到上海這一件事。

張學良的專機佈置華麗而舒適，大家坐在飛機上，就跟坐在客廳裡一樣，沿途提高聲浪，有說有笑，時間便飛快的渡過，由南京到上海，航行時間大約在一個鐘頭左右，波音式飛機是六點鐘起飛的，胡筆江偶然掀開簾子望望窗外，他自言自語的在說：

「咦，天都黑了！」

一句話提醒了大家，不約而同的去看手錶，不約而同的驚喊起來——

「哎呀！都七點半了哇！」

德華洋行買辦胡筠莊還在坦然若無其事的解釋說：「臘月裡了，天黑得快！」

楊志雄晴天霹靂般觸及現實問題——

「天都黑了，飛機怎樣降落？」

「對呀！」——機艙裏頓時出現一片沈寂，人人面如土色，瞋目駭視，就跟波音機起飛的那一瞬間一樣，心臟倏的往下一墜。

全驚呆住了！

80

汽車開燈稻草起火

機艙裏燈光一亮，時間也不知道過了多久，楊志雄側耳傾聽，深長的嘆了一口氣，他宣佈說：

「飛機在兜圈子！」

杜月笙的兩頰，起輕微的痙攣，他勉持鎮靜的開了口：

「墨林，去問問飛機師，阿要緊？」

萬墨林愁眉苦臉，著急的嚷喊：

「爺叔，飛機師是外國人，我又不通洋文！」

通駕駛艙的門開了，德國機師的中國助手，面容嚴肅的在門口一站，他一臉苦笑的：

「諸位貴賓，我們現在有一點困難，因為起飛的時間過晚，上海機場又沒有夜航設備，我們的駕駛員正在降低高度，盤旋搜索，希望能夠及時找到降落的地點。」

胡筆江聲音顫抖的問道：

「萬一找不到降落的地點呢？」

楊志雄趕緊把他這不合時宜的一問岔開，他懷著無窮的期盼再問：

「可不可以飛回南京去？」

中國機員斬釘截鐵的答道：

「南京也沒有夜航設備。」

完了，這就等於死刑的宣判，京滬兩地俱無夜航設備，這架飛機便告無路可走。快八點鐘了，天色全黑，無星無月，一飛機人的命運，唯有兜圈子兜到汽油罄盡，然後直摔下去，大家粉身碎骨。

機聲軋軋，響個不停，沒有人再開口說話，沒有人移動一下身子；一分一秒，像壓路機輾在人心上渡過。鬼門關口，生死決於俄頃，正是此一情景的寫照

認定墜機身之已難迴免，大家面面相覷，不好意思哭，卻是心酸酸的十分難過。這樣子死未免不值，這樣子死實在太慘，於是有人禱告，有人喃聲吟佛！

也不知道是誰陡然一喊，喊出來重生佳訊，無上綸音：

「下面好像有汽車燈光在亮！」

「還有很亮的火光！」

一下子衝到窗口挑帘外望，杜月笙眼睛尖，他看見距離不遠的地面，像煞有十幾輛汽車，圍定一塊平地，十幾輛汽車一齊打開了車燈，從四面八方向那塊平地照射。平地兩端，又燃起了兩處熊熊的火燄，火光映處，依稀可辨龍華機場尖長高聳的塔臺。

據杜月生事後告訴家人，當時，他彷彿認定全飛機上的人得救了，然而，這究竟是怎麼一回事，

他卻並無所知，正自疑惑不定，那位中國機員，又走到機艙門口，這一次，他是滿面春風的在報告：

「諸位貴賓，現在好了，我們方才已與塔臺連絡，幸虧迎接各位的汽車，圍住機場，將車燈全部打開，照亮了機場跑道，不過駕駛員為了鄭重起見，又請機場上的人在跑道兩旁，多燃火光，稍微等一歇，亮度一夠，我們便可以安全降落！」

「阿彌陀佛！」轟然一聲，大家同時宣起了佛號：「總算是得救啦！」

81 鬼門關口走了一遭

下了飛機，驚魂甫定，一看前來迎接的親戚朋友，司機保鑣，一個個滿面泥污，直累得額汗涔涔，喘息咻咻。原來，飛機在頭頂心盤旋，他們統統在地面急得團團打轉，眼看大事不好，飛機要摜下來起火燃燒，偏生呼救無門，沒法援手，後來，有人想起車子到了一二十部，何不一齊打開車燈，指明跑道目標，一二十部車便急急忙忙，向四面八方開，不管大路小路，爛泥稻田，團團的將跑道團住。移時，機場上的人員大聲疾呼，請大家幫忙去尋找稻草，堆到機場兩頭燃燒，越多越好，越快越妙，於是乎老爺爺太太，阿媛小開，十萬火急的跑到附近農家，向鄉下人買稻草，並且請他們火速往飛機場搬，情急起來，花多少錢都不在乎了；多少人往返奔跑，手忙腳亂，方始搶回這一飛機的性命來。

深夜，回到華格臬路杜公館，杜月笙神情亢奮，眉飛色舞，在向家人朋友細說遇險經過，電話鈴聲不歇的在響，南京張副總司令、宋部長……許多要人朋友得到了消息，還有上海的各界首長，大佬大亨，關懷備至的打電話來慰問，杜月笙分別接聽，一一致謝，少不得又要簡述一番險況種種。

一直忙到了午夜過後，杜月笙面對著黑壓壓一片的家人、親友、門人學生，靈機一動，作個結論，他感慨系之的說道：

「我這一生真叫沒有白活，連鬼門關的滋味，都給我嘗過了。」

上海龍華機場經過這一次驚險事件，旋不久，便添增了夜航設備，杜月笙聽說了，回想在南京中央飯店算命，朱瞎子講的：「非但逢凶化吉，還可以造福社會，便利大眾」，他喃喃自語的道：

「真給這個瞎子算準了哇！」

張學良專機遇險那夜，江政卿在南京獲悉經過詳情，往後，他向章遏雲道謝，說是那日章小姐不把我拉下飛機來，少不得也白吃一場性命關頭的驚嚇，卻是旁邊有人告訴他說：

「杜先生他們還要謝謝你呢，多虧你打了長途電話回上海，你的夫人聽說你提前回家，心裏一高興，到處打電話約人去接，又分別通知了杜公館、楊公館、錢公館……，因此，才有那一二十部汽車準時趕到龍華機場迎接，才湊齊了那麼多道燈光，那麼些個人手，否則的話呀，哼哼，那就糟了！」

杜月笙的好朋友，老搭檔史量才，有三個極其顯赫的頭銜：申報主人，上海地方維持會會長，和上海第一屆臨時參議會議長。這三大機構，當史量才在京杭國道被刺殞命以後，或遲或早，都由杜月笙照單接收，而且因此使他的聲望與地位，更上層樓。

無可否認的，在史量才的心目中，杜月笙是他既敬且愛，合作無間，可以推心置腹，託付善後的最要好朋友。史量才的崛起滬濱，跟杜月笙比較，那是別具途徑，另有一功。史量才，江蘇人漂陽人，個子長得非常矮小，他其貌不揚，談吐也俗，卻是道道地地的智識份子出身。清末民初，他便在上海民立中學教書，看準辦報是名利雙收的好行業，只是苦於沒有錢。

82

黃炎培蠱惑史量才

我國歷史最悠久，規模最宏大的新聞事業，厥為遜清同治十年，由英國人安納茲、白華德、樸資懿和約翰華其羅，以規銀一千六百兩辦起來的上海申報，申報創刊於同治十一年（公元一八七二）四月三十日，用油光紙鉛印。光緒三十年安納茲回國，由福開森花七萬五千兩銀子盤下來接辦，聘席子佩為經理。宣統元年席子佩向福開森全部價購，從此中國創辦最早的報紙，落在國人之手。

民國元年史量才否極泰來，貞下起元，他的境遇突然好轉，乃得獲售生平大願，花十五萬銀洋，從席子佩手中盤下了申報館。史量才的「瓦塊翻身」，他自己一向諱莫如深，老上海則有兩種說法：一謂他巧遇貴人，得了發行九六公債貪污舞弊、畏罪潛逃的北政府第十八任財政總長張弧之助，一謂他娶的太太原是北里名妓，給他帶來大量的私蓄。

但是往後申報的猛著先鞭，發揚光大，在中國報業萌芽時期，史量才功不可沒。他接辦申報之初，報館偪處後馬路泰記弄，館址湫隘，設備簡陋，經過史量才大刀濶斧，銳意革新，聘陳景韓（冷血）主筆，請王鈍根創始我國第一個副刊——自由談，當時副刊文字是要作為廣告性質收費的，申報銷數從此扶搖直上，突飛猛晉，由一萬七千餘份激增到七萬份，兩三年後史量才便成海上巨富，他在南洋路經營巨宅，璇室玉門，窮奢極侈。民國二十年前後，正是他灼手可熱，權傾朝野的黃金時代，除了是申報的獨資老闆，他又掌握了唯一銷數超過申報的「上海新聞報」半數以上的股份，同時他更是中南銀行董事長，在造紙、紡織、機器製造等業俱有鉅額的投資。由於上海地方維持會，臨時參議會都是上海上流人物薈萃的領導集團，幾已掌握整個上海的杜月笙，也不能不推史量才出來主持，自己甘於退而居其次，由此可知，這位報業巨子，輿論權威，在上海有多高的聲望和權力。

浦東人黃炎培，參加過辛亥革命，自為東南學閥，原是一個見利忘義，偷機取巧的政客，一輩子如蠅附羶，隨波逐流。他曾躋列北洋政府梁士詒組閣時曇花一現的教育總長，曾為軍閥孫傳芳的座上客，由前進到落伍，自極左到極右，全無原則與立場的搖來擺去，變化莫測。他立身處世的不二法門是唯利是圖，有各則噉。

在表面上他始終掌握「江蘇教育會」這個機構，作為他狐群狗黨的根據地，逋逃藪，事實上他則為富門托缽的準清客，他的生活和活動費用，全靠巴結上的富戶豪門加以支援，所以黃炎培曾經長時期的為杜氏門下士。他也很想利用杜月笙這一股潛厚的勢力，達成他的政治慾望，但是國民黨定鼎南京以後，黨中人士不屑黃炎培朝秦暮楚，無孔不入的卑劣作風，並不理會他的秋波暗送；於是黃炎培老羞成怒，怨氣衝天，他開始一百八十度轉彎，和國民政府居於敵對立場，興風作浪，甘為共產黨的應聲蟲。

仗著多年友好，又有鄉誼，黃炎培以為杜月笙本是市井英雄，見聞有限，可以大加利用，因此早先他確曾挾杜月笙以自重，但是杜月笙並不如他所想像的那麼簡單，尤其杜月笙對於國民黨的無比忠貞，固若金湯。他正與國民黨人互為表裡，合作無間；國民黨在滬的高級和中堅幹部，且已在杜月笙的周圍佈成一道防線，於是黃炎培的陰謀野心不但徒勞無功，反而吐絲自縛。杜月笙聽不進他的造謠生事，離間挑撥，他從善如流，拜納嘉言，漸漸的跟黃炎培疏遠。

這一來使得黃炎培的硬紮後台，猶如冰山之既倒，令他手足失措，大為狼狽。幸虧民國廿一年上海地方協會成立後，黃炎培曾因杜月笙的汲引，擔任了地方協會秘書長，彙緣與會長先生史量才越來越近，於是他趁此因緣，吹拍哄騙，從杜月笙門徑改走史量才路線，由杜氏門下士成了史公館的食客。

史量才不比杜月笙，他是讀書、辦報的人，卻未能滌盡名利之想，對於政治猶仍有其野心，於是黃炎培施展平生本領，鼓其如簧之舌，直把史量才噱得渾渾噩噩，胡天胡帝，他忘記了自己如何克勤克儉，努力奮鬥，得來富埒王侯的家當。時刻憧憬在朝在野，界限分明的歐美民主政治，想有自己的驚人財勢和輿論權威，躋登儼然與國民黨平行敵體的特殊地位，卻是他既乏創見，又沒有明確的政治主張，他只曉得遇事大唱反調，盡量的跟執政當局刁難作對，所以在這種情形之下，黃炎培便竭盡所能的推他到左傾，與共黨並肩而行的路上，史量才居然渾無所覺，泥淖越陷越深。

83

魯迅撰稿胡風潛伏

在黃炎培的慫恿和操縱下，共黨人員逐漸透到史量才的事業機構，開始暗中運用，左右申、新兩報的巨大輿論力量，——自申報創刊以來，上海人前後足有百年之久，一向習呼所有的報張為「申報紙」，申報在上海人心目中的地位可想。然而黃炎培卻唆使史量才成立「申報總管理處」，由他自己擔任主持人，接下來他便使那位共黨推為「文壇盟主」的魯迅，成為申報副刊自由談的經常撰稿者，甚至於他讓共黨文化打手頭目胡風改名換姓，混入申報當一名職員。

在史量才手裡，申報是上海人的申報，它投合上海人的脾性，和光同塵，實事求是，但自魯迅、胡風等人登場以後，申報的面目就大不相同，上海人駭然於字裡行間的尖酸刻薄、腥風血雨，他們搖頭感慨，痛心疾首，所採取的對策是敬鬼神而遠之，從此申報銷路驟落千丈，營業一蹶不振，使史量才的經濟事業連帶受到致命傷。這一個階段可以謂之為申報的蒙塵時期，同時亦為史量才盛極而衰的沒落——滅亡起點。

杜月笙看得出史量才盲人瞎馬，走火入魔，他本來有可能、有資格、有力量，也極其想要加以規勸，請史量才認清環境，懸崖勒馬，但是他人情世故太深，因而他每每會在這種緊要關頭足恭鄉愿，顧慮過多。杜月笙眼見史量才和自己彷彿壁壘已成，似在暗鬥明爭，他忽略了外人的推波瀾，其實都是在因風煽火，借題發揮，凡此不足以影響史量才對他的信心和友誼，同時杜月笙更覺得中間夾了個黃炎培，又是一層十分微妙而難於排除的障礙，李下瓜田，他一心只想避嫌，因循拖延，終於使史量才的悲劇爆發，而繫風捕影，在很長的一段時期裡，使他自己怨謗叢集，含冤莫白，幾於無法洗雪。

史量才的日暮窮途，心情矛盾痛苦，難以自拔，因為就共產黨、左傾者的觀點看來，他是一個不折不扣，標準典型的資產階級，此一鐵的事實，在他自己內心中又何曾一無所知？他擁有龐大的事業，驚人的財富，走的是托辣斯的道路，過的是窮侈極奢的生活，鮮車怒馬，富貴逼人，史家堆金砌玉的臥室附設七間華麗浴室，每間一種顏色，一器一物都是舶來定製，史太太閫命極嚴，但卻威而不驕，嚴而不陵，而且能夠做到「閫以外唯老爺主之」，涇渭分明，絲毫不苟。中年以後她仍妍姿秀靨，體態窈窕，卻是未能免俗的抽上了鴉片煙，長日一燈如豆，浸沉煙霞，史量才的兒子史詠賡，更是黃浦灘上大名鼎鼎的闊少，就讀於貴族學校，且為運動健將，風頭之足，一時無兩。

像這樣一個家庭，這樣一個人，怎能成為共產黨的同路者？史量才事與願違，沉溺日深，他在怫鬱佗傺，徬徨苦痛的一生最後階段，居然無以解脫，侫起佛來，他在家中設了佛堂，但有閑暇，便握一串長長的唸珠在手上，青磬紅魚，喃聲嘖唄。但是在佛堂的另一邊，史量才又有一個專門鍛武功的房間，地板上舖厚厚的地氈，兩旁兵器架上，排列刀鎗劍戟，十八般武器一應俱全。原來史量才青燈古佛之能，對於一刀一槍，和拳腳上功夫的國術，興會也極其濃厚。他不吝重酬，聘來內功外功好手，養在家裡，教他打把式，練武藝。從極端的靜到激烈的運動，由此可以概見，史量才根本就是個矛盾百出的人物。

民國二十一年，一二八事變，史量才擔任抗敵後援會常務委員之一，同年三月，事變結束，抗敵後援會改稱地方維持會，史量才便被推舉為會長，而以杜月笙為副會長，黃炎培充秘書長。二十一年八月十七，上海市政府遵照行政訓令，成立臨時市參議會，敦聘市參議員十九人，史量才又是其中之一，尤且水漲船高，榮膺議長之選。臨時參議會的秘書長，尤為江南物望，曾於民國十五年任江蘇省長的陳陶遺。

84

京滬公路亂槍齊下

從二十一年到二十三年，誠所謂史量才的黃金時代，風頭之足，財勢之盛，黃浦灘上不作第二人想，然而又日人有旦夕禍福，天有不測風雲，月滿則暈，物極必反。民國二十三年十一月十三日，史量才為了料理南京方面的私人業務，帶了他的長子史詠賡，親身前往，待諸事已畢，遄返滬上，親友都勸他坐火車，他偏要乘私家小包車，循京滬杭國道徐徐進發，以便沿途遊山玩水，游目騁懷。

兩父子一路說說笑笑，走了多時，將抵上海，半路忽聽道傍有人厲聲喝令停車，司機擡頭一望，大路當中又復有人阻擋，他怕驅車疾走傷了人命，只得踩住剎車，使車停下。

史量才頓時驚醒，還以為是遭了強盜路劫，當數名彪形大漢，團團將車圍住，他急忙搖開車窗，大聲的喊：

「你們要錢，我這裡有的是，千萬不要動武！」

壯漢們板緊著臉，打開車門，喝令史量才出來，史量才混身抖戰，手腳瘓軟，幾乎難以移動。當壯漢群中有人伸手將他拖出車外，方才站穩，史量才一看情形不對，乃又苦求：

「各位如果需用的數目很大，我可以人格擔保，一回上海，立刻奉上。」

於是有一名壯漢拔出了槍，同時也開口回答：

「對不起，我們不要錢，倒是有人要你的性命，請你原諒！我們是受人差遣，跟你史先生實在是無仇無怨。」

話一說完，槍聲便響，史量才身子一震，然後仆倒在地，一命嗚呼。

史量才被殺的時候，史詠賡還坐在汽車後座，總算他機警伶俐，槍聲響時，他迅即推開車門，拔足狂奔，他一面逃跑，一面高聲的喊救命。行兇的壯漢不防他突然有此一舉，急忙開槍射擊，可是史詠賡身手矯捷，猛力衝刺，轉眼間便逃得無影無蹤。史詠賡自小便嗜愛體育，在學校是知名的運動健將，這一次在生死存亡關頭的長跑，總算是留下他這條命來。

史量才在京杭國道被刺的消息，當天下午便傳到上海。中西各報，競以大字標題，巨幅地位從詳報導，在上海政治空氣特別濃厚的時候，史量才遇刺殞命這件事，無異投下一枚重磅炸彈，街頭巷尾，議論紛紜，各式各樣的謠言，不脛而走，是否為共黨圖窮匕見，陰謀攫奪史量才輿論機關與龐大事業的一項非常手段，人言言殊，莫衷一是。罪案置於司法機關的偵查之下，但是當時整個國家內夏外患，千瘡百痍，剿赤戰事正在閩贛湘鄂四省激烈進行，共黨開始二萬五千里西竄，川黔粵桂，都在積極策劃防堵，日本在華北的挑釁，變本加厲，國人憂心忡忡，惶悚不安，於是，史量才之死在上海誠足轟動一時，若在全國而言，則不過人海之中的一團泡沫，浸假久之，國人也就很自然的予以淡忘。

倒是給杜月笙帶來極大的震撼和哀慟，他從不曾料到史量才會落得這樣一個下場，然而死者已矣，無法追桑，杜月笙對史量才的慘死引為無上咎恨，他深切自責沒有盡到朋友的義務，因循拖延，足恭鄉愿，竟使史量才一著錯，滿盤輸，誤入歧途，終於白白的送了性命。更叫他難堪的是恪於現實環境，他不能不繼任史量才所遺下的顯赫職位，水到渠成，無可推脫，杜月笙由上海臨時參議長洊升議長，自上海地方協會的副會長承乏正會長，環顧滬瀆，明裡暗底，再也沒有跟他分庭抗禮、角逐競爭的人物了，杜月笙半生奮鬥，一世響望，果然龍門一躍，如願以償，他成為上海最有力的社會領袖。

登峰造極，如日中天，杜月笙臻及個人權力的頂點，著實值得慶賀，但卻由於史量才的遇刺而亡，使他絲毫不感覺到歡欣鼓舞，反之，唯有悼念亡友，悲哀痛苦。

85

仗義相援孤兒寡婦

唯一使他振奮的是史量才的遺孀和孤兒，不但對杜月笙深信不疑，交往如前，尤其，她們更向他伸出了求援的手，史量才生前，由於黃炎培引狼入室，胡作非為，使申報銷路大跌，從獲利無算一變而為大量賠累，自此影響史量才的經濟狀況，空前惡劣。而史量才一旦命歸黃泉，他的家屬面對那一大堆事業，真正是瞠目結舌，不知所措。首先，史氏王國的根本命脈，那份被黃炎培巧取豪奪，共產黨及其同路人鵲巢鳩佔的申報，如何收回？如何繼續堵塞越來越大的虧蝕？

史量才的遺屬認為，祗有杜月笙拿得出辦法，他有力量攆走共產黨，排斥黃炎培，使申報固本培元，恢復原來面目，獲得老讀者的瞭解，爭取上海人的信任。於是，史氏遺屬一致向杜月笙提出請求，要他看在死人的份上，第一步，先行接管申報。

此一請求，使杜月笙和他的週圍的人士大表驚異，喜出望外，杜月笙週圍的人以為如能將申報也能劃入範圍，那才是真正了不得的成就，在杜月笙卻感到史氏遺屬能夠對他加以委任請託，便是他最大的幸運，一旦為力，存歿俱感還在其次，主要的是必須如此方可杜悠悠之口，一死一生，交情乃見，他想洗雪不白之冤，史氏遺屬實已給了他最好的剖白機會。

杜月笙立刻慨然允諾，而且全心全力，分別進行，為了驅逐黃炎培及其同夥，他很巧妙的以組織對組織。申報原是史量才個人所有，報館以史量才為主體，他親自擔任發行人兼總經理，黃炎培為遂攫為己有的陰謀，寧可畫蛇添足，疊床架屋，在申報館之上再添一個「總管理處」，由他出任首腦，逐步的對報社加以控制，最後則取史量才而代之。杜月笙接受史量才遺屬的請託以後，他便反其道以制其人，不惜百尺竿頭，再成立一個更高的機構，美其名為「中新時商四社聯營處」，這才是貨真價實，名實相符的超越報館之上的總機構。

顧名意義，申，是申報，杜月笙要代表他的老朋友接手經營。新，指新聞報，杜月笙不但代史量才接任新聞報董事，而且還要將他超過半數的股權，納人親自掌管運用之中。時，為「時事新報」，那是屬於杜月笙私人所有，由他出資交由張竹平主辦的。商曰「商報」，乃是老朋友李徵五創辦，當時也推舉他為董事長。如若概其餘，則「申時」二字，又包括了杜月笙最早投資的新聞事業，亦由張竹平所辦的「申時通訊社」。

從表面上看來，杜月笙是在把他自己所擁有的新聞事業，加上史量才遺屬委託代管的申新二報，合在一起，設立機構，因而以簡馭繁，集中管理。實際上呢，他多此一舉，完全是為了對付心黑手辣，老奸巨猾的黃炎培。黃炎培用總管理處的名義越俎代庖，杜月笙則成立「聯營處」而釜底抽薪，黃炎培如果食髓知味，不甘撤退，那麼，「聯營處」立可摜掉「總管理處」這個包袱，直接了當的掌理申報館。

「即令如此，猶恐黃炎培慾壑難填，貪婪戀棧，杜月笙寧願親自出馬，開生平從所未有的先例，他當「中新時商四社聯營處」總經理。

躍馬挺槍，架勢擺足，黃炎培在情理法三方面全都沒有理由不捲舖蓋，何況他懼怕杜月笙的聲威，凜然杜月笙的手段，他只好功虧一簣，知難而退，乖乖的把申報交出來。而他那個形同虛設的「申報總管理處」，因之也宣告風流雲散，左派及共產黨滲透進去的勢力，更被杜月笙一舉手間，摧破無遺。

上海人都曉得杜月笙接管申報了，所有關係史量才事件，因而加諸於他的謠言，由於杜史兩家往來如常，交誼密切，遂而不攻自破，銷聲匿跡。這是他私心引為欣慰的一大成就。從此，他使申報業務恢復正常，對於史量才遺屬的照拂關切，更是誼同家人，無微不至，連史詠賡和他的朱氏夫人鬧家務糾紛，幾至涉訟，都是由杜月笙挺身而出，親為調解，使這一對已成怨偶的小倆口，宣告離婚，了卻公案。

86

杜月笙智擒王曉籟

綽號多子王的王曉籟，秀才出身，滿腹詩書，他是浙江嵊縣人氏，早年來滬經商，發過財，開過幾爿錢庄。他相貌堂堂，聲音洪亮，唱京戲唱黑頭，為人處世則大而化之，不拘小節，因此，他自嘲般的取個別號曰：「得天」，又稱「得天居士」，以喻其稟賦獨厚，精力過人。王曉籟能言善道，舌辯滔滔，機智深沉而千變萬化，可謂當代不可多得的肆應長才。他曾躬與辛亥革命，資格老，花樣多，難怪上海大佬、赤腳財神虞洽卿要把他當作左右手，視同心腹肱股。

虞洽卿綽號赤腳財神，大約有兩種說法，其一是謂虞洽卿籍隸浙江省寧波府龍山鄉，兒時家貧，不曾讀書，長大了便逕赴上海習藝謀生，經同鄉人介紹他到一家錢莊學生意，當他抵達的前一夜，錢莊經理做了個夢，夢見一位赤腳財神直闖進來，翌晨醒轉，方自詫異，當時大雨傾盆，虞洽卿匆匆趕到，他怕街頭積水浸濕他的布鞋，於是打著赤腳，赴錢莊報到，詎料門檻太高，他個子又小，於是在忙亂間被絆跌一跤，這位赤腳童子直摔到經理跟前，經理回憶夢中情景，約略相同，自此對虞洽卿另眼相看，不次擢升提拔，於焉果然造就了這位赤腳大仙。

另一個說法則謔而且虐，由於虞洽卿出道既早，手筆奇大，他自錢莊脫穎而出，榮膺荷蘭銀行買辦，然後說服遜清兩江總督端方，興辦南洋勸業會，是為我國第一次農工商業展覽，他榮任總辦。

往後他資助上海光復，剏辦上海商團，組設寧紹輪船公司，辦事業，興建設，在他的黃金時代，兼任上海各大公司董事長，頭銜即在一百以上，接下來他又創設交易所，革除包辦制的商場陋規，使工商各業納入現代化的軌轍，獲有利潤，則盡量資助贊可國民革命。虞洽卿勇於創業，也敢於舉債，他事業龐大，聲望崇高，卻是左支右絀，永遠空手赤拳，搖搖欲墜，天天都在過年三十，嗣後他全心全力經營其主要事業三北輪船公司。這間公司為甚麼非叫「三北」不可，因為虞洽卿故里龍山，恰在鎮海、慈谿、餘姚，三處寧波府轄管的縣治以北，鎮海之北、慈谿之北、餘姚之北、正是面臨煙波萬頃的玉盤洋，當然也在寧波府城之北方。這「三北」的名稱，其實是大有深意的。

龍山鄉負山面水，一望無際，卻有伏龍、虎蹲兩山遙相對峙，奇峰危石，交通不便，虞洽卿任職荷蘭銀行買辦，日進斗金，賺了些錢，便一心一意要為故鄉龍山打出路，他在家鄉濱海地點固海灘，建碼頭，一口氣買下三艘小火輪，命名鎮北、慈北與姚北。他派慈北、姚北行駛穿山、舟山、沈家門等島埠，以鎮北航行甬江，啣結滬甬航線，鎮（海）、慈（谿）、姚（餘姚）三縣之北都移充輪隻名稱，是為「三北公司」的創始，辦這個造福桑梓，饒有意義的事業，虞洽卿投資了二十餘萬現大洋。虞洽卿胸懷大志，建設故鄉，除了闢航線、建碼頭以外，他更斥巨資在龍山築輕便鐵路、架電報線、開闢公路、佈置公園、創辦學校、設教養院，民國以前，他即已為家鄉花費頗多。

虞洽卿以阿拉寧波同鄉為基本群眾，拿上海金融工商中心公共租界為根據地，長袖善舞，大展鴻猷，他所創辦的事業多得不可計數，然而他卻經常鬧窮，債台高築，幾乎一年四季鬧退票，從早到晚軋頭寸。他最感興趣的事，是為三北公司買新船，在經濟上支持他最力，隨時可供緩急的，則是一爿資本雄厚的永豐錢莊，因此老上海有一句打趣的話：「三北公司的輪船，一隻一隻開進永豐錢莊去。」正是笑他一買了船立刻抵押的說法。

市面上經常在說洽老要倒，但是前後五六十年，縱使虞洽卿一向風雨飄搖，卻是依然屹立如山，倒他不掉。老上海又有一個說法：「洽老的支票，十張退念次！」偏就是實情，因為不論那家銀行，都要顧洽老的面子，他開的支票存款不足，行員會替他蓋上一個專用的戳子：「取款人與出票人接洽」，取款人只好再去找洽老，經過洽老「婉言情商」，延遲幾天，另換一張支票，如此三番四回，方始領到現錢，因此，說他十張支票退念次還僅祇是指其平均數而已。

王曉籟的作風，跟虞洽卿有點不謀而合，卻是虞洽卿的鶻起鶻落，時而富可敵國，時而債台高築，那都是環境關係，實偪處此。譬如說第一次世界大戰，虞洽卿趁外國輪船抽調回國，貨多船少，運費激漲，因而竭盡一切力量，擴充三北公司，待歐戰一停，外輪紛紛東還，三北便受到排擠，虧損數百萬元，三北已瀕破產，但他仍盡量支撐，鬧得個人經濟狀況自此一蹶不振，便是顯明的例證。王曉籟對於錢財則彷彿視為身外之物，大去大來，並不在意，他曾有一次和陸京士閑談，說起他早先擁有的幾爿錢莊，後來一榻枱子蝕光，言下之意，一眼嘸啥，就像談他昨天晚上輸脫了幾個錢一樣，因此在對於錢財的基本態度上，虞王二人又大不相同。

87
魚市場上第一回合

王曉籟不是白相人，也未必是純粹的讀書種子，在紳商地界，他遠比杜月笙出道早，聲名好，要想降伏這個多子王，實在不很簡單。頭一個回合，杜月笙是要擺點顏色給他看看，藉以表現自己深厚的潛力，使王曉籟不至於忽略或輕視。杜月笙窺伺機會直到民國二十二，王曉籟準備往上竄了。民國二十二年春天，吳鼎昌在當實業部長，他和上海市長吳鐵城商量，由實業部和上海市政府合資，在上海辦一個魚市場，一方面增裕政府收入，一方面有以平準魚價，減少上海廣大漁民所受的中間剝削，吳鐵城覺得這個意見很好，立即應允，著手籌備。

漁民在上海人口中佔很大的比重，而且漁人都是熱情豪爽，慷慨大方，輕生死，重義氣的朋友，誰能掌握得住他們，就是一股強大的力量，因此，魚市場主管這個職位，當時有許多大力人士垂涎角逐，王曉籟便是其間最熱中者之一。經過虞洽卿的鼎力推薦，上海魚市場籌備主任，乃至成立以後的總經理一職，遂為王曉籟所得。

任命發表，杜月笙怦然心動，王曉籟不是久屈為人用者，蛟龍得了雲雨，唯恐他終非池中之物。所以，當王曉籟開始辦事，為時未幾，便發生了層出不窮的阻撓和窒礙，上海漁民打魚，無分遠洋近海，內河池沼，一向都由漁行收購，大中小盤，輾轉出售，魚價的貴賤，供應量的增減，都有幕後的牽線人在，如今官辦的魚市場一開張，便不知道有多少魚行要關門大吉，更不知有多少人失業，或是斷絕了財富的來源，即使漁民本身，狃於積習，甘受剝削，對於官家的插足其間，一開頭也有著惶不安的心理。好幾股力量一道匯集起來，杯葛糾纏，百計破壞，於是負責籌備、主持的王曉籟，首當其衝，被各式各樣的糾紛，鬧得焦頭爛額，不可開交。

好不容易，選定了建造魚市場的地點，而且也建好了市場、冷藏庫，種種應有的設備。上海魚市場設在楊樹浦復興島上，和歷史悠久，佔地廣遠的滬江大學遙遙相對。

但是魚市場一揭幕，麻煩急增，糾紛更多，最棘手的，還是漁民不肯合作，他們不上魚市場的門，使王曉籟急得團團亂轉，一籌莫展，既坍不起台，又無法善後，直到這時，他才自己承認，要突破重重障礙，鎮壓有潛力的無數敵手，光憑靈敏的頭腦，和靈活的手腕並沒有用，這個官辦魚市場的主持人，必需是擁有更大潛力，更多群眾的社會領袖幫會頭腦。

僵局打不開，他唯有自動告退，請當局另請高明，在這種情況之下，辭職便等於承認失敗，王曉籟覺得非常難過，但是事實如此，已不容他再事戀棧。他把這個意思向虞洽卿一說，虞洽卿左思右想，對付這一類的事情，他也是無能為力，不過他希望王曉籟能夠薦賢自代，以使自己能向吳部長、吳市長有個交待。

虞洽卿問王曉籟：

「你看請誰來當這個總經理最適合？」

王曉籟無須思索，脫口而出：

「杜月笙。」

吳鼎昌是銀行界的大亨，他在上海多年，跟杜月笙公誼私交，相當要好，吳鼎昌急於決定上海魚市場繼任人選，他託人去勸杜月笙的駕。當那位先生受人之託忠人之事，去見杜月笙，準備開口，他以為杜月笙會推辭的，然而，杜月笙卻出人意外，一口答應。

「我答應，是因為這件事情大概要我出來挺一挺，」杜月笙坦然無隱的說：「否則，政府花了那許多錢，造好了魚市場，消息已經傳開，結果是辦不成功，那未免就不太好看了。」

但當杜月笙和有關方面洽商，他提出兩大先決條件，使冷眼旁觀的王曉籟，聽到以後為之一驚，因為杜月笙頭一個要求，便是請王曉籟留下來，仍舊擔任總經理一職，他自己則願意從旁協助，使王曉籟的任務，得以完成。第二項建議，杜月笙認定魚市場一定是大賺其錢的機構，他主張「有飯大家吃」，給面臨重大威脅的人，也留一點餘地。所以，上海魚市場應該成為一個官商合辦的公司組織，政府不妨讓出一部份股權，叫過去靠魚吃飯，頗有兩文者也能分一杯羹，同時，他更希望魚市場的職工，儘量在魚行業者中去訪求。

88 請君入甕心悅誠服

按照杜月笙的計劃，把靠魚吃飯的漁行老闆夥計分為兩等，妥善安排，有錢的可以投資於公司，坐享利潤，沒有錢的則參加魚市場工作，一來他們是老手，毋須訓練，尤可駕輕就熟，勝任愉快，對魚市場業務的發展，自有幫助。二則他們有了職業，固定薪水，生活問題立獲解決。杜月笙的計劃如果實現，所有的阻擾和障礙，必將順利解決，一骨碌清除掃開。

他這個辦法合情合理，尤其切中時弊，因此實業部和上海市政府欣然同意，將魚市場一改而為官商合辦的公司組織，資本額定為兩百萬元，杜月笙本人即投資九萬。——至於第一項要求，正好併案照辦，漁市場成立公司，便「推選」杜月笙為董事長，王曉籟的總經理一職，乃由杜月笙用董事長之尊，加以聘請。

經過這一件大事，王曉籟對杜月笙不但心懷感激，而且把他佩服得五體投地，他仍繼任上海魚市場總經理，台弗曾坍，種種糾葛煩惱窒礙猶有杜月笙為之全部解決，如今他等於坐享其成，篤定泰山，吃碗穩當飯，總經理他在做，有事情便往杜月笙的頭上一推，黃浦灘那裡有這麼便宜的事，也只有杜月笙存心羈縻結交方始做得出來。要說朋友，他跟杜月笙是幾十年的老交情，但是真正共事還以此為頭一回。杜月笙一記漂亮手法，抓住了王曉籟的心，多子王的態度漸漸轉變，他和杜月笙推心置腹，一天比一天更接近。

杜月笙約王曉籟吃飯，專談魚市場的事，王曉籟坦白誠懇，他承認自己受夠了折磨，吃足了苦頭，魚市場經杜月笙大刀濶斧，徹底改革，問題雖已根本解決，但是枝枝葉葉，糾紛仍多。他知道杜月笙千頭萬緒，一年四季忙碌緊張，不可能將全部心力集中在魚市場上，因此，他要求杜月笙派一個人，作為他私人常駐魚市場的代表，有以應付日常事務。

杜月笙想了想，慨然持說：

「好，我自會派一個得力的人給你。」

唐承宗，字繼之，在民國二十一年的時候，邀集志同道合的朋友，錢南山與陳亞夫，請由杜月笙的知交、吳淞要塞司令鄧振銓介紹，三個人一道上華格臬路杜公館，在杜月笙窗明几淨的書房裡，遞呈三代履歷，點起香燭，鋪好紅毡，尊杜月笙高高上坐，然後三兄弟跪下來，恭恭敬敬磕三個頭，正式拜杜月笙為師。

一二八事變起後，上海各地民眾，紛紛組織保衛團，支援國軍，捍衛家園，保衛團的團長，多由地方上的青年紳士擔任。唐承宗家住吳淞，年輕有為，更吃得開，因此他被推選為吳淞保衛團長，擁有一支四五百人槍的民間武力。一二八事件結束，各地保衛團已經辦得如火如荼，有聲有色，政府覺得並無立即取銷的必要，於是讓他們繼續存在，吳淞保衛團團長從此成為非正式的官銜。

自從民國二十一年拜門，起初一段時期，杜月笙對於唐承宗的印象並不深刻，尤其正值他食少事繁，無非必要便懶得開口，因此他不大和唐承宗說話。往後由於唐承宗侍奉夫子大人必恭必敬，情見乎詞，杜月笙開始對他留意，發現他熱心誠懇，忠實可靠，而且照樣是個聰明能幹的角色，在他評騭人才的標準上，應該列為「有才幹而無脾氣」的頭一等，因此他決定加以重用，經常晤面長談，師生兩歡。民國二十二年恒社成立，唐承宗能夠以入門未及一年而被杜月笙圈定為十九位發起人之一，就可以覘知杜月笙對他的器重和愛護。

所以，當王曉籟請杜月笙派一位私人代表的時候，杜月笙腦海中立刻便想到了唐承宗。當日王曉籟稱謝辭出，他派人去喊唐承宗來，征得唐承宗的同意，馬上就把他介紹過去。

王曉籟請唐承宗當選魚市場常務董事，常駐魚市場辦公，唐承宗盡心盡力，協助王曉籟，他運用杜月笙的聲望，加上自己快刀斬亂蔴的手段，使不可勝計的複雜問題迎刃而解。民國二十二年五月某日，上海魚市場在淩晨二時開始交易，採取拍賣制發售魚產，中午十二時，正式宣告揭幕。

由於唐承宗認真負責，有為有守，王曉籟對他極其信任，事無大小，一概交由唐承宗掌管。因此，唐承宗漸漸的掌握了魚市場的全部業務，抗戰勝利以後，總經理此一要職，王曉籟便樂得雙手奉送給唐承宗了。

上海是我國的商都，市商會這個機構，大權在握，非常重要。上海有所謂「五大團體」，遇有任何事件，必須向政府或外間有所表示的時候，只要有這「五大團體」會銜，便算代表了全上海。這五大團體各以其重要性與權威性依序排列，則以上海市商會為首，地方協會次之、銀行公會、錢業公會與航業公會又次之。

89

推上市商會長寶座

五大團體中，敬陪末座的航業公會，從它剏始一直到民國二十六年中日大戰，向來都由虞洽卿擔任主席，航業公會是治老的一大根據地，不容任何人染指。銀行公會和錢業公會的選舉，大家不約而同要看看杜月笙的風色，他在幕後操縱運用，可以說是以手使臂，如響斯應，要說銀、錢兩公會原在杜月笙的夾袋之中，實也並不為過。地主協會會長原來是史量才，杜月笙任副會長，而秘書長即為他所敦聘的黃炎培，民國二十三年史量才遇刺，杜月笙又名正言順的高升一級。

唯獨舉足輕重，實力深厚的上海總商會，杜月笙極想問鼎，卻是在臺上的人，個個紮硬，使他唯有望洋興嘆。上海總商會第一任市商會長，是湘中名門望族之後，曾國藩的外孫聶雲台，副會長則為杜月笙的好朋友秦潤卿，第二任乃中國通商銀行董事長，遜清宮保，郵傳部尚書盛宣懷辦事業的副手、家臣傅筱庵，第三任呢，換上了滬上大老阿德哥虞洽卿。

民國十六年國民政府定鼎南京，上海總商會改稱「市商會」，除了上海市商會，華界南市、閘北，又有區商會的組織，閘北商會會長是王曉籟，南市商會會長則為日清輪船公司買辦，富商而兼為名畫家的王一亭，副會長是食糧業領袖顧馨一。

杜月笙把市商會的底細摸得很清楚，虞洽卿的會長是空頭，市商會的決策者，實際上是黨部派駐市商會的常務理事王延松，以及足智多謀，深文週納的總幹事駱清華。駱清華是浙江紹興人，智慧之高，心計之深，在當年黃浦灘上是第一流的軍師人才，由於他善於策畫，臆則必中，老上海喊他為「紹興師爺」而不名。

王延松的政治背景強固有力，駱清華則歷史久，人頭熟，與各行各業的領袖，關係都夠。這兩個人相加起來，親密合作，便成為了市商會的靈魂。他們有一個核心組織，名之曰「商社」，設在上海綢業銀行的樓上，王延松和駱清華每天都去，各行各業的頭腦則不時穿進穿出，往返如梭，這綢業銀行即由王延松任董事長，駱清華做總經理，設在他樓上的這個高級俱樂部，才是市商會籌劃大計，釐訂決策的地方。

杜月笙想爭取市商會的控制權，他不自問津會長這一條大路入手，他決定採行批卻導窾的辦法，首先拉攏駱清華，如果能把駱清華也拉入杜門；那麼，不論是誰擔任會長，他照樣的可以隨心所欲，運用裕如。

這一個拉攏駱清華的重要任務，杜月笙為昭鄭重，他派陸京士出馬。

當陸京士往返奔走，終於達成任務，駱清華和杜月笙促膝長談，相見恨晚，杜月笙不但得了上海第一流軍師，同時，市商會也已落入他的掌握。不久以後，虞洽卿便以倦勤聞，市商會密鑼緊鼓，積極進行會長的改選。

黃浦灘上的工商界人士，口耳相傳，額手稱慶，大家都在說：

「這一次，杜先生要出來了，好極！市商會成了少數人的把持之局，是該請杜先生負點責任，也好徹底的整頓整頓。」

可是，當改選在即，杜月笙的智囊團會商方針，杜月笙卻大出眾家弟兄的意外，他向大家宣告他的決定，居然是說：

「這一屆的市商會長，我想推舉王曉籟兄出來做。」

除開參與機密的駱清華，在座諸人，先則不勝駭異，繼而此起彼落的提出抗議，費了這麼大的手腳，好容易勝利成功，市商會會長，上海第一大團體的寶座近在密邇，伸手可獲。為甚麼杜月笙為山九仞，功虧一簣，自己不做，要去挑王曉籟白揀便宜？

杜月笙四兩撥千斤，他輕描淡寫，用一句話戢止了抗議之聲：

「他做，等於我做！」

智囊們忿懣不平的離去，翌日，消息傳到杜月笙要好朋友的耳朵裡，他們極其不平，大為憤慨，紛紛的跑來質問杜月笙：

「到口的肥肉拱手送人，你這是什麼意思？」

杜月笙答非所問，也笑吟吟的說是：

「請你們各位，接受我這個層意思。」

「那麼你先說，」朋友們很不甘心，悻悻然的再問：「你為什麼要讓王曉籟做呢？」

杜月笙的答覆還是那一句：

「他做，等於我做。」

90

杜王二亨成了搭檔

事實證明了杜月笙的決定完全正確，王曉籟經過杜月笙兩度大力支持，登上上海市商會會長的寶座，他對杜月笙感恩圖報，銘心鏤骨，關於市商會方面的事情，他不但唯杜月笙馬首是瞻，甚且，他更主動的為杜月笙事事小心，處處留神，但凡對杜月笙有利的，他莫不自發自動，借箸代籌，因此，杜月笙所謂的「他做等於我做」，照說應該改為「他做勝於我做」才對。聲應氣求，休戚與共，杜月笙能夠得到王曉籟這種方面之才的好幫手，確實是非常難能可貴的。

由此可知，民國二十年以後的杜月笙，權勢大到什麼程度？連同代表數百萬商民的一項最重要職位，他都可以不顧物議，不理諫阻，但為籠絡羈縻，隨手送人。至於得之者是否實至名歸，能不能勝任愉快？都一概不在他的考慮之列，像這樣的事在他一生之中做得很多，王曉籟之當選市商會會長，不過是顯著事例之一，凡此因情感或利害關係所作的輕率決定，當然會使杜月笙遭到或多或少的批評。

就杜月笙本身而言，他將王曉籟從虞洽卿集團拉過來，可謂為民十六年四月十二日上海清黨成功以後的另一重大收穫，莫以為上海是「只重衣冠不重人」，「笑貧不笑娼」的功利主義社會，其實在骨子裡，上海人依然有很嚴格的階級界限，而且五花八門，派系林立，花樣特別多的。舉一個頂頂膾炙人口的例子，早先在大英地界，「非紳士」不得執手杖，違者立將當眾受辱，下不了臺。滬上豪富哈同，由於經營地產，擁資億萬，他的住宅位於南京西路銅仁路側，佔地數百畝，佈置曲折、建築閎麗，為滬上私人花園之冠，更是上海著名的勝蹟。「愛儷園」，又稱「哈同公園」。上海最繁華的一條大馬路，後改「南京路」從黃浦灘起到跑馬廳止，永安、先施、新新、大新，四大公司便都在這一條馬路上，戰前地價最便宜的也得大洋三四十萬元一畝，創全亞洲地價新紀錄，這條大馬路幾乎全是哈同一人的產業。哈同是在華洋人最富有的一位，但是他偏就沒有執手杖的資格，因為他是猶太人，素為英國佬所輕視，尤其他出身微賤，初到上海在道勝銀行充當司閽，當時他曾與英國紳士們情商，可否讓他躋身「紳士」之列，對方的答覆是可以考慮，如果你願意用製手杖的最名貴木料，把一條大馬路舖砌起來。

二次世界大戰以前，名貴木料製成的手杖價在兩三元之譜，用這種木料舖馬路，委實是駭人聽聞，但是哈同為了「力爭上游」，居然忍痛照辦，而因此他舖造了一全世界空前絕後的最奢侈豪華馬路，整個路面俱用一小塊一小塊的名貴木料舖砌，當時的建築費用巨達美金數百萬元，哈同花了這麼高的代價，僅只為了高升一級，讓自己也能像個紳士般的，拿根手杖，徜徉街頭。

明乎此，便可以知道杜月笙爭取王曉籟是何等的重要。王曉籟跟杜月笙不同，他得虞洽卿的提攜，交遊範圍都是上海的資本家、銀行家、工商界高階層人士，這班人根柢穩固，雄於財勢，投手舉足均與國計民生相關，比杜月笙的社會階級高了許多。他們之間有不少和杜月笙建立友誼，但是絕大少數都對杜月笙「敬而遠之」，不屑來往，杜月笙深知自己先天的缺憾急切難以彌補，高階層人士人數太多，他無法採行各個擊破，便唯有利用王曉籟，作為獲登彼岸的橋樑。

王曉籟在高級社會是很夠份量的，他是所有資本家、銀行家、工商鉅子的密友，他過去發過大財，如今是一身重擔，兩袖清風，但是他在前清中過秀才，辛亥革命他尤為響錚錚的一角，民國十五年七月下旬，蔣總司令親入湘鄂指揮北伐前夕，他曾以滬商代表的身份專程赴廣州晉謁，七月二十三日尤蒙蔣總司令款以晚宴，他是上海上流社會最活動之一人。杜月笙和他成為如影隨形，結為一體的搭檔、友好，恰好是權勢均霑，相互為用，王曉籟透過杜月笙運用廣大的群眾力量，杜月笙則藉王曉籟的居間介紹，奔走聯絡，跟所有的上層社會人士結而為一，分庭抗禮。這兩個人的結合，無異使杜月笙百尺竿頭，更進一步，在全上海二百九十八萬六千九百五十人中（上海公局安民國二十年九月七日公佈的人口統計），他開始無往不利，普遍的受到歡迎與支持。

91 感激涕零拉錢永銘

杜月笙對待王曉籟尊重，無微不至，他幫他鞏固了上海魚市場的總經理職位，推他登了上海第一團體主持人的寶座，遇有事情或表現的機會，他寧可使王曉籟站在他自己的前面。凡此種種尤嫌不夠，他深知王曉籟開銷大，收入少，王曉籟交往的都是達官要人，各流巨賈，他自己出則鮮車怒馬，入則錦衣玉食，又復廣置姬妾，到處留情，何況他是著名的多子王，兒女三十餘人，每餐開起飯來，便像小學校裡寄宿生用膳，光是娃娃軍，就要開個四五桌，其家庭和個人耗用之鉅，由而可想。尤其王曉籟自幾片錢莊統統倒掉以後，他不曾辦過事業，也未能擁有一間商店，因此日本人曾嘲笑他為：「上海市商會會長——無業遊民」，他能力強，手腕高，卻是一向生計艱難，入不敷出，於是，杜月笙下令他所擁有的事業，處處要給王曉籟支一點錢，集少成多，維持王二哥的開銷應該是沒有問題的了。譬如，當杜月笙開設代售獎券，穩賺大錢的大運公司，他便規定公司每月付給王曉籟車馬費一萬大洋。

虞洽卿垂垂老矣，時代的巨輪，連他的精神活力和頭腦手腕一齊漸次淘汰，民國十六年以後的大上海屬於杜月笙時代，「長江後浪推前浪，世上新人換舊人」，王曉籟把這一點看得很清楚，也很透澈，他和虞洽卿無可奈何的隔閡疏遠，轉過身來與杜月笙如影隨身，須臾不離，他們同吃同喝同玩同樂，齊一步伐，同打江山，成了最親密的夥伴。觀乎民國二十年杜祠落成，王曉籟非特和虞洽卿、黃金榮同任「總理」，三大亨之一的靝林哥反而只落了個協理，尤且粉墨登場演了齣「八百八年」，即可概見他在杜月笙跟前所用功夫之深，與乎當時他的杜門位置已在張嘯林之上，而逕與黃金榮分庭抗禮了。

由於國華銀行一案，登門拜訪杜月笙的錢永銘，往後和王曉籟同樣成為杜月笙的至交密友，錢永銘（新之）是浙江人，但卻出生於上海，世家子弟，卓犖不群，他自法國留學歸來以後，便在上海銀行界工作，早期他對黃杜張這一幫子人的觀感，據他告訴法學專家，後來同為杜氏友好的呂光說：

「租界時代，上海五方雜處，繁複不可盡述。有些人憑恃著租界的勢力，和當時國政的窳敗，產生了不少地方上不正當的力量。我們做銀行業務的人，跟外間的接觸甚多，但是對於這些勢力圈中的人，老實說，既不能臭味相投，也不願引以為友，更何況折節下交！」

這便代表了當時上海上流社會中人，對於杜月笙等人的一般看法。刻薄一點的話，要說是「疾惡如仇，避之有如蛇蠍！」似亦並不為過。

錢新之這個人，可以稱為工商世家，接受歐西教育，新派智識份子成功者的典型，他說得上是少年得意了。早在民國十一年六月，增資為國幣兩千萬元的交通銀行股東會，公選南通狀元，中國第一位寶業巨子，民元的實業總長張謇擔任「總理」，而以少年翩翩，博學多才的錢新之出任「協理」。——當時的張狀元高齡已達七十歲，常住南通，他自己創辦的龐大事業，實已使他「險難重重」、「無日不為實業籌款」，所以，他當交通銀行總理只不過是掛個名而已，一應行務，多由錢新之負責主持，他對交通銀行的重大貢獻，是抑止民國十年中交兩行的擠兌風潮，為了提高交行幣信，他以雄渾的魄力，設立分行發行總分庫，專營發行業務。這就是說：但有交通銀銀的地方，交行發行的鈔票，隨時可以兌現。

當了整整三年的交通銀行「老闆」，民國十四年五月交行改組，他和張狀元同時辭職，繼其任者為北政府時代的「二總統」、「大財神」——梁士詒。

92

年關一到雙腳直跳

民國十六年以前，全國的金融重心，雖分南北二地——上海與天津，但是由於北政府設在北平，天津的金融實力，遠超過東南一隅的上海市。民十七年國民政府定鼎南京，雖然內憂外患，荊棘叢叢，可是觸覺敏銳的金融家，已可觀知全國統一之局期不在遠，因此他們派出一支尖兵，由錢新之擔任代表，到南方來試探一下跟國民政府攜手合作的可能性，於是，錢新之便以華北系四行，中南、金城、鹽業、大陸等銀行四行儲蓄會經理和準備庫主任的名義，重回上海。自玆他便成了僕僕風塵於京滬之間的忙人、紅人與要人。

國民政府借重他的長才，先後請他出任過浙江省財政廳長，和財政部次長，甚至有一度鑒於他和法國上層份子，交誼密切，發表他為駐法公使。

像這樣一位熠熠生光，宛如巨星的人物，既為國民政府所倚重，又復是上海的金融重鎮，叫杜月笙怎不心想望之，急於攀交。但是，苦於杜月笙有跟錢新之結合的願望，錢新之卻認為並無「折節下交」，搞得「臭味相投」的必要。於是，一次兩次的碰壁，使杜月笙感到萬分的失望與惆悵。

但當錢新之碰到像國華銀行那樣棘手的事，國華生死存亡，千鈞一髮，錢新之受了唐壽民的懇託，復以自己本身，利害相關，他還顧滬上，「得道者昌」之士，雖然所在多有，但是能夠不惜犧牲自己，成全尚未「攀交」得上的友人者，除了杜月笙，似乎不作第二人想。錢新之是冰雪聰明的一個人，他把握得住杜月笙的心理，曉得他決不會「舊憾新怨、睚眦必報」，毅然決然的去找他幫忙，果然，他這一寶押準了，杜月笙甘冒「擅自撤銷民眾大會議案」的大不韙，救下了險象環生的國華銀行，因此，當錢新之提及他和杜月笙的交往，便不得不承認，——他從內心中掬出其由衷感佩之忱，他很坦白的向呂光透露，他對杜月笙觀感改變的經過，他說：

「我們起初對『勢力圈』內的人，觀感如此，但是殊不知真正的血性朋友，和有偉大氣度的杜月笙先生，就從這個圈子裡卓然特出，不由得我們不加敬佩！」

他又讚頌不置的說：

「杜月笙的名氣，漸漸洋溢，我從多方面知道他：能重然諾，能敬重好人，能仗義疏財，能說公道話，能擔代人家所不能擔代的事。總之，是我們值得敬他，愛他，而且願與他結交的朋友。」

錢新之興致勃勃的講起他和杜月笙之間的一段往事，他說：

「記不得那一年的秋冬之間，上海工潮蓬勃，經濟和治安，陷於極度不安。法商水電工潮，因為待遇的關係，鬧了一場很大的風潮。那時候杜先生在勞工方面，已經有了力量，而他又天生有一種善為排難解紛的精神，經過多次的折衝，方始知道局方與工會方面所爭執不決的距離，相差十萬元。杜先生有毅力，也有力量，他自己籌了十萬元，將這一次風潮，輕輕的平了過去。賠了錢，不願讓人知道。同時，又有上海的紡織業，勞資雙方也鬧了不小的糾紛，自然又找杜先生來調停其事，其複雜和困難的情形，也不亞於法商水電工潮。結果呢，杜先生又不聲不響掏了腰包，把這件事也救平過去。於是，大家就對他更進一步的敬愛，卻是只知道他解決了糾紛，還不曉得他貼了這許多錢呢。」

接著，錢新之又向呂光談起就在那一年，杜月笙顧了別人，顧不了自己，年關一到，雙腳直跳，迫不得已請他代為借錢應急的趣事。錢新之說：

「就在這一年，陰曆年關到了，杜月笙先生竟然窮得過不了年，拿了他僅有的房地產道契，託我轉向銀行借了三十萬元，方始渡過了難關。這三十萬元是他罄其所有押借來的，但是他家裡的賬房間，依然照他年年的慣例，預備著一束一束的本票、支票或現款，救濟他的窮朋友，或經濟情況不好的親戚，甚至無論識與不識，凡有求他的，無不滿意而去。故所以他年年到了大年夜，還是鬧著窮，像這樣子的慷慨和熱心，從當時到現在，恐怕還找不出第二個人呢！」

由於以上的幾段談片，可以想見，不論是王曉籟，抑或錢新之，杜月笙力爭上游，攀結社會上層份子，他都是用他的虛心誠懇，捨己為人的精神，自然而然的改變了那一幫人對於他的觀感，於是感激敬佩，相交如魚得水。杜月笙和王曉籟、錢新之成為了好朋友，真是躊躇滿志，心花怒放。事業有別，潮流不同，舊侶自然淘汰，錢新之扶搖直上，從民國二十三四年到抗戰以前，「黃杜張」遂而一變而成「杜錢王」，「杜錢王」三位一體，杜月笙乃成為上海路路皆通，最有力量的社會領袖，君不見民國二十三年十一月十三日史量才一死，上海地方協會改組，便由杜月笙升任會長，而以錢新之、王曉籟兩位上流社會眾望所歸的大好佬屈為副手嗎？

23

傅筱庵馬失前蹄記

光緒二十三年農曆十月八日（公元一八九七年十一月二日），由遜清郵傳部尚書盛宣懷創辦的「中國通商」，是為我國最早的一家銀行。盛宣懷逝世以後，這爿銀行一直由傅筱庵掌管，可是，從民國二十四年起，外國報章雜誌提到杜月笙，每每以「銀行家」、「中國通商銀行董事長」為其頭銜，順手拈來一個例子，英國人在公元一九三三（民國二十二）年出版的「上海名人錄」中，即曾載有：

「杜月笙，生於一八八七年，上海人，自幼從商，目前是上海法租界最有權勢的居民，是著名的慈善家，一九三二年任命為法租界公董局華董。他又是上海中國通商銀行、中匯銀行董事長，正始中學創辦人，上海急診醫院董事長、商會監事、華豐造紙公司、紗布交易所、大達輪船公司、寧波仁濟醫院董事長……」

中國通商銀行怎麼會從傅筱庵手中，移轉到杜月笙的名下來呢，這話，得從民國二十二年「廢兩改元」，和二十四年的「實施法幣政策」，這兩件黃浦灘上，以至全國各地的驚風駭浪大事說起。

我國貨幣向採銀本位，在民國二十二年之前，尤其銀兩和銀元並用，輒常混淆不清，而早年開設的銀行，又不分官辦抑或民營，一概都有資格發行紙幣，發行鈔票的利益大極，可是風險則擔得更大。由於國人重硬貨而輕鈔票的心理，時局一有變化，或者偶然傳出風聲，往往就會發生擠兌，而把準備不夠充份，兼以調度週轉乏力的銀行逼倒，影響金融市場，為害至鉅。

當國民革命軍北伐成功，國家已告統一，凡此金融上的混亂現象，勢必加以匡正。尤其一九三0年（民國十九年）時代，世界經濟恐慌，英、美、日等各國相繼改革幣制，實行英鎊、美金、日圓貶值，藉以渡過難關。反觀我國剛在民國二十二年，大力推行「廢兩改元」政策，恰值國際銀價步步高升，於是從民國二十三年到二十四年，白銀外流值竟達九億三千七百萬元。國家經濟受不了這麼重大的打擊，於是通貨緊縮，物價大跌，百業蕭條而產業瀕危。國民政府迫不得已，乃在民國二十四年（公元一九三五）十一月四日，採取斷然措施，停止使用銀本位，採行「無限制法償通貨管理制度」，實施「法幣政策」。規定法幣發行按十足準備，其中現金六成，保證準備四成，規定法幣一元兌英鎊一四．二五便士，對美匯率為美金二角九分七釐五毫，同時頒令一切白銀收歸國有，集中發行於國家銀行，並組織發行準備管理委員會，定期檢查，以固幣信。

民國二十三年起即已發生的金融危機，為什麼挽救良策「法幣政策」要到一年多以後方始公佈，關鍵正在於「集中發行於國家銀行」這一句話上，因為國家發行法幣，以往有權發行鈔票的公私銀行都必須分別加以清理，否則，國家銀行便唯有被迫大量發出法幣換回各銀行的鈔票，那麼，不但國家銀行要代所有銀行揹上包袱，尤且，極可能使法幣一登場便步上「通貨膨脹」的噩運。

山雨欲來風滿樓，全國各銀行都面臨生存與否的嚴重考驗。

官方把消息瞞得很緊，而且，在進行「清理」的過程中，一切的一切，都保持高度的機密。

經過調查，有發行權的銀行一共是十二家，除了官辦、官商合辦者外，必須「清理」或控制的，一共有六家，中國通商銀行便在這紙黑名單中，位列第三。據統計，到民國二十三年底為止，中國通商的發行額，計達三千四百三十萬元。官方對症下藥，所採取的手段是先由中央、中國、交通三大銀行秘密集中「有懈可擊」的四家民營銀行鈔票，然後擇定有利時日，持往兌現。倘若兌不出現來，便以「準備不符規定」的事實，報由官方施加檢查，當這些銀行情勢危急，再以維持金融為名，加入官股，指派董事或董事長，予以全面控制。

中國通商銀行以其悠久的歷史，傅筱庵穩健平實的作風，加上盛宣懷全家及其關係方面的經濟潛力，照說是很不至於發生問題的。但是，很不湊巧，由於兩項意外的因素，使傅筱庵陷於困境，無法自拔，坐使這一爿財力雄厚、信用素孚的中國第一家銀行，像斷線風箏一樣的從自己手中飛去。

首先是中國通商歷年來賺了不少的錢，傅筱庵眼見民國二十二、三年之交，上海地價暴漲，建築事業大行其道，他乃為之霍霍心動，深感良機決不可失，於是他斥資一千萬，在河南路鬧區蓋了一座巍然矗立，美奐美侖的「中國通商大樓」，連地價帶建築費用，這一千萬元即已佔據銀行發行額的百分之三十弱，即以當時而言，也是一項大膽無比的空前投資。

第二次意外，則是北洋軍閥全面失敗，若干年來他們還在秘密集會，蠢然思動，傅筱庵和北洋軍閥早有來往，關係非比尋常，國民政府偵悉傅筱庵有資助北洋軍閥，陰謀禍國的嫌疑，立即下令通緝查辦，於是，躲在租界上的傅筱庵，便畏罪潛逃，而且一逃便逃到了日本「地界」，亦即北洋軍閥在日本人庇護之下的根據地，東北遼寧遼東半島上的大連市。

94 老闆一逃銀行要倒

傅筱庵一逃，中國通商銀行頓失重心，六神無主，業務陷於混亂，而新大樓猶未竣工。官方檢查準備之舉，又箭在弦上，不得不發，所以，在上海金融界這一場空前絕後的巨大風浪中，中國通商銀行便首當其衝，成為法幣政府的頭一個犧牲，彷彿只待政府一紙命令，立將宣告破產倒閉。

像這樣的事情，在當時那種情況之下，有誰肯於出頭來管？即令要管的話，千頭萬緒，又將怎麼樣個管法？杜月笙和傅筱庵私交不過爾爾，但是他覺得很有歷史，很有成就的一爿銀行，就這麼誤打正著，糊裡糊塗的讓它垮了，倒了，未免可惜。因此，他竟在眾人相顧錯愕時，毅然決然，挺身而出。

首先，他向政府當局力保傅筱庵，請求取消通緝，讓他清白無辜，從大連回到上海，有話說話，有賬算賬。他不能把中國通商銀行，就此拋下不管。杜月笙的理由，光明正大，中國通商銀行即使濫發鈔票，也要叫傅筱庵站出來負責清理好。

官方算是應允了杜月笙這個要求，但是接下來便有問題：此時此境，中國通商鬧出虧空，無法兌現是實，傅筱庵人都逃到了大連，他肯再回來受逼受罪嗎？杜月笙卻慷慨動容的說：

「不管怎樣，傅先生不能一走了之，我願意出面請他回來，當眾把賬算個明白。我可以告訴他，天坍下來，有我負責！」

壯哉斯言！傅筱庵在大連聽到，深心感動，涕淚橫流，他向他的從者，嗚咽啜泣的說：

「杜月笙鐵肩擔道義，真非常人也。我決定回上海，刀山鼎鑊，在所不辭！」

傅筱庵飄然歸來，謝過了杜月笙的大恩大德，他講他無話可說，要末，只有算賬，一切銀錢責任，他自願承擔，負責處理。當他回到上海，查明白中國通商銀行的虧欠，立即採取緊急措施，首先，「蘿蔔不當小菜」，將尚未建竣的中國通商大廈，一千萬元的投資，以三百萬元的賤價，便宜賣掉，而賣盡當光的結果，中國通商銀行就只剩了一個空殼，債務全部了結，銀行沒有庫存，勢將關門大吉。傅筱庵這時候心灰意懶，「欲振乏力」，於是，又由杜月笙熱心幫忙，為之策劃奔走，請中央銀行大力支援，維持我國這一資格最老的銀行繼續存在，但是中央銀行雅不欲出面，以免貽人口實，有「攫奪」之嫌，幾經折衝，方始想了這麼個瞞天過海之計，由杜月笙出任中國通商銀行董事長，算是替傅筱庵和中央銀行雙方面做了擋箭牌，通商銀行的總經理，則由中央銀行的業務局長調任，經營業務所需要的資本，全靠中央銀行挪騰撥用。這樣，中國通商銀行保全了下來，傅筱庵化險為夷，平安無事，一場風狂雨驟的浪潮，又被杜月笙獨力斡旋，趨於波平浪靜，皆大歡喜。

95 為何嘉祿造座銅像

國民黨在誓師北伐，底定全國之前，似乎即已有意控制上海為其權力基地，北伐初期，馬超俊、鈕永建等即在上海有所部署與活動。從這個時候開始，杜月笙便已盡了不少的心力，他有一樁最大的功勞，即為透過私人關係，說服他的生死刎頸之交，在「土生意」上合作無間，獲利無算的夥伴，江蘇內河水警統領何嘉祿，帶他跟鈕永建特派員晤面，而由鈕特派員曉以大義，何嘉祿深受感動，遂接受鈕永建的密令，將他的水上警察，和另一位杜月笙的摯友內河水上警察局局長沈夢蓮桴鼓相應，集合兩部人馬，接受了國民革命軍獨立第十六師的番號，師長一職，遂由何嘉祿擔任。

東路軍第二十六軍周鳳岐部，在民國十六年二月中、下旬，挺進乍浦，平湖，力兒松隱松江。金山一仗，和畢庶澄擁有鐵甲車、大砲機槍的大隊猝然相遇，直魯聯軍槍砲齊施，何嘉祿奮力應戰，當場陣亡。這一件事到了民國二十三、四年之交，業已事隔多年，漸漸的為人所淡忘了。唯有杜月笙縈繫於懷，悼念亡友壯烈成仁之念始終耿耿，民國二十四年他乃商由上海當局，請准國民政府，為老朋友何嘉祿在金山作戰陣亡的地點，亦即金山縣治的朱涇鎮上，建立了一座銅像，以供後人憑弔。

國民政府定鼎南京，國民黨對於上海黨務的推行，極為重視，許多優秀幹部、大員都紛紛調到上海，使上市黨部陣容之堅強，一時無兩。當吳開先初到上海，擔負黨務方面的重責，杜月笙久聞大名，心儀其人，曾於有意無意之間，一再的在他的得意門生陳君毅面前提及。陳君毅也在市黨部擔任要職，他和吳開先工作相關，無話不談。他瞭然杜月笙訪賢欲渴的心情，便主動的去向吳開先遊說，希望吳開先去見見杜月笙，了掉杜月笙這個心願。可是，吳開先大概是還持有「道不同不相與謀的心理」，他「敬謝不敏」，一次又一次的推託。

於是，陳君毅發了急，他不惜向吳開先坦白直承：他便是杜月笙的學生。他說：

「據我所曉得的杜先生最愛朋友，跟他結交，決不會有壞處。」

吳開先還是笑著推辭道：

「以後再說吧。」

陳君毅單刀直入的問：

「你是怕我拉你去拜先生的門？我告訴你：決不會的，杜先生不會叫所有上他門的人，統統都做他的學生。」

「我不是這個意思，」吳開先立刻聲明：「我只是因為目前實在沒有空而已。」

陳君毅無可奈何，悻悻然的走了。往後不久，由於張君毅等各案，餘波蕩漾，風風雨雨，鬧得相當的凶，於是又有那麼一天，陳君毅專誠拜訪，他跟吳開先開誠佈公，單刀直入的說：

「我曉得你跟杜先生有點誤會，不太協調。深以為這個樣子很不好，因為越是如此，越將引起別有用心者的挑撥離間，推波助瀾，誤會只有更深。你不是還不認識杜先生嗎？我看還是由我去替你約個時間，彼此見面，談一談，相信一切的誤會，都可以迎刃而解。」

吳開先仍舊認為，彼此沒有見面的必要，但是這一回陳君毅有點霸王硬上弓，他不由吳開先解釋，打斷了他的話說：

「我現在就替你去約，明早，我會打電話通知你。」

但是，一次，兩次，陳君毅約定了時間，吳開先都藉詞推托，直到了第三次，陳群毅甩過了一番話來了，他說：

「跟杜先生見面談談的時間，我又一次給你約好了，就在明天幾時幾分，到時候你有沒有空，去或不去，全都不生關係。祇不過有一點，我要鄭重聲明，你不要看杜先生在市黨部的朋友裡面，收過不少的學生，我可以向你保證：杜先生是要和你交朋友，決不會讓你拜他的門。」

96

杜月笙三邀吳開先

話說到這裡，電話聽筒掛斷，吳開先左思右想，忽然動了一念：就去看看杜月笙，和他談談天，其實也沒有什麼了不起，何必再叫陳君毅跑來跑去，盡在拉攏撮合呢？

於是，到了第二天約定的時間，吳開先便獨自一人，驅車駛往華格臬路，往見杜月笙。一進大門，先已看見杜月笙的總管萬墨林，畢恭畢敬，站在天井後面的二門口迎候；再往裡走，又見杜月笙的要好朋友，頭號法律顧問，黃浦灘上大名鼎鼎的秦大律師秦聯奎，滿面春風，手中拿了一聽茄力克香煙，搶前幾步迎了出來。他把吳開先領到內客廳裡，於是，杜月笙眉開眼笑，狀至親熱，他從沙發裡站起身來，親到客廳門口相迎。

三道迎賓之禮，層次分明，熱烈恭敬，使吳開先不由自主的感到過意不去，想起前兩回陳君毅替他約好時間，他不曾去。那麼，萬墨林在總門口，秦聯奎在客廳外，杜月笙在沙發上，等之再等，結果是怏怏失望，不見吳開先來。雖說自己從來不曾答應陳君毅，要到杜公館赴約，但是想及當時的情形，心中難免有點抱愧。

杜月笙一見吳開先，彷彿喜從天降，他絕口不提以往邀約多次的話，肅吳開先上坐，然後反過來替吳開先掩蓋，同時也為自己聊以解嘲的說：

「老早就想約吳先生過來談談的了，就因為我這裡一天到晚人來客往，實在太忙，所以一直拖延到今天。」

叫吳開先怎麼回答法呢，他衹好含含混混的應一聲：

「豈敢豈敢。」

於是，杜月笙又道：

「照說，應該我去拜望吳先生，也是因為忙不過，一拖再拖，反而勞動吳先生屈駕過來看我了。」

吳開先的回答祇好說：

「那裡，原該我來拜望杜先生的。」

進門以前，吳開先即已注意了的，外客廳裡，大小不一的沙發和椅子上，高冠峨服，衣香鬢影，坐了很多等候接見的男男女女。因此，他曾估計談話的時間不會太久，因為杜月笙還有那麼些客人在等。可是，杜月笙興高采烈的和他談天，備述仰慕之忱，極陳關懷之切，這一談，慇懃誠懇，熱情可感，使吳開先告辭的話簡直說不出口來。約莫談了個把鐘頭，吳開先覺得再不興辭不行了，杜月笙意興正濃，說不定要和他作竟日之談，外邊的那許多客人，不知要急成甚麼樣了，於是，他站起來說：

「今天打擾杜先生太久了，杜先生外面還有不少客人，我這就告辭。以後有空，再來拜訪。」

杜月笙也不強留，他讓起身和吳開先握手，一直把他送出外客廳。外客廳裡面的客人，看見杜月笙走出來了，連忙起立致敬。杜月笙一面微笑，一面還在關照吳開先說：

「你什麼時候有空，希望你隨時過來坐坐，有許多事情，我都需要向你討教。」見過這一次面，杜月笙便將吳開先當做要好朋友看待，推心置腹，無話不談。他可是真不見外，遇有重大的問題，他或則邀吳開先來，或則利用電話籌商，反覆討論，深入研究，吳開先漸漸的為他虛心誠懇而感動，於是知無不言，言無不盡，居然成為杜月笙的最高顧問之一。

吳開先和杜月笙的交往，以一二八事件爆發，至八一三滬戰又作，這漫長的五年多歲月，為第一段時期。一二八變起，杜月笙出任抗敵後援會副會長、東北難民救濟會長和滬戰善後救濟委員會諸要職，但凡勞軍、救濟種種事項，杜月笙經常在找吳開先商量，而且言聽計從，對於吳開先的主張，非常尊重。從這時開始，杜吳二人越交越深，使吳開先深切認為杜月笙是一位不得了的人物。吳開先敬佩杜月笙識見之高超，如宋代李侗一般的姿稟勁特，更感服他的愛國熱誠，一擲千金，出錢出力而不屑沽名釣譽，說他有如淮南子所說的：「有隱行者，必有昭名！」他不想出名，而大名藉甚一時。

當一二八戰後，抗敵後援會改為上海地方維持會，又改地方協會，成為永久性的組織，東南學閥、「江蘇省教育會會長」黃炎培，夤緣獲得了秘書長一席，黃炎培後來又跟沈鈞儒等左傾份子組織「職教社」，四處活動，百計鑽營，日夜包圍杜月笙，想假借上海地方協會的力量，打擊國民黨，並且利用杜月笙的掩護，發展親共組織，盡力挑撥離間，陰謀遂求國民黨和共產黨的勢力一消一長。在這一段時候，吳開先很為杜月笙躭心，以杜月笙和黃炎培的鄉誼，多年友好，和密切交往，他唯恐杜月笙把持不定，中了黃炎培的鬼蜮之計，其結果呢，葬送在黃炎培手中的，不是杜月笙，反倒是史量才。從此吳開先便對杜月笙堅定了信心，直到他病逝香港，蓋棺論定，可以說安若磐石，屹立不搖。

黃炎培、沈鈞儒與所謂七君子，藉抗日之名，為共黨張目，破壞政府，在上海鬧得昏天黑地，烏煙瘴氣的時候，曾經有人向杜月笙和吳開先建議：與其讓他們在外面搖旗吶喊，興風作浪，唯恐天下不亂，何不乾脆把他們拉進門來，也給他們一份名義，省得他們吵吵嚷嚷，無時或已。

吳開無正想條分縷析，有以解說，杜月笙卻四兩撥千斤，脫口而出的說：

「黃炎培、沈鈞儒那一幫人，頂不好弄了，弄進來反而囉嗦。不如讓他們去，他們就反而攪不出名堂來！」

97

五大工潮迎吳醒亞

上海市社會局，國民政府定鼎南京之初，還叫做「農工商局」，顧名思義，中國人習稱的「士農工商」四民之內，除了士大夫階級，所有農、工、商各行各業的事，都歸他管。其業務範圍之龐大，職責權力之龐巨，堪稱上海市政府所屬各單位中最重要的一環。

民國二十年九一八事變以後，上海市政府發表吳醒亞為社會局長。吳醒亞早年也是幫會中人，可是從來不曾開過香堂，收過學生，而且自他從政以後，便與個中人絕少往還。

吳醒亞精明強幹，極富活動能力，命他出長上海社會局，倒是很合適的人選。不過，當吳醒亞新職發表，正值上海工潮洶湧，有關當局束手無策，亦即所謂的「上海五大工潮」時期，這五大工潮計為：

一、「鞏固郵基」郵政大罷工案。

二、三友實業社總廠停工風潮，鬧到工人組織「絕食團」，由自告奮勇的團員二十三人，留在總廠開始絕食。

三、英商中國公共汽車公司售票員罷工，鬧到罷工工人被迫使用武力阻止公司開車，毆打白俄，波及乘客，砸壞水箱，又用滿貯糞汁的去瓤西瓜，擲入車廂。

四、法商求新造船廠開除工人，引起怠工風潮。老闆一氣，下令將全廠各處，予以鎖閉。

五、英商祥生船廠，解僱工人三十七名，多數工友質問，引起鬥毆。英國人又來一次關閉廠門，驅逐工友，於是演成全面罷工。

有此五大工潮，群情洶湧，方興未艾，使吳醒亞躊躇難決，遲遲未即走馬上任。事為杜月笙所知，他派學生子陳君毅去勸駕，暗示吳醒亞說：

「有這五大工潮，正好是你表現身手的大好良機，你儘管放心大膽的去接事。」

吳醒亞曉得陳君毅是杜月笙的愛徒，他說這話，斬釘截鐵，便意味著話是出於杜月笙之口，杜月笙在上海的「閒話一句」，吳醒亞早已心照。於是，經過陳君毅這一番鼓勵，他便不再遲疑，提前赴任。

當他接篆以後，立即欣然發現，杜月笙是在主動的與他合作，而指顧之間，驚動了中央的郵基大罷工案，在廿一年五月廿六日，成立解決方案，三友實業社的工友絕食，每天有人去強迫灌飲牛奶，藉以維持他們的健康和生命。後來，尤有上海市政府緊急決定，提付仲裁，由市黨部推選勞工領袖陸京士為仲裁委員，經過兩個小時的討論，做成裁決。

英商中國公共汽車公司新雇了三百名售票員，罷工者形勢危殆，可是，不旋踵新售票員也參加了罷工的行列，未幾，駕駛工人和銅匠間工人也一致加入。工潮擴大，資方急圖轉圜，最後只好應允工人的要求，增加薪資，改善福利而寢事。

求新造航船廠工潮，經過黨政雙方合力調停而解決。祥生造船廠方面，則由「上海市勞資糾紛調解委員會」召集勞資雙方，和平協商，結果也是勞方獲得了最後勝利。

五大工潮，彈指間煙消雲散，順利得決，且都是勞方得到了所欲爭取的利益，黃浦灘來了這麼一位有肩胛、有辦法，威加資方、德惠勞工的社會局長，使上海人不禁額手稱慶，刮目以看。吳醒亞的聲譽，正在迅速的往上直竄。——吳醒亞欣感之餘，他曉得這是那一位大力人士，送了他這麼一份隆重無比的賀禮，他當然要登門拜訪，而致感激之忱。杜月笙敞開大門等他很久了，兩人抵掌而談，頓成莫逆，以後的聲應氣求，相互關照，當然都是意料中事了。

民國二十一年，王先青在上海，他跟杜月笙還未曾建立關係，但是他對上海的情形很熟悉，對上海社會局裡的一舉一動，由於心腹知己朋友很多，因而如數家珍，瞭若指掌。

有一天，一位好朋友許也夫，跑來看他，說是自己靜極思動，想在上海謀一個優差。他說：

「我的目標不高，只要搞到一個警察局分局長，我就心滿意足了。」

王先青笑笑，回答他說：

「區區一個警察分局長，你就滿足了嗎？」

「不滿足又怎樣呢？」許也夫嘆口氣說：「如今各機關，都是人浮於事。」

98

許也夫午夜斷魂錄

一時興起，王先青告訴他說：

「我得著確悉，社會局第三科科長即將出缺。」

「第三科科長？」許也夫果然怦然心動，急急的問：「要謀這個職位，你看找誰？」

「只有一個人。」

「誰呀？」

「杜先生」。

許也夫心裡有數，託人，走杜月笙的門路，他學歷不錯，又有閱歷，為人雖嫌魯莽，卻是剛直方正，辦事有魄力，杜月笙一見便知他是個人才，倒也相當欣賞。趁此機會，許也夫遞了帖子，磕過頭，入了杜門。

一問這位新收學生子的願望，許也夫倒也爽快，他說老夫子我生不願為萬戶侯，但願幹一任第三科。杜月笙聽了，哈哈大笑，意興甚豪，他一拍胸脯，當時便慨然的答應下來：

「這個，包在我的身上！」

老夫子閒話一句，劍及履及，不多時，許也夫開始到社會局上班，他這個第三科科長，成了鐵飯碗，一直做到民國二十六年，抗戰爆發，他自家不好，沒有來得及跟老夫子往香港重慶跑。

他先把自己的家眷送回浙江家鄉，閒住了幾年，不是滋味，又回到上海來，再想謀個差使。

上海勞工醫院院長范守淵，跟許也夫很熟，許也夫初回上海，便借住在勞工醫院，偽裝病人，佔一間病房，因為他要謀差，長日早出晏歸，四處奔走。恰巧碰到民國二十八年上海日軍加上敵偽特務，在跟重慶派來的地下工作人員，從事性命搏鬥，黃浦灘上，整日刀光劍影，腥風血雨，暗殺事件層出不窮，東洋人和敵偽特工總部極司斐爾路七十六號，更是暗探密佈，偵騎四出，他們接到命令，為了打擊重慶份子，不惜濫殺無辜，遇有可疑份子，即應迅速解決。

風聲鶴唳，草木皆兵，許也夫唯恐撞上了凶煞，每天出門，總是閃閃躲躲，神情栖皇，勞工醫院曾經被重慶地下工作者利用作為掩護，敵偽特工早已加以監視，再查許也夫打出去的電話，找的都是過去的老關係，多為杜門中人，因此認定他是重慶派來的工作人員。

勞工醫院座落老閘路紹興戲院對面，屬於租界地面，許也夫足不出租界，東洋人和七十六號的人便綁他不走，一日深夜，十一點多鐘的時候，他回病房就寢，房中早有凶手等候，待他上床，閃出來便是一槍。槍彈直貫咽喉，許也夫一聲慘呼，滾落地上。

醫院護士聞聲來看，許也夫人還沒死，卻是槍彈貫喉，已是不能言語，驚醒了院長范遂淵，馬上打電話，通知杜門駐滬連絡中心萬墨林。萬墨林得了信，帶一筆錢，先去安排殯儀館。一面打電話通知王先青。

王先青匆匆趕到勞工醫院，許也夫還睜著眼睛，口不能張，頭無法動，只是牢牢的盯住他同門弟兄王先青，於是王先青忍噙眼淚，柔聲的予他安慰，說是他的身後，以及在浙江天台他的家眷，都有恆社同人照應，你便安安心心的去吧，許也夫點點頭，這才斷氣死去。窗外，旭日東升，時間，大概是五六點鐘光景。

許也夫是杜月笙的門弟子中，對於老夫子很有貢獻，而且基於公事關係，經常往來的一位，他死後遺體送到白宮殯儀館，由王先青、萬墨林料理後事。時當杜月笙離滬去港兩年不到，萬墨林他們遇上巡捕房裡的朋友，就有點不大兜得轉了，大殮的時候，巡捕房派人來阻止，說是許也夫致死的一粒子彈，不曾找到。——巡捕到現場調查，發現凶手是有預謀的，他在許也夫進房之前，早已躲在裡面，待他上床，方始出來開槍行凶。然後，從樓窗上預先繫就垂及地面的繩索，縋窗而下，揚長而去。巡捕們搜遍室內室外不見彈頭，由於屍格無法填寫，他們按照規定，要請死者暫停入殮。

萬墨林聽了好不服氣，翻起眼睛來問：

「那麼，你們要怎麼樣呢？」

「屍首要解剖，非把那顆子彈頭找出來不可。」

英租界巡捕房裡的人，隔界如隔山，王先青、萬墨林唯恐出去託朋友，打草驚蛇，暴露了自己的身份。當時他們都是七十六號亟欲得之而甘心的，性命交關，無可奈何，只好眼睜睜的坐視老朋友死後再添一份罪，一具屍具的那一顆頭，簡直是大切八塊，眼耳鼻口被割割翻翻，弄成一團血肉模糊，皮、肉、骨拆開來細細的找。是很不容易找到呢，因為一粒子彈頭，直等掀開了腦蓋，用長針去戳，才找出來它嵌在鼻竇骨中。

99

廢兩改元法幣來哉

上海最有勢力的民間團體，社團組織，包括上海地方協會，市臨時參議會、市商會、銀行公會、錢業公會和航業公會，或則為杜月笙出面為主，或則由杜月笙幕後操縱，可以說全已在他的控制之下。等而次之，卻是分佈要津，跟各行各業密切相關的五大交易所，或先或後也成了他的囊中物。政府機關，法英兩界公董局、工部局早就和他沆瀣一氣，彼此呼應，而上海市政府有吳鐵城、俞鴻鈞，市黨部更從上到下莫不是杜月笙的友好或學生，軍警方面跟他尤且關係親密，幾不可分。警備司令部那個最重要的職位——軍法處長，從民國二十二年到二十四年係由陶百川擔任，二十四年夏，陶百川出國深造，九月份起就由杜月笙的得意門生「組織部長」陸京士接充，陸京士當軍法處長的時候，上海警備司令又由兼司令吳鐵城換了楊虎。楊虎——嘯天哥民國十七年出過紕漏，杜月笙不曾忘記那徒使親痛仇快的往事，嘯天哥的脾氣作風他摸得一清二楚。當年他還有個陳老八，必要時可以當作煞車，如今陳老八已與官場絕緣，杜月笙便使陸京士當楊虎的軍法處長，俾收制衡作用。有了杜月笙的鼓勵支持，陸京士這個軍法處長是有資格打楊司令回票的，有許多案子陸處長認為楊司令出了常軌，就老實不客氣的頂上去。楊虎生就一副威風凛凛，殺氣騰騰的模樣，在國民黨內資格老，功勞高，但是對於杜月笙，以至杜月笙的愛徒陸京士，卻是講交情，重義氣，外圓內方，非常的「好弄」。

正由於杜月笙放了陸京士這一著棋，楊嘯天雖然沒有民國十六、七年施展得開，卻是風平浪靜，篤篤定定的當了兩年多上海警備司令，一直到民國二十六年八月十三日，中日淞滬大戰揭幕為止，就他的一生來說，也得算是最輝煌光采的一頁了。

楊虎榮任上海警備司令，生殺奪予的大權集於一身，杜月笙卻為了怕他又會胡來，派個學生把他看牢。這一著不但說明杜月笙和楊嘯天之間，不愧是休戚與共，榮辱相關的生死之交，而且，更顯示了杜月笙的勢力。跑到南京路，跑馬廳對過國際大飯店的二十四層樓上去看看，萬家燈火，燦爛似錦，十里洋場，三四百萬人口，泱泱乎壯觀，誠欲令人忍不住的脫口驚問：

「偉哉上海，究係誰家之天下！」

然而這話又得說回來了，自從民國二十二年國民政府財政部廢兩改元，迄至民國二十四年十一月四日毅然廢止銀本位，實施法幣政策獲得成功，於是物價穩定，生產繁榮。在此以前的上海商業金融，民國以來即行陰曆陽曆並用，銀行採陽曆，錢莊採陰曆，每月結賬，其間日期有前有後，於是投機取巧者每每挪銀行的錢以補錢莊的逋欠，或拖錢莊的銀兩抵充銀行的虧空，左右逢源，永遠不會出漏洞。再加上租界地皮道契可以向洋商、洋教堂抵押，質款高、利息低，投機商人只要購進一紙道契，便可押借款項，建築房屋，房屋建成以後再售出，歸還借款，淨賺盈餘，因此在民國二十年以後上海成了冒險家的天堂，投機者的黃金世界，炒房屋地產發財的，日進斗金，擁資巨億，暴發戶多了並非表示市面景氣，相反的因為搞房屋地產借錢容易賺錢更容易，大家便一窩蜂的都來做這一行，其結果是農工生產事業反而找不到人投資。此一熱烈浪潮的收穫是使上海改頭換面，煥然一新，高樓大廈，拔地而起，上海市足夠躋登世界名都之林了。

但是另一方面，建築事業的一枝獨秀，便形成了生產事業的漸趨萎縮，百業凋疲，市面不振。一二八事變使上海受到巨大的損失，閘北、虹口輕工業區幾於付之一炬，金融財政當局痛定思痛，於是毅然決然的在「廢兩改元」、「實施法幣政策」之外，更實行「道契限止抵押」及「厲行陽曆」，規定銀行錢莊同日結帳，猛一下子便杜絕了黃浦灘上的投機之風。其結果是房地價格慘跌，拖垮了不少暴發戶，然而社會經濟卻在蓬蓬勃勃，投機牟利的時代已成過去，物價趨於穩定，前途顯現光明，趦趄猶移的游資紛紛出籠，眼見投機取巧者所應受的教訓，大家開始腳踏實地，投資生產事業，穩穩當當的向前走去。於是，社會恢復常規，各業欣欣向榮。再加上國民政府勵精圖治，埋頭建設，蔣委員長平亂剿匪，全國統一的局面終告達成，繁榮復興的曙光，從黃浦灘上冉冉的升起。

傳記系列004

杜月笙傳——第三冊（四刷）

著　　　者：章君毅
校　　　訂：陸京士
編　輯　者：傳記文學出版社
出　版　者：傳記文學出版社股份有限公司

創　辦　人：劉紹唐
榮譽發行人：劉王愛生、成露茜
社　　　長：成嘉玲
編　輯　者：傳記文學編輯委員會

地　　　址：11670臺北市文山區羅斯福路六段85號7樓
電　　　話：(02)8935-1983
傳　　　眞：(02)2935-1993
E-mail：nice.book@msa.hinet.net
郵政劃撥：00036910・傳記文學出版社股份有限公司
登　記　證：局版臺業字第〇七一九號

定　　　價：新台幣三八〇元（本冊）
（全套五冊共一九〇〇元）
出版日期：中華民國七十八年六月一日
中華民國一〇九年九月（四版）

版權所有・侵害必究　Printed in Taiwan